本書の特色と読み方

本書は、簿記・会計・税務・財務をこれから学ぶ方に贈る書であり、主に次の方に最適の書です。

①経理経験がまったくなく、起業を予定している方

②2世社長で、こっそり経理を学びたい方

③簿記・会計の数値がアレルギーな社会人や学生の方

④限られた時間で、簿記・会計の原理を理解したい方

⑤簿記の仕訳けで、挫折した方

特　色

①2次元である帳簿の世界を時間の概念を入れて、簿記・会計で初めての3次元の立体図で解説しました。(3次元とは、人間の生活空間目線である縦・横・深さで構成し表現したもの)

②3次元立体図で簿記・会計の原理を解説し、個々の問題点をQ＆A方式で解説しました。

③通常の簿記・会計の勘定科目、仕訳および帳簿組織についての解説は、必要最低限の範囲に留めました。

④複式簿記の「借方」「貸方」についても、原理の解説に重きを置き、深くは解説していません。

⑤本書の最終目標は、企業で最も重要な「決算」としました。「決算」の理解こそが最も重要だからです。

⑥図解を理解することにより、簿記・会計の原理がむりなく理解できます。

留意点

①限られた図解とQ＆Aによる解説であるため、理解できないときは、どんどんとばして読み進んでください。後から出てくる類似図解とQ＆Aにより繰り返し説明してありますので、理解ができるようになります。

②通常の簿記・会計の解説書とは違った表現および各章の配列をしています。本書は第1部の第1章から上りはじめ第1部第5章がピークです。それからは、ゆるやかな下り坂の解説です。全編、飽きずに読み通していただくよう工夫しました。

※本書は、従前の「図解による簿記・会計・財務のしくみ」を「図解による簿記・会計・税務・財務のしくみ」に改題し、増補したものです。

本書の読み進め方

- 第１部　簿記・会計のしくみの基礎知識
  - 第１章　簿記の誕生と役割
  - 第２章　複式簿記における「勘定」と「仕訳」
  - 第３章　試算表の作成と役割
  - 第４章　決算のしくみと決算手続き

決算を試みる → 第５章　１日の設立、１日の決算

読み進める　　読み進める

- 第２部　決算書（貸借対照表・損益計算書 キャッシュフロー計算書）のしくみ
  - 第１章　貸借対照表・損益計算書とはなにか
  - 第２章　貸借対照表の「資産」
  - 第３章　貸借対照表の「負債」
  - 第４章　貸借対照表の「純資産」
  - 第５章　損益計算書の構造
  - 第６章　貸借対照表と損益計算書の関係
  - 第７章　利益計算のしくみ
  - 第８章　キャッシュフロー計算書

貸借対照表	損益計算書
利益	利益

- 第３部　企業と税務のしくみ
- 第４部　財務のしくみと実務
  - 第１章　財務とはなにか
  - 第２章　資本の調達
  - 第３章　資本の運用
  - 第４章　資金と資金繰りのしくみ
- 第５部　会社の決算書の逆読み・速読

※まず、簿記・会計のしくみから理解してください。次に、決算書（貸借対照表・損益計算書）・キャッシュフロー計算書）のしくみと作成法を理解しましょう。上記を理解することにより、財務（資金の調達・運用など）も分かるはずです。最後に、役員や株主（投資家家などを含む）のために、決算書の読み方について解説してあります。

■簿記・会計・税務・財務のしくみ■　目　次

序章 簿記・会計・税務・財務を知らずして経営を語るな！

1 経営者・ビジネスマンは、簿記・会計・税務・財務に強くなれ！

「簿記・会計・税務・財務を知らずして経営を語るな！」という言葉は、古今東西万人か認める言葉です。それは経済・経営の数値の源泉は、すべて経済取引を数値化した簿記仕訳取引によって測定されるからです。

企業において、ともすればその簿記仕訳取引を扱う経理部門の存在は重きをおかれず、開発部門や営業部門などがクローズアップされますが、企業経営の根幹は簿記・会計・税務・財務を扱う部門こそ重要性があるのです。

しかし､時には経営者から｢今重要なのは､経理部門の管理部隊ではなく､新商品の開発であり、売上高の増加だ！」という声が聞かれます。確かに、新商品を開発したり、売上高の増加は企業にとって重要ですが、新商品開発のためのコスト管理および売上高の増加における広告宣伝のための販売戦略費用等の管理はまぎれもなく簿記・会計・財務の分野で、こうした新商品開発や販売活動を支える資金調達技術も簿記・会計・財務の分野なのです。

つまり、新商品の開発や売上高増加のための販売戦略活動も、つきつめれば投資と回収の結果、すなわち、その投資に見合ったリターン（期間損益計算の利益の計上および利益率向上）があるかどうかに尽きるのです。

簿記・会計・財務は、新商品の開発や販売活動だけでなく、企業のあらゆる経済取引を簿記仕訳取引で数値化したものであることから、企業のさまざまな内部の状況が、よい部分も悪い部分も読み取れます。

2 経営者は日々の数値を見て、将来を予測すること

どの企業においても、経営者が最終的に意識することは、投資に見合ったリターン、すなわち、期間損益計算の利益であり、その成長を図る利益率の向上にあります。そして、現状の数値から近未来や未来の市場を予測し、素早く手を打つことです。そのためには、企業の現状数値を日々しっかり把握し、かつ現状の課題を素早くとらえることが必須条件となり、その現状数値がまさに簿記・会計・財務の数値です。経営者は簿記・会計・財務の数値を把握し、分析することにより将来の方向性の対策や事業計画として反映できることになります。

一方、競合他社との競争力においても、新たなる戦略を打つことができるはずです。しかし、経営者においても最も重要なことは、単に原則的な数値の分析だけではなく、企業の特徴を十分取り入れた数値分析思考を、企業独自に開発することが要件であり、その要件が将来においても競合他社から一歩リートする秘訣となるばずです。

3 簿記への記帳は会計ソフトにより便利になっても、簿記原理は自動化されない

経済取引を簿記原理にもとづき仕訳取引へと展開し、帳簿を作成し決算をまとめ上げることは、時間と人手を要します。こうした時間と人手を節減するために会計ソフトの導入が昨今の流れです。しかし、いくら高価な会計ソフトを導入しても経営の意思決定までは自動化できません。つまり、会計ソフトで単純な記帳業務だけは省略できても経営の意思を反映した簿記原理は自動化されないのです。

日々の企業活動を経営の意思としてしっかりと仕訳取引に展開し、それらの数値を読み、かつ、経営の羅針盤として活用することが経営そのものなのです。よって、経営は自動化できないのです。会計ソフトを導入し、安心し、すべての経営が見えると考える経営者は会計ソフトというツールの他力を信じている経営です。

経営は自力です。それは税務署への申告や行政への報告、または金融機関からの運転資金の借り入れ申し込み、投資をしてくれる株主への資本の運用

の報告等々、すべてが自らの経営の意思です。その意思を数値化したものが簿記原理にもとづく仕訳取引です。

経営は時間との勝負です。結果も大切ですが、日々経営状況を素早く捉え、早急に手を打つことです。その経営課題を明確にし、手を打つことこそが簿記・会計・財務の数値の中にあるのです。

4 数値による経営判断が企業を強くする

今日のようにＩＴ情報があふれている社会においては、経営資源である「人」「金」「物」「情報」の活用も多様化されています。あふれるＩＴ情報の中から真の経営の羅針盤情報を取り出し、活用できることこそが日々の業績へと影響を与えます。したがって経営者としては簿記会計財務の数値がどのような流れになるかをしっかり把握することが重要です。

勘に頼ったり、眼力や他力を当てにする経営は、経営ではありません。自らの目（分析）と耳（報告）と足（行動）で簿記・会計・財務の裏付けを確認することこぞが、正しい経営資源を活用できる経営方法なのです。

5 ビジネスマンも経営数値に強くなれ！

簿記・会計・財務に強くなってほしいのは、経営者や経理担当者はもとより、他の部門のビジネスマンも同様です。特に簿記は、日々の仕事が１年間蓄積し、まとめ上げられたものが会計による決算です。よって、一般のビジネスマンも、決算書が読める程度になることが、ビジネス活動の必須条件になるのです。

簿記の歴史文化は、全世界の統一したグローバル・スタンダードといっても過言ではありません。いくら世界共通の情報開示（ディスクロージャー）の流れと、インターネット社会のＩＴ文化が発展しても、簿記の原則は、過去も未来も不偏であることから、ビジネスマンが簿記·会計·財務の基礎的知識を有することが、世界を視野にした現代社会を生き抜くツールとなります。

本書では、簿記・会計・税務・財務の流れに従い、３ページの表で示した構成により、簿記・会計では初めて３次元の立体図入り、およびQ&Aで分かりやすく解説します。

6 企業の数値の源泉、複式簿記で作成した帳簿と書類等

企業の帳簿や会計書類等は、複式簿記で作成します。複式簿記については、第1部第1章でその誕生から具体的に詳しく説明しますので、ここでは概要を把握してください。

複式簿記の機能には、

① 企業の経営活動を継続して記録、計算し、その経済活動の成果をもたらす財産の増減および収益、費用の損益計算を明確にすること

② 複式簿記は企業の経営活動のすべてを金額によって把握し、帳簿に記録し、定められた勘定科目によって分類・集計すること

③ そして、その結果を経営者や利害関係者に資料提供することにあります。

利害関係者とは、株主、債権者、金融機関の銀行、取引先、税務署等関係および従業員などを言います。したがって利害関係者等に対しての資料提供では、帳簿と書類等を作成し提供することになります。

♣次ページ図解の解説

・複式簿記で作成した帳簿と書類等

複式簿記によりその企業の経営活動を、記録・集計したものが帳簿であり、その結果を利害関係者に資料提供するのが書類です。

この帳簿や書類は、企業活動の歴史であり、成果であるために、その保存期間が法律によって厳格に定められています。

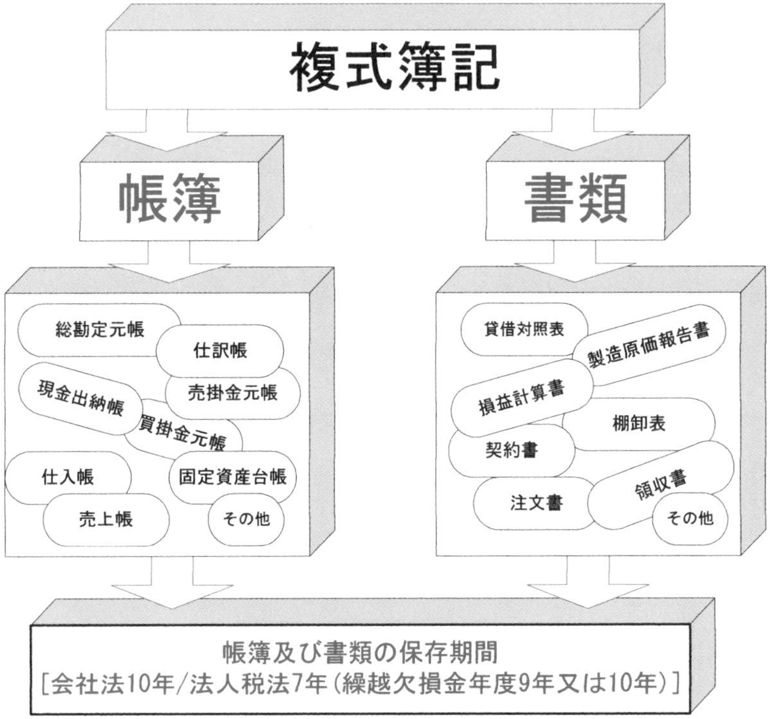

		帳簿									書類等							
											決算書類				取引証憑			
		総勘定元帳	仕訳帳	現金出納帳	売掛金元帳	買掛金元帳	固定資産台帳	売上帳	仕入帳	その他	棚卸表	貸借対照表	損益計算書	製造原価報告書	現預金関係	契約書	注文書	その他
中小法人	7年	☆	☆	☆	☆	☆	☆	☆	☆	☆	☆	☆	☆	☆	☆	☆	☆	☆
	9年又は10年	☆	☆	☆	☆	☆	☆	☆	☆	☆	☆	☆	☆	☆	☆	☆	☆	☆
青色申告個人	7年	☆	☆	☆	☆	☆	☆	☆	☆	☆	☆	☆	☆	☆	☆			
	5年															☆	☆	☆

7 複式簿記と経理部門の役割

複式簿記によって作成された帳簿・書類の保存方法は明確に定められています。

複式簿記は、一定の原則によって企業の財産の変化や取引活動に基づく収益や費用の発生を、仕訳を通じて会計処理を行います。

企業の正しい会計処理を果たすためには、複式簿記が必要となります。

そして、利害関係者である株主、債権者、金融機関の銀行、取引先や税務署等に対して資料提供をすることになります。

また、資料提供をするための帳簿、書類は、法律によって保存方法が定められています。

具体的な保存方法は、

① 原則は紙による保存方法。したがって、電子計算機で作成した帳簿・書類は出力して保存することになります。

② 6年目以降は、マイクロフィルムによる保存方法

③ 電磁的記録による保存方法

④ 一定の書類は、スキャナ読み取りの電磁的の保存方法

⑤ 電子計算機出力マイクロフィルムによる方法となっています。

♣次ページ図解の解説

・複式簿記で作成した帳簿と書類等の保存方法

企業経営活動には、多種多様の業務伝票が発生しますが、その多種多様な業務伝票から複式簿記に関する企業の経営活動を記録、集計するのが経理部門の存続です。企業の経理部門は帳簿・書類の作成・管理を目的に、経理ソフト等を駆使して作成・管理を行います。

それは、帳簿・書類の作成から保存期間並びに保存方法までが、法律によって義務化さているからです。

こうしたことから、複式簿記を取り扱う経理部門は、企業組織にとって、とても重要な位置づけとなります。

◆現金取引における現金科目の記帳

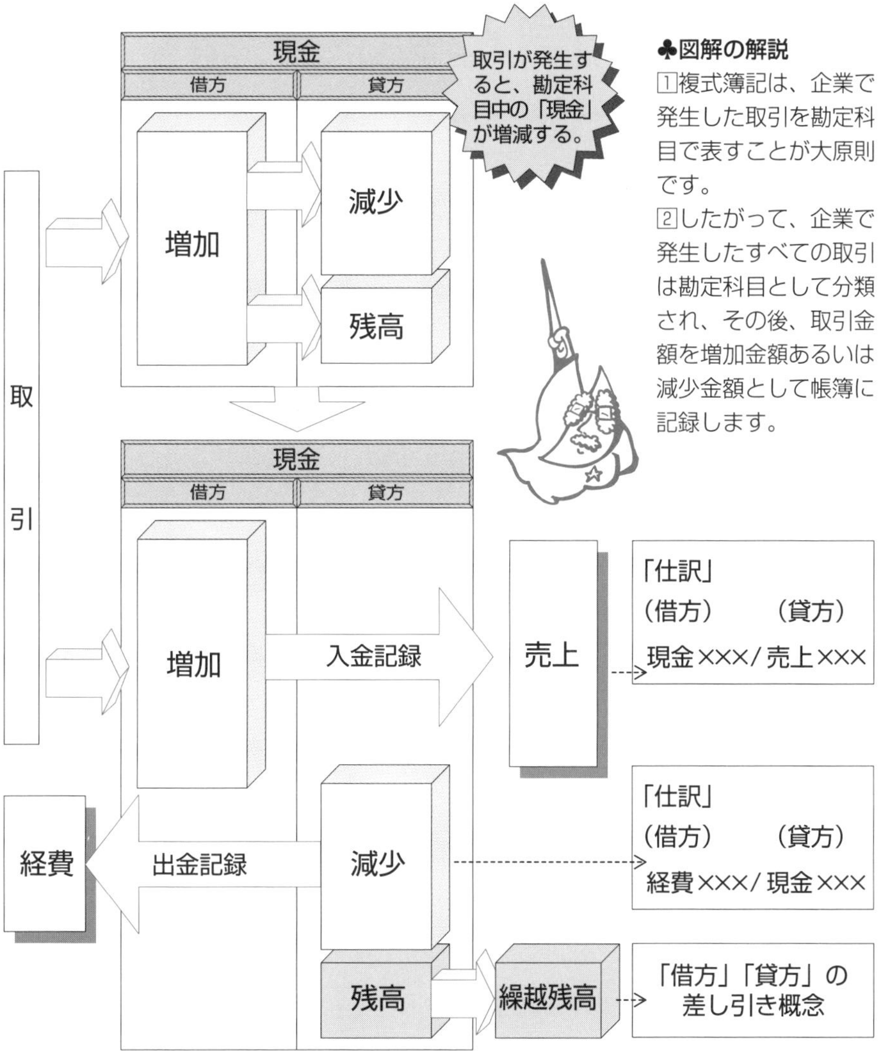

♣**図解の解説**

①複式簿記は、企業で発生した取引を勘定科目で表すことが大原則です。

②したがって、企業で発生したすべての取引は勘定科目として分類され、その後、取引金額を増加金額あるいは減少金額として帳簿に記録します。

〔実務コメント〕

勘定科目は取引ごとに分類されており、簿記・会計の特殊勘定取引以外は、専門知識を要せずとも勘定科目の名称も内容と一致していますので、容易に理解できるようになっています。

第2章

2

■複式簿記における「勘定」と「仕訳」

残高と繰越残高

●一定期間で帳簿を区切ると残高が発生

個々の取引の都度、残高を意識することが複式簿記の重要なポイントであり、残高の内訳明細が、簿記・会計では後々重要な手続きとなります。

企業取引は永続的であるので、一定期間で区切って帳簿を締め切る必要があり、そのとき残高が発生し、次期へ繰り越されます。

●「残高」と「繰越残高」について理解しよう！

Q１ ・複式簿記上、差し引き概念である残高が、重要な意味を持つとは、どういうことです。

資産である借方増加と貸方減少の差し引き残高は、どのような内訳で残高として存在したかで、後々会計上重要な決算手続きとなるのだ。

Q２ ・もう少し、具体的に説明してください。

例えば、残高の内訳を明確にすることは、資産でいうと借方増加額と貸方減少額を明確にしなければならない。すなわち、個々の取引単位で明確にすることが必要になる。別の言い方をすれば、増加取引額と減少取引額をすべて紐付きで管理することになるのだよ。

Q３ ・なるほど、すると資産の場合は、借方増加額と貸方減少額の差し引き残高内訳を常に意識して、正確な取引を帳簿に記入することが求められることですね。

そのとおり。それが複式簿記の最大のポイントだよ。

Q４ ・繰越残高について説明してください。

繰越残高は、企業が永続的である以上、常に残高として一定の期間区分ごとに存在するのだ。

◆各月の現金取引と残高の処理

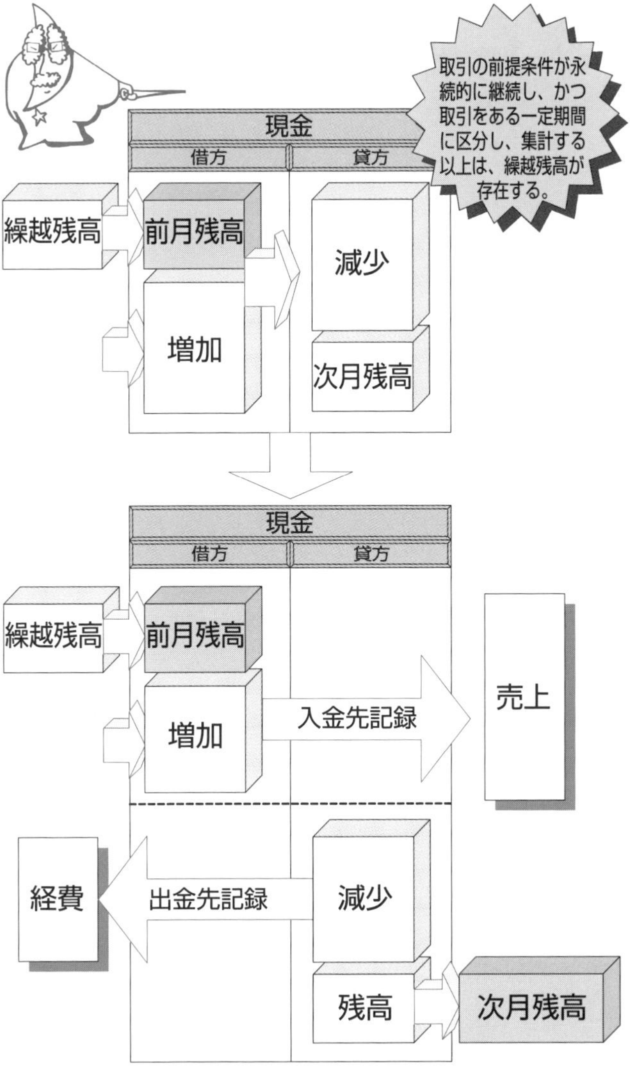

♣**図解の解説**

□1繰越残高は、複式簿記の理解の上で、極めて重要なことです。取引の差し引き残高を繰り越すことは、家計簿の月次の給与の収入が余り、その余った入金を翌月に繰り越すことと同じ原理です。

□2しかし、簿記・会計でいう繰越残高の意味は、これから簿記・会計を理解することにつながる重要なポイントです。

〔実務コメント〕

図解の現金の繰越残高は、家計簿を類推すれば概ね理解できるが、後に出てくる棚卸資産や固定資産の繰越残高は、簿記・会計の核心であるために、なかなか理解が難しい。

第２章

3 勘定と勘定科目・仕訳

■複式簿記における「勘定」と「仕訳」

●取引は勘定科目ごとに「借方」「貸方」に記帳される

複式簿記の発明は、取引を最も簡単に捉えて、最も複雑に表示します。

企業のすべての取引は、各勘定科目に割り振られて、仕訳帳の借方、貸方欄に記帳されることになります。一般的には、仕訳帳は、日付欄・摘要欄・元丁欄・貸方および借方合計欄からなっています。

なお、仕訳帳を使わずに、伝票（入金伝票・出金伝票・振替伝票など）で仕訳を行い、期末に総勘定元帳に転記します。

●「勘定と勘定科目・仕訳」について理解しよう！

Q１・勘定の成立について、説明してください。

それは、一定の決まりごと（借方／貸方）により、取引を両面で捉え、勘定という形式で表現することだよ。前にも述べたとおり、取引を両面で捉えることが、複式簿記の最大の発明だ。

Q２・すべての取引を両面で捉えるほかに、その他の決まりごとがありますか。

すべての取引を両面で捉え、かつ、資産でいうと増加（借方）、減少（貸方）を同日、同額で記録することだよ。

Q３・資産でいうと増加（借方）、減少（貸方）を同日、同額で記録するのですね。

そのとおり。資産でいうと増加（借方）、減少（貸方）の原因を反対側に同日、同額で記録することにより、多種多様な取引きが相当量発生しても、両面が一体として記録されているので、たちどころに取引の調査・分析ができるしくみになっているのだよ。

Q４・だんだん、ややこしいことになってきましたね。

原理原則をしっかり理解すれば、あとは勘定科目（勘定の集計単位）の種類と性質をマスターさえすれば、簿記・会計はすべてOKだ。

◆現金の入出金と帳簿への記帳の仕方

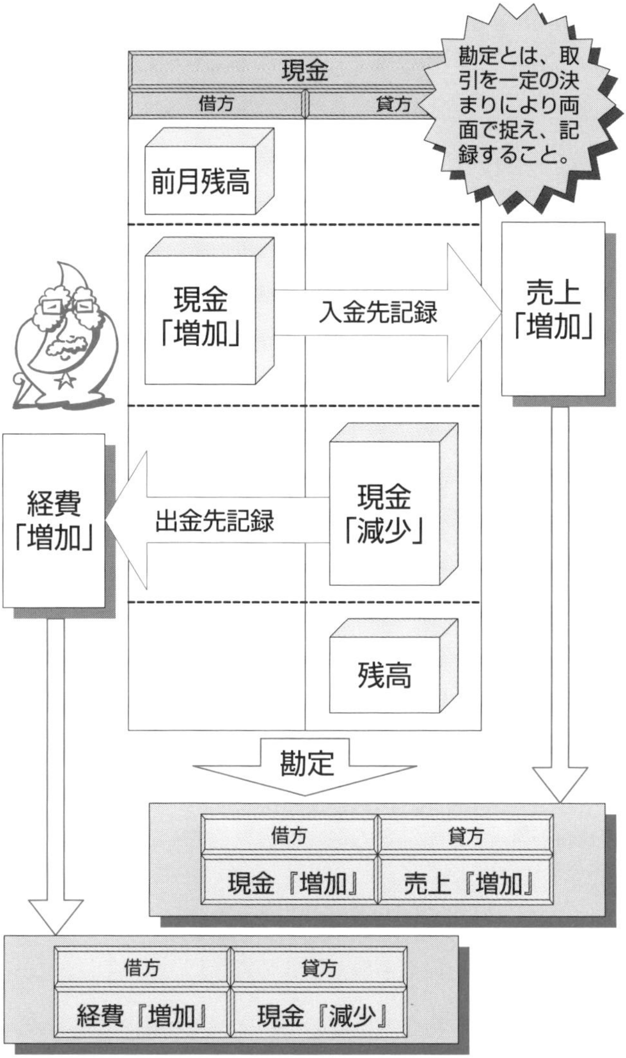

♣図解の解説

①複式簿記ではすべての取引は勘定科目によって分類され、かつ、その取引を「借方」「貸方」の両面で捉えて仕訳として表現します。

②例えば、図のように現金売上げがあると帳簿の借方に現金の増加額を記入し、貸方欄には売上げの増加額（同額）を記入します。

③また、経費がかかり現金が出た場合も経費の増加額、現金の減少額を同額で記入します。

〔実務コメント〕

実務上、取引を勘定科目で表現することを簿記・会計では「仕訳をする」といいます。仕訳は一定の類型によっているので、本書レベルの類型さえ理解すれば、多種多様な仕訳を暗記することなく、おおむね簿記・会計の概要が理解できます。

第2章

4

■複式簿記における「勘定」と「仕訳」

勘定の集計と試算表

●各勘定科目の合計額を一覧表にしたのが試算表

取引を両面で捉え、かつ、同日・同額であるので、すべての勘定の借方の金額の合計および貸方の金額の合計は一致し、また、その勘定差し引き残高を借方金額残高ならびに貸方金額残高を集計してもその合計は一致します。

企業取引は、元帳に各勘定科目に仕訳した後、各勘定科目の合計額を一覧表にした試算表を作成します。

●「勘定の集計と試算表」について理解しよう！

Q１ ・個々の勘定の成立については、概ね理解できましたが、その後はどのように展開するのですか。

企業取引を金額ベースで、すべてについて勘定で表現した後は、それを１カ所に集計する必要があるのだ。

Q２ ・どのような手順で、勘定を１カ所に集計するのですか。

まず、個々の借方金額、貸方金額を集計し、借方金額の合計額および貸方金額のの合計額を算出するのだ。

Q３ ・個々の勘定科目の資産でいえば、現金の増加額と（借方）と減少額（貸方）をそれぞれ合計するのですか。

そのとおり。そこで資産の現金増加額（借方）と減少額（貸方）の取引の両面を捉えている反対勘定も同じ手順で行うのだよ。

Q４ ・反対勘定も同日・同額の取引を捉えているので、すべての勘定の取引の借方金額および貸方金額の合計は一致しますね。

しかし、重要なのは、それぞれの勘定科目の借方合計額と貸方金額合計が一致するのは当然だが、借方金額合計と貸方金額合計の差し引き残高を集計しても一致することだよ。

◆現金取引の記帳から試算表の作成までの流れ

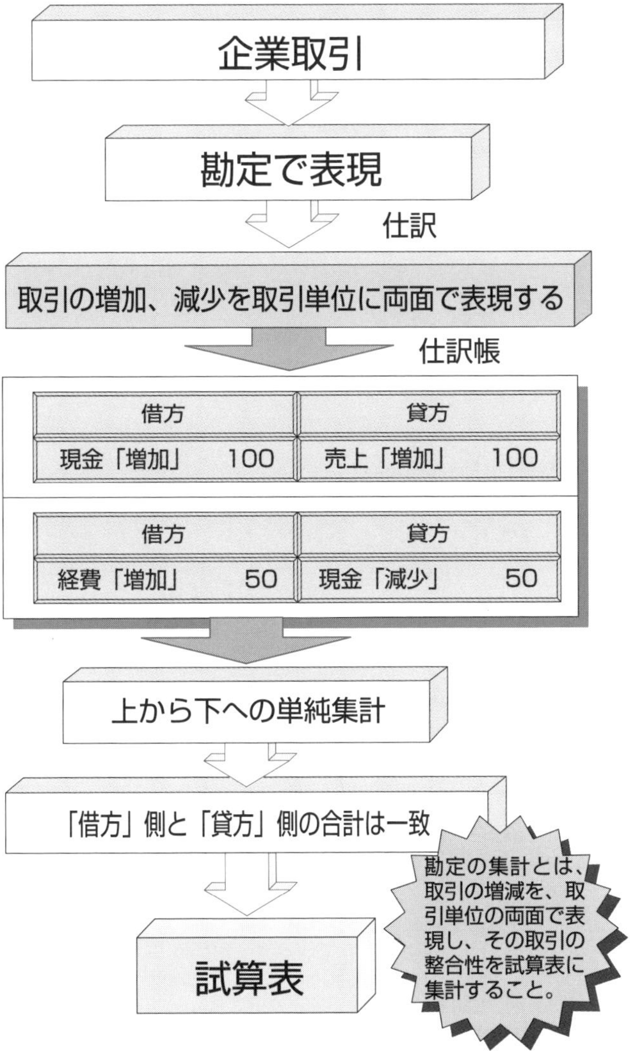

♣図解の解説

①この図は、すべての企業の取引を勘定科目で表し、その勘定科目の増加、減少を取引単位に両面で捉える過程を表現したものです。

②そして、その勘定科目を集計したのが、試算表としてまとめられたものです。

※試算表➡第３章参照

〔実務コメント〕

勘定科目の最終的集計が試算表であり、試算表は両面で捉えた取引の整合性を検証する表です。すなわち、取引のすべてを「仕訳」として捉えた後、「仕訳」をそれぞれ各勘定別に集計し、それを集合させたのが試算表となります。

第３章

試算表の作成と役割

◆この章では、取引から試算表作成までの流れを中心に、試算表と貸借対照表および損益計算書の関係を解説します。

1 試算表とはなにか

複式簿記では、すべての取引を帳簿に記帳し、「仕訳」をして仕訳帳に記入します。その後、仕訳帳から総勘定元帳へ仕訳を転記しますが、その転記が正しくされたかどうかを確認するために作られる表が試算表です。

複式簿記では、取引が発生すると、帳簿では各勘定ごとに借方、貸方に分解して記入され、この借方合計額と貸方合計額は、常に等しくなるしくみです。

このことを貸借平均の原則といい、この原則を利用して、元帳の記録、計算が正しいかどうかを検証するために作られるのが試算表です。

試算表では、①資産、②負債、③純資産、④費用、⑤収益、の５つの部に分類します。

具体的な勘定科目は、仕訳帳の勘定科目によります。

なお、勘定科目の①資産、②負債、③純資産は貸借対照表に、④費用、⑤収益は損益計算書に転記されます。

また、試算表は期末には必ず作成する必要がありますが、必要に応じて毎日（日計表）、毎週（週計表）、毎月（月計表）作成します。

2 試算表作成へのポイント

すべての企業取引を定められた勘定科目で表現し、その勘定科目は一定のルールによる仕訳によって、「借方」「貸方」の両面で、かつ、同額貸借平均の原則として認識されます。その仕訳された勘定科目ごとに一表に集計したのが試算表となります。

結果として、合計額の「借方」「貸方」は一致し、また差引残高の合計額の「借方」と「貸方」も一致することになり、全ての企業取引がもれなく集計されたことになります。

■合計残高試算表（参考例）

合計残高試算表　自　令和○年○月○日　至　令和○年○月○日　（単位：円）

借方 残高	借方 合計	勘定科目	貸方 合計	貸方 残高
1,400,000	3,500,000	現金	2,100,000	
1,000,000	3,000,000	普通預金	2,000,000	
2,500,000	8,000,000	売掛金	5,500,000	
1,200,000	1,200,000	棚卸資産		
800,000	800,000	固定資産		
	3,000,000	買掛金	4,500,000	1,500,000
		借入金	2,000,000	2,000,000
		貸倒引当金	40,000	40,000
		減価償却累計額	180,000	180,000
		資本金	3,000,000	3,000,000
		売上	8,200,000	8,200,000
		受取利息	80,000	80,000
6,500,000	6,500,000	仕入		
800,000	800,000	給料		
700,000	700,000	支払家賃		
100,000	100,000	支払利息		
15,000,000	27,600,000		27,600,000	15,000,000

一致（借方合計と貸方合計）
一致（借方残高と貸方残高）

※合計残高試算表の作成については、55ページ参照。

「試算表」とは、勘定を科目ごとに分けて期間別に集計した整合表である。

■試算表の作成と役割

第3章 1 期間取引と試算表

●帳簿は1事業年度で締め切られる

簿記・会計の目的は、期間取引の利益計算です。

つまり簿記・会計では、人為的区分により一定期間（1事業年度）の取引について利益計算をすることが目的なのです。

●「期間取引と試算表」について理解しよう！

Q1 ・複式簿記の原則に則り、企業取引を勘定科目別に集計するところまでは理解しましたが、企業取引を人為的に区分することについて説明してください。

非常に重要な問題だ。もしも、企業取引を人為的に区分しなければ、企業は創業から清算もしくは倒産まで、どのくらいの利益をえているか分からないことになる。

Q2 ・企業は永続的に取引が継続することが前提ということを詳しく説明してください。

企業取引を人為的に区分し期間取引を認識することは、すなわち、利益計算をすることなのだ。このことが、簿記・会計の重大な目的だよ。

Q3 ・よく分かりました。そのほかの簿記・会計の目的はなんですか。

企業には多くの利害関係者が関わっている。例えば、お金を出資している株主、お金を貸している銀行、税務署には税金も支払い、従業員には給与を支払わなければならない。そのために企業は、途中、一時的に利益計算をする必要がある。

Q4 ・つまり、企業を清算し、利益の分配をするまで待てないということですね。

そのとおり。したがって、永続を前提とする企業取引について途中一時的に期間取引を定め、企業を取り巻く利害関係者のためにも利益計算をする必要があるからだよ。「試算表」は、その一定期間についての利益計算が正しいかどうかを確認するために作成するんだよ。

◆帳簿は一定期間で締め切り決算をする

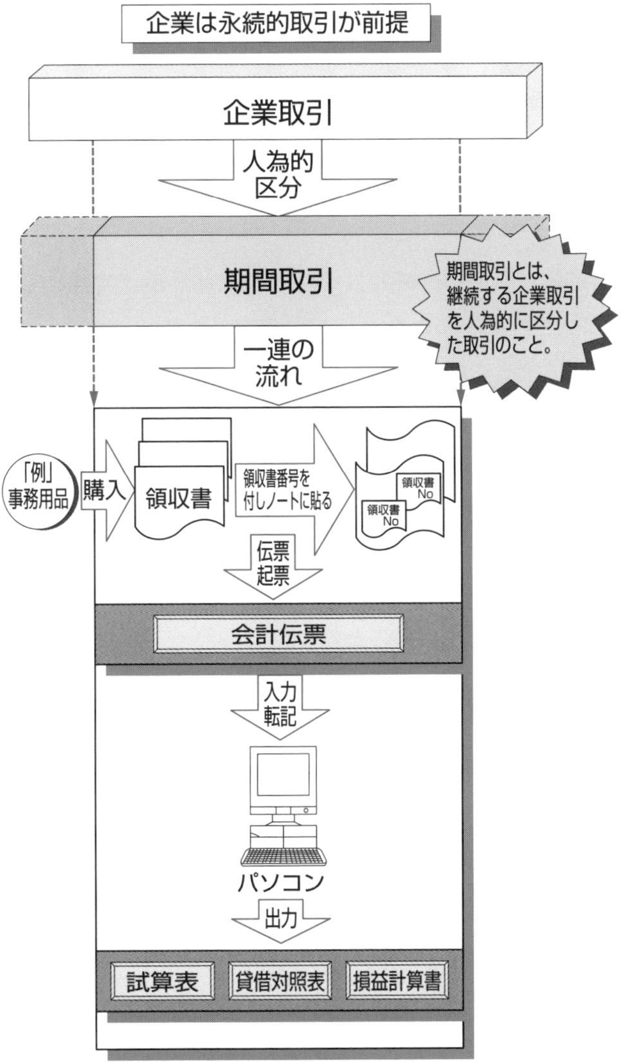

♣**図解の解説**

1企業は永続的に取引が発生することが前提です。

しかし、その永続する取引を人為的に区分して期間取引とすることが簿記・会計の原則です。

2帳簿は当該会計年度の期末で締め切り、試算表を作成して、これをもとに決算書である貸借対照表および損益計算書を作成します。

3簿記は、取引の記帳技術ですが、簿記と会計の切り分けは、全ての企業取引を人為的な区分で、期間取引とすることが会計という期間損益計算の概念のはじまりです。

〔実務コメント〕

企業は原則 1 年単位を事業年度として、決算をまとめることが法律で定められています。そういう意味で決算は、企業の永続する取引を人為的に区分した期間取引の集計単位です。

第３章

■試算表の作成と役割

2 試算表の表示内容

●試算表は各勘定科目を集計して作成

試算表は、期間取引が正確に認識されているかの整合性を図るために、勘定科目を集結させた表です。

試算表は、元帳から勘定科目ごとに作成し、一般的には毎月単位で作成し、元帳の記録が正しいかどうかの確認をします。

●「試算表の表示内容」について理解しよう！

Q１ ・勘定科目を集計し、その集計した結果、どのような期間取引から利益計算を導き出すのですか。

最初は、勘定科目ごとの借方金額合計および貸方金額合計をそのまま試算表の科目に記入し、取引の整合性を図るのだよ。

Q２ ・取引の整合性を図るとは、どういうことですか。

すべての勘定科目は取引を両面で捉え、取引の同日・同額で、その取引の発生原因を反対側の勘定科目として確認されている。したがって、すべての勘定科目を試算表として一覧表に結集させ、借方金額総合計と貸方金額総合計が一致しているのかを確認するのだよ。

Q３ ・それは、必ず一致するのですか。

取引を両面で、同日・同額で捉えている以上は、必ず一致するんだよ。

Q４ ・もしも、一致しなければどうなるのですか。

期間取引のどこかの勘定が、借方金額と貸方金額が同額でないことになる。それは、正確な利益計算ができないことを意味することになるのだよ。

♣元帳は、取引日付順に仕訳した「仕訳帳」から勘定科目ごとに作成した帳簿。期末において作成されるものを総勘定元帳という。

◆試算表を作成し取引の整合性を確認する

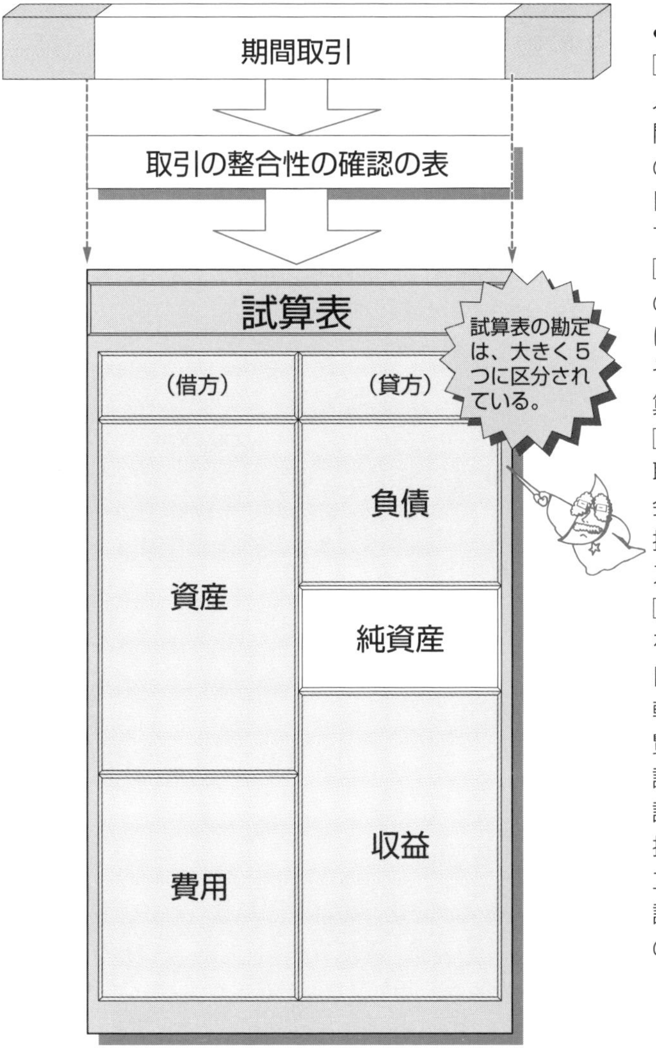

♣図解の解説

[1]企業は決算のために人為的に区分された期間取引を、借方・貸方の両面で捉えた勘定科目によって表現します。

[2]その取引と勘定科目の整合性の確認のために、月次あるいは半年、そして1年単位で試算表を作成します。

[3]簿記・会計の一連の取引とは、期間取引を会計伝票（入金、出金、振替）という仕訳ベースにおきかえます。

[4]次に、その会計伝票を総勘定元帳の勘定科目ごとに転記します。転記した勘定科目を一覧表に表現したものが試算表となり、やがて試算表は貸借対照表と損益計算書に分割し独立します。これが簿記・会計の一連の取引の概要です。

〔実務コメント〕

簿記・会計の経理現場では、試算表を作成することが中心的業務です。すなわち、経理業務は期間取引の試算表を作成することによって、企業活動の計数をまとめ上げることが主な業務です。

■試算表の作成と役割

第３章 3 試算表と利益

●残高試算表により利益を導き出せる

期間取引の利益（または損失）の計算は、試算表を分割することにより確認できます。

試算表には、合計試算表、残高試算表、合計残高試算表とがあり、残高試算表があれば、利益を導き出すことができます。

なお、以下、この項では、残高試算表を試算表として解説します。

●「試算表と利益」について理解しよう！

Q１ ・試算表の目的を簡単に説明してください。

勘定科目の整合性を図るために、試算表に各勘定を終結させ、借方金額と貸方金額の双方の合計を一致させることだよ。

Q２ ・それでは次に、試算表と利益の関係を説明してください。

理論的に説明することはかなり難しいが、図解（次ページ参照）のごとく分解すればその差額が利益となることだよ。つまり、利益は、一定期間内の純資産の増加であり、収益の合計金額から費用を差し引いて算出することもできるんだよ。

Q３ ・試算表を分割するって…。難しいですね。

試算表を財産（資産、負債・純資産）の部分と損益（収益、費用）の部分に分割することによって、現在、期間取引でどのくらい利益（または損失）が発生しているかを知ることができるのだよ。

Q４ ・なかなか複雑ですね。

利益の算出の説明は、後々、具体的な取引事例や図解（51 ページ参照）によって十分説明するので、心配いらないよ。

◆試算表の作成と利益の関係

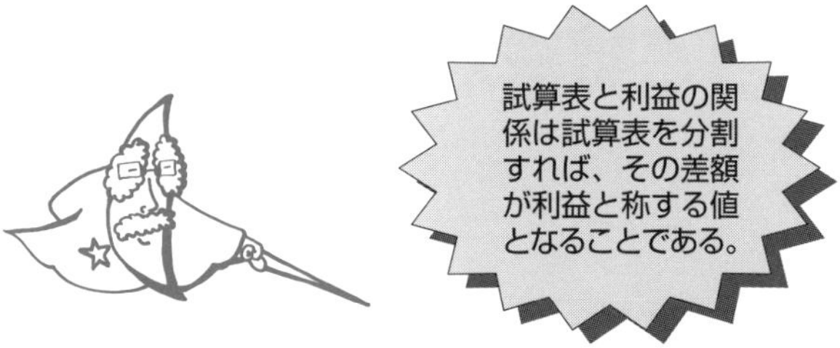

♣図解の解説

1この図は、試算表を分割することによって利益が求められることを表したものです。

2すなわち期間取引を勘定科目によって両面で捉えて試算表にて集計し、その試算表を分割することによって利益が表現されます。

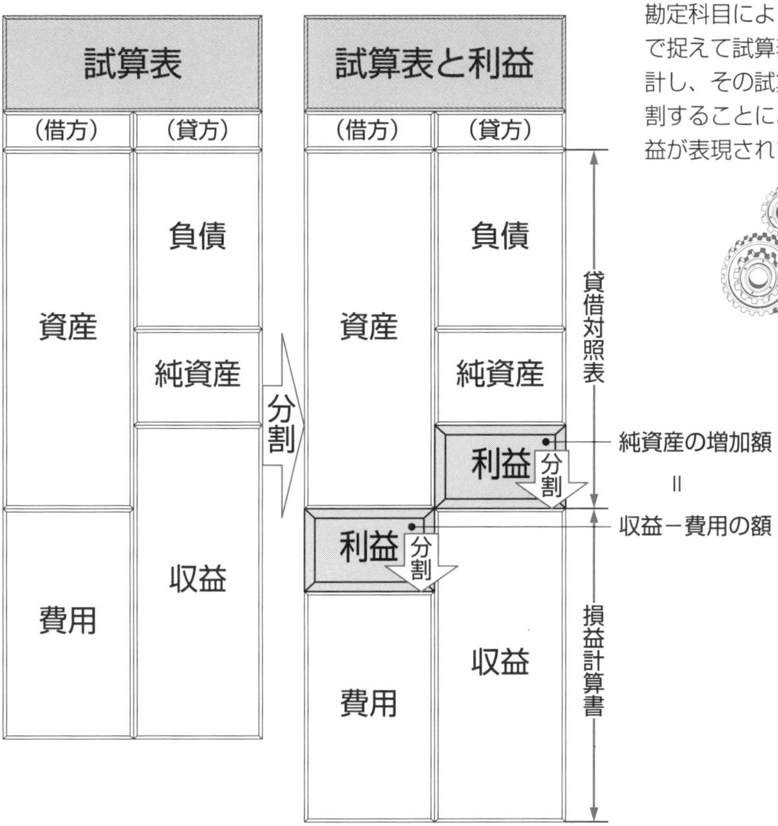

〔実務コメント〕

理論上の貸借対照表の利益は、前期末貸借対照表と当期末貸借対照表の差額をもって利益としますが、上表はあえて貸借対照表と損益計算書のつながりに重点をおき、試算表の「分割」によって利益を認識することとしました。

第３章
4

■試算表の作成と役割

試算表と貸借対照表・損益計算書

●試算表を分割し貸借対照表・損益計算書の作成

試算表の分割により利益が確認され、同時に上部を貸借対照表、下部を損益計算書として組み替えます。つまり試算表の資産、負債、純資産、収益、費用を分解して組み換えると貸借対照表、損益計算書となります。

●「試算表と貸借対照表・損益計算書の関係」について理解しよう！

Q１ ・図解上、試算表を分割することにより、利益が確認できることは理解できました。それからどうなりますか。

ここからが、とても重要なことなのだよ。試算表を分割することにより利益を確認すると同時に、分割した試算表を組み替えるのだ。そして、組み替えることによって、簿記・会計の本来の目的である貸借対照表と損益計算書が表現されるのだよ。

Q２ ・ややこしいですね。

言い換えれば、試算表は上部（資産、負債・純資産）を貸借対照表、下部（収益、費用）損益計算書の二重構造になっているのだ。そして、それを連結している役割が利益（または損失）と考えればよいのだよ。

Q３ ・それでは、なぜ、貸借対照表と損益計算書にそれぞれ差額が生じるのですか。

重要な質問だ。この差額がまさに簿記・会計の本質である差し引き概念だよ。つまり、貸借対照表においては資産から負債・純資産を差し引いた額（純資産の増加額）、損益計算書においては収益から費用を差し引いた額が利益になるんだよ。

Q４ ・差し引き概念は、勘定のときの説明にもでましたが、よく分かりませんでした。

複式簿記は、増加と減少の差し引き残高で、すべての企業取引を勘定で認識していることはすでに説明したとおりだ。この差し引き概念が、貸借対照表と損益計算書にも直接反映しているのだよ。

◆試算表の分割と組み換え

♣**図解の解説**

①試算表と貸借対照表・損益計算書の関係は、試算表を分割することにより利益が表現できます。

②貸借対照表および損益計算書は、その利益を勘定形式にしたもので、財産を表示しているのが貸借対照表であり、取引記録が損益計算書です。

〔実務コメント〕

実務的には、試算表と貸借対照表および損益計算表は同時作成となるために、試算表の分割という作業は発生しません。

第３章

5

■試算表の作成と役割

試算表と利益計算

●試算表を組み替え利益計算をする

利益計算は、貸借対照表と損益計算書のそれぞれの借方金額と貸方金額の差額。よって、利益の内訳は各取引ごとに内在している。したがって、利益の内訳を分析することは、各勘定科目の増加と減少を分析することになります。

試算表を組み換えることによって利益計算ができ、貸借対照表上の利益と損益計算書の利益は一致します。

●「試算表の分割と利益の関係」について理解しよう！

Ｑ１　・試算表の分割から利益計算の流れを簡潔に説明してください。

①試算表の借方金額と貸方金額の合計額を一致させる。②試算表を上部（資産・負債・純資産）、下部（収益・費用）に分割される。③上部、下部のそれぞれの借方金額と貸方金額に差し引き差異が生じる。それが利益（または損失）となる。

Ｑ２　・図解で見るとよく理解できました。

重要なことは、貸借対照表と損益計算書の利益（または損失）が一致することだ。

Ｑ３　・それが何度かでてきている差し引き概念ですね。

そのとおり。利益計算は具体的には、差し引き概念であるので、利益そのものの実態は存在しないのだよ。例えば、利益が出たからといって、その分だけ現金が増えているとは限らない。

Ｑ４　・利益勘定としての実態はない…。よく分かりませんが。

利益は差し引き概念なので、その源泉をあえて表現するならば、各勘定の取引ごとに利益が内在しているのだ。このことが、簿記・会計の最大のポイントだよ。

◆試算表の分割と組み換え（立体図）

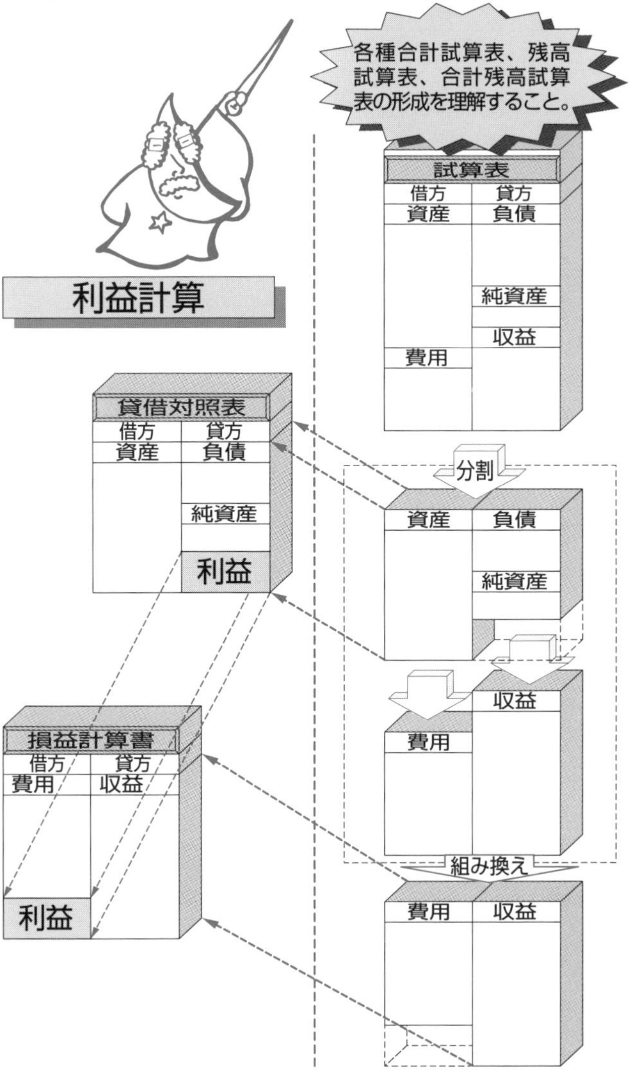

♣**図解の解説**

1この図は試算表をベースに、貸借対照表と損益計算書が作成される過程を３次元立体図でわかりやすく１画面で表現したものです。

2試算表を分割することによって、利益が確認され、それを組み換えることによって、貸借対照表と損益計算書が同時に作成される。

3この３次元図解が試算表から利益計算への展開としてもっとも基本的なパターンであり、また、簿記・会計の基礎です。

〔実務コメント〕

試算表が期間取引を表し、次に試算表を組み換えることによって、貸借対照表、損益計算書が連続して作成され、利益計算されることが簿記・会計では最も重要な一連の手続きです。

◆試算表の種類と作成

☆試算表が総勘定元帳をもとに作成されることはすでに解説しましだか、ここでは、試算表の３つの種類である「合計試算表」「残高試算表」「合計残高試算表」について、そのしくみと作成法について解説します。

1 合計試算表

「合計試算表」は、総勘定元帳の各勘定科目の借方合計と貸方合計を集めて作成します。したがって、貸借対照表と損益計算書のすべての取引総額を、勘定科目について一覧表示することになります。

試算表の借方欄の合計額と貸方欄の合計額とは、間違いがなければ一致します。

2 残高試算表（一般的に、利益計算として作成される）

「残高試算表」は、総勘定元帳の各勘定科目の残高を集めて作成します。残高試算表では、借方残高と貸方残高が一致します。なお、資産・費用の部については借方合計から貸方合計を差し引いた金額・負債・純資産・収益の部については貸方合計から借方合計を差し引いた金額を「残高」とします。

3 合計残高試算表

合計残高試算表は、合計試算表と残高試算表を１つにまとめたものです。合計試算表の借方・貸方合計欄と残高試算表の借方・貸方残高欄の両方を併せて持っています。

この合計試算表は、事務手続きが大変なためにあまり作成されませんが、年１回の本決算ではよく利用されているようです。

元帳から試算表を作り、貸方欄と借方欄の合計額が一致すれば、OK という訳ですね…。

1「合計試算表」のしくみと作成の仕方

複式簿記は、期間取引を両面で捉え、その反対側に同日・同額でその取引の原因を記録する。

その記録した勘定を結集し、一覧表にしたものが試算表である。

合計試算表

取引の勘定科目単位の金額をそのまま、借方は試算表の借方へ、貸方は試算表の貸方へ転記すればよい。したがって、各勘定科目の累計総額と合計試算表の合計額は借方も貸方も一致する。

これは、期間取引が勘定を通じて正確に記録されていることを意味する。

◆合計試算表の作成

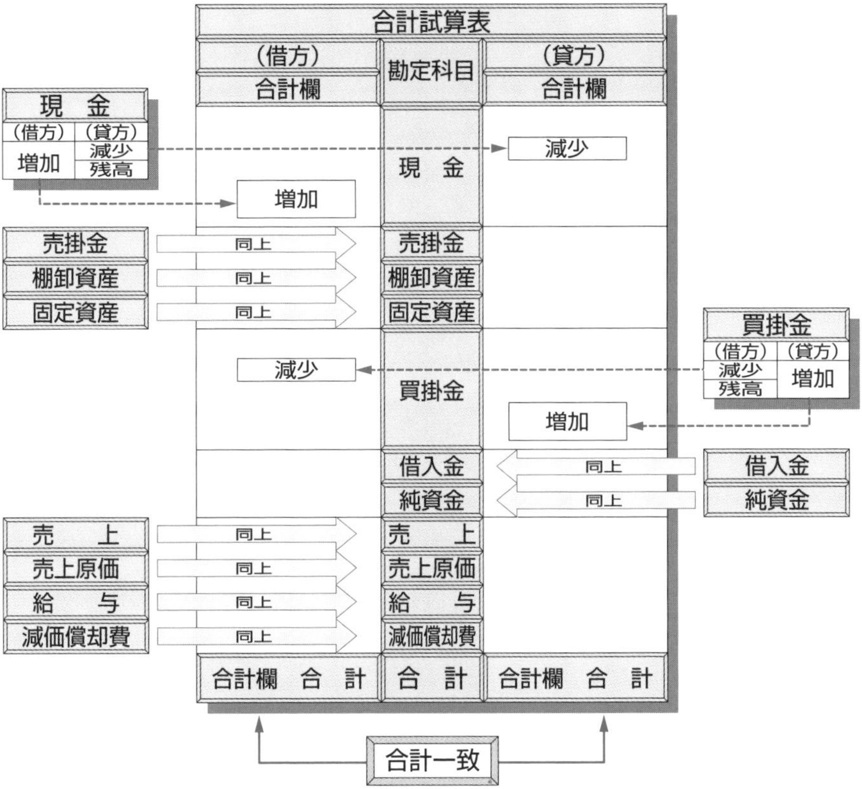

2 「残高試算表」のしくみと作成の仕方

複式簿記は、期間取引を両面で捉え、その反対側に同日・同額でその取引の原因を記録する。

その記録した勘定を結集し、一覧表にしたものが試算表であり、**残高のみを結集させたものが残高試算表である。**

残高試算表

取引の勘定科目単位の残高を、資産・費用の部の場合は借方の残高は試算表の借方へ、負債・純資産・収益の部の場合は貸方の残高は試算表の貸方へ転換すればよい。したがって、各勘定科目の累計残高と残高試算表の合計額は借方と貸方で一致する。

これは、期間取引が勘定を通じて正確に、差し引き残高が算出されていることを意味し、利益計算に一般的に使用される。

◆残高試算表の作成

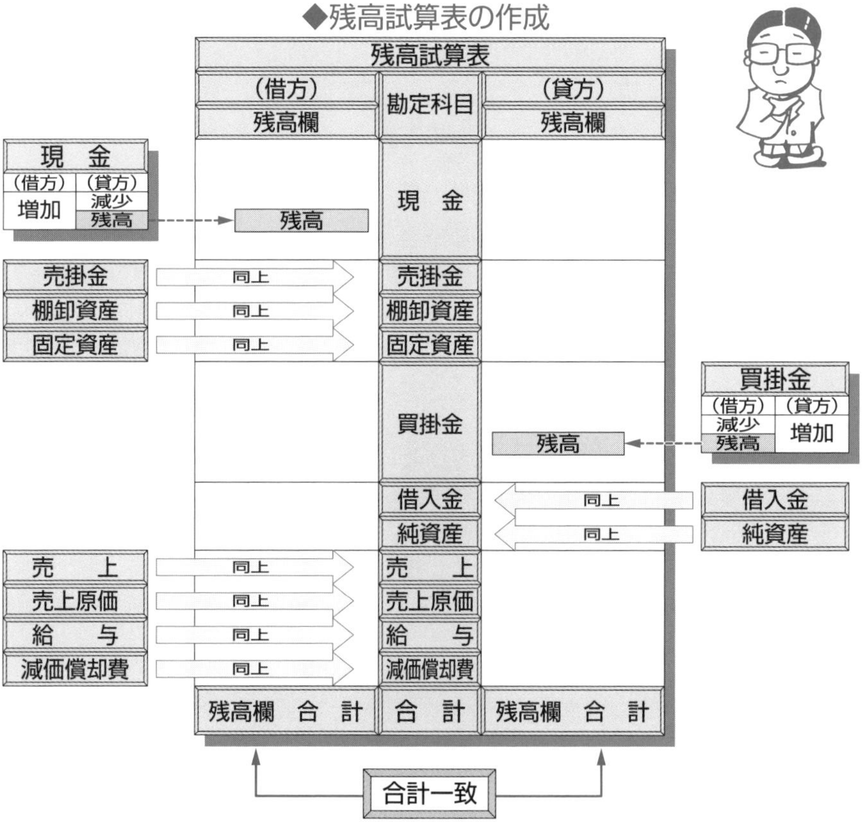

3 「合計残高試算表」のしくみと作成の仕方

複式簿記は、期間取引を両面で捉え、その反対側に同日・同額でその取引の原因を記録する。その記録した勘定を結集し、一覧表にしたものが試算表で、**取引合計額と残高を結集させたものが合計残高試算表である。**

合計残高試算表

取引の勘定科目単位の合計額と残高を、それぞれ合計欄と残高欄に勘定科目ごとに転記すればよい。

したがって、各勘定科目の取引合計額および累計残高と合計残高試算表の各合計額および残高額は借方も貸方も一致する。これは、期間取引が勘定を通じて正確に記録され、かつ正確に残高が算出されていることを意味する。

◆合計残高試算表の作成

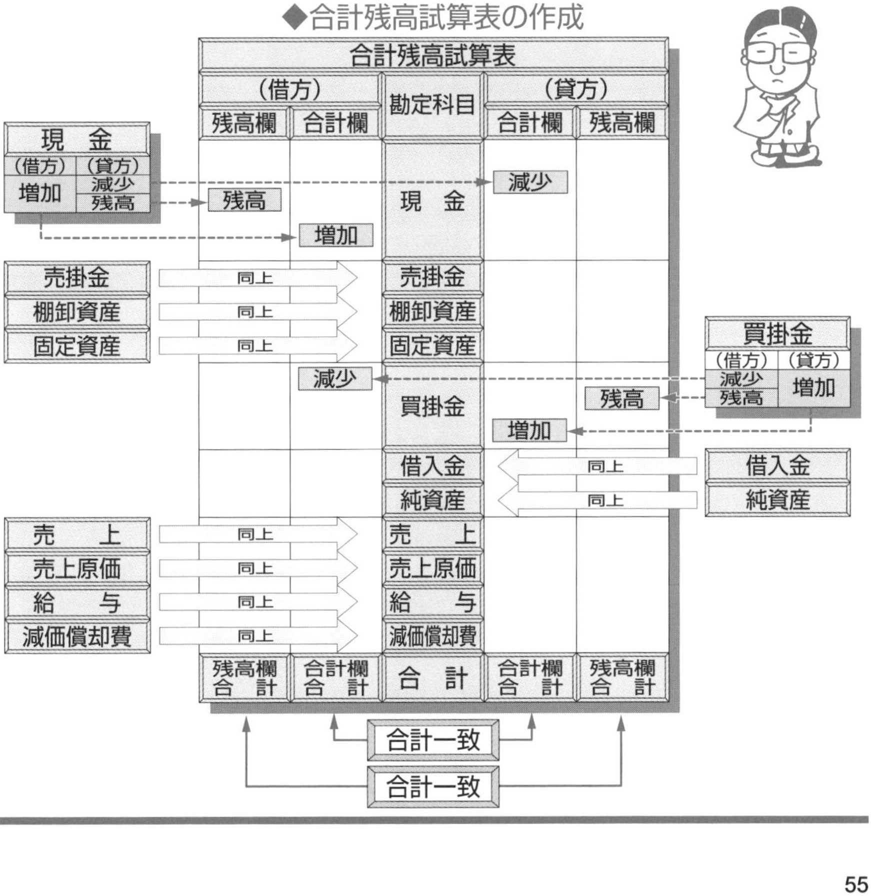

第４章

決算のしくみと決算手続き

◆この章では、決算と利益計算の関係を中心に、具体的な決算手続きの概観を解説します。

1 決算とは何か

企業はすでに述べたように、企業の日々の取引を仕訳をして仕訳帳に記入し、これを元帳に転記して各勘定の増減を記録・計算します。さらに、これを各勘定科目ごとに分類して、試算表に転記します。

これが複式簿記による帳簿記入の主な流れですが、簿記・会計の最終目的は決算であり、利益を確定することです。

決算は、１事業年度の経営成績と期末の財政状況を明らかにし企業の活動を報告することです。そのために、**貸借対照表（財政状態）と損益計算書（経営成績）を作成しなければなりません。上場企業には、キャッシュフロー計算書の作成が義務づけられています。**

2 貸借対照表・損益計算書・キャッシュフロー計算書（財務３表）

①**貸借対照表**……貸借対照表は、期末における財政状態を一覧表にしたものです。総勘定元帳（あるいは試算表）より、資産、負債・純資産に属する勘定科目をまとめて、貸借対照表を作成します。

貸借対照表はバランス・シートともいい、Ｂ／Ｓと書くこともあります。

②**損益計算書**……損益計算書は、１事業年度の経営成績を一覧表にしたものです。元帳あるいは試算表より費用、収益に属する勘定科目をまとめて、損益計算書を作成します。

損益計算書は、英語ではプロフィット・ロスです。Ｐ／Ｌと書くことがあります。

③キャッシュフロー計算書……現金の保有額、もしくは何に使用したかの現金の動きなど、資金に関する情報を一覧表にまとめたものです(180・262ページ参照)。

3 貸借対照表と損益計算書の作成

貸借対照表と損益計算書の作成は、総勘定元帳および試算表が正しく作成されていれば、難しいことはありません。

貸借対照表や損益計算書は財務諸表と呼ばれ、法人税の確定申告の際の添付書類となります。

決算では、
いよいよ貸借対照表と損益計算書
を作るんだね…。

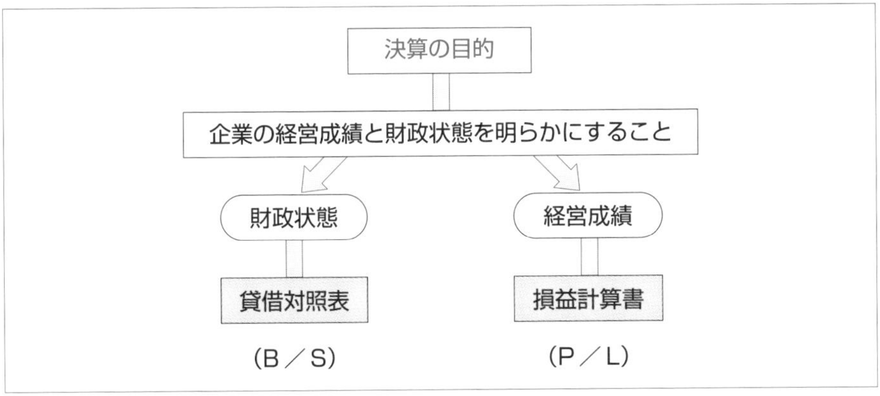

♧作成された貸借対照表・損益計算書などの計算書類(株主資本等変動計算書・個別注記表も必要)および付属明細書は、会計監査(会計監査人設置会社)の監査を経て、取締役会(取締役会設置会社)の承認を受け、定時株主総会での承認(報告)が必要です。また、事業報告および付属明細書も取締役会の承認(取締役会設置会社)を経て、定時株主総会での報告が必要です。

「決算」とは、企業取引を人為的に区切り(1事業年度)集計する計算手法である。

■決算のしくみと決算手続き

第４章 1 簿記・会計と決算のしくみ

●簿記・会計と決算手続き

一般的には簿記は計算、会計は理論という考えですが、あえて本書は「決算手続きを遂行すること」を会計の領域と定めます。

企業は一定期間ごとに、その期間中の経営成績と期末の財政状態を明らかにする必要があり、損益計算書および貸借対照表を作成します。

●「決算手続き」について理解しよう！

Ｑ１ ・複式簿記、勘定、試算表、いよいよ決算ですか。

そのとおり。簿記、会計を理解する上で大切なのは、まず、細部を理解する前に概観と一連の流れをつかむことだよ。

Ｑ２ ・基本をベースに、全体の骨格をつかむのですね。

簿記で言う取引を表現する仕訳類型や各種の勘定科目の内容は、後々、ゆっくり時間をかけて研究すればよいことだよ。

Ｑ３ ・とにかく、複式簿記は500年以上の歴史と、世界共通形式の最も簡単な記録方法であるので、その原理をしっかり学べばよいのですね。

そして、決算手続きを通じて、「簿記」と「会計」の区別も認識する必要がある。

Ｑ４ ・簿記と会計の区分を教えてください。

ここでは簡単に説明しよう。「簿記」は、取引を仕訳で捉えて、帳簿に記入することだよ。そして、「会計」は、決算手続きにより期間取引を集計して、適正に損益を算出することだよ。

「簿記」と「会計」は別々に存在する領域と考えるのは、まったくの誤りだ。「簿記」を人為的区分計算することが「会計」の領域となるのだ。

◆決算手続きの流れ

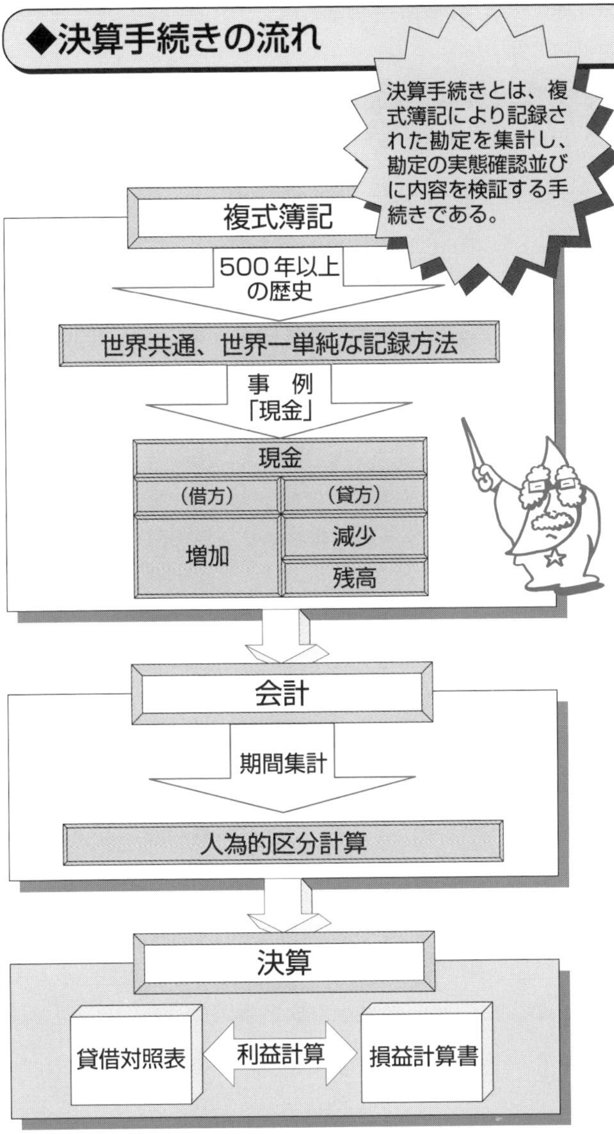

♣**図解の解説**

1この図は、本書で一番重要な図です。それは複式簿記と会計の範囲の明確化し、そして決算書類が一目で理解できます。

2複式簿記と会計の範囲については、企業の取引を簡単な世界共通形式の仕訳で表現したのが複式簿記であり、その取引の勘定を人為的に区分計算したのが会計です。

※簿記・会計の領域
➡82ページ参照

〔実務コメント〕

実務では、簿記も会計も、また決算も、混同されて識別がありません。しかし、簿記・会計の原理を理解するためには、その意味をしっかり押さえておくことが不可欠です。何のための簿記なのか、何のために会計が存在するのか、そして、なぜ決算をしなければならないのかを。

第４章
2 利益計算のしくみ

■決算のしくみと決算手続き

●決算の目的は利益の計算と報告

「簿記」は日々の取引と捉え、「会計」は期間損益計算のために存在します。

企業は利益を追求する集団です。したがって、決算の目的は、当期期間にどれだけ利益をあげたかを計算、報告することにあります。

●「利益計算」について理解しよう！

Q１・基本的なことですが、企業取引は人為的に区分計算しないと永続的に取引が続きますよね。そこで、「会計」という手続きで区分計算すると考えてよいのですか。

そのとおり。複式簿記の原理によって取引を勘定として捉え、「会計」の手続きによって決算をまとめるのだよ。

Q２・人為的に区分計算をし、かつ決算をするために「会計」が必要なのですか。

そうだよ。「簿記」と「会計」をゴチャゴチャにすると、後々、取引の性質、勘定の意味等々を見失ってしまうのだ。したがって、「会計」は期間取引や適正な損益（利益または損失）を計算するために存在する学問として定めた方が理解しやすいのだよ。

Q３・「簿記」の領域と「会計」の領域。なかなか難しいですね。

本書は、「簿記」と「会計」の領域を最小の取引事例で理解できるしくみになっているのだ。よって、細かな仕訳や多くの勘定科目の解説は省略されているのが特徴だ。

Q４・「会計」という言葉を難しく考えていたのですが、まったく「簿記」の延長線上にあるのですね。

もしも、人為的に区分計算をする必要がないとするならば、「会計」という学問は必要ないと考えるべきだよ。

◆企業取引から決算（利益計算）までの流れ

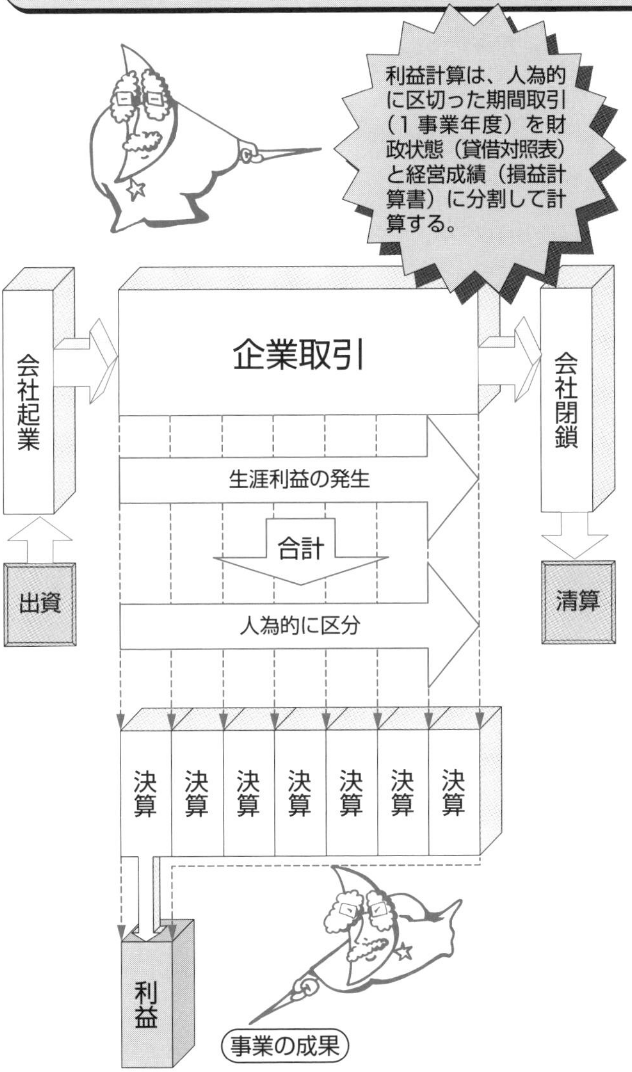

♣図解の解説

①利益計算（または損失）は企業が1年間の事業の成果を知る最も大切な手続きです。なぜならば、利益計算（または損失）によって次期事業年度方針や近未来の企業の方向性が予測され決定されるからです。

②また、株主などへの企業情報公開や法人税の確定申告でも貸借対照表や損益計算書は必要となります。

③この3次元図解は、簿記・会計、そして決算から利益算出までを一括表現したものです。

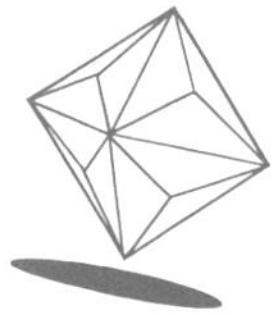

〔実務コメント〕

企業は通常年1回、決算によって利益計算の手続きが行われます。決算は1年の区切りであり、また新たな出発でもあり、大企業から中小企業まで共通した企業の経理事務の行事です。

第４章

3 取引開始から決算までの手続き

■決算のしくみと決算手続き

●取引から簿記・決算まで

まず、取引から決算までは、次ページにある３次元図解を理解して全体の流れを把握してください。

日々の取引を記帳から期末の決算手続きまで、通常は経理部（課）がおこないます。

●「取引から決算まで」の事務手順について理解しよう！

Ｑ１　・これまで、複式簿記、勘定、試算表、そして決算と、広範囲な説明を受けましたが、なかなか分かりにくいですね。

ここで、今までの復習をかねて、全体を確認しよう。どの点が、分かりにくいですか。

Ｑ２　・各ページの図解とＱ＆Ａで、その都度理解していますが、どうも全体の整理がついていません。

簿記・会計を理解するポイントは、常に全体の流れを頭に入れ、どこの部分の説明なのかを確認することが必須だ。

Ｑ３　・確かに範囲がつかみきれず、理解しにくい部分や関連が分かり難い個所があります。

理解しにくい部分や関連が分かりにくい部分があっても、後々角度を変えた図解がでてくるので、再度確認できるよ。

Ｑ４　・取引開始から決算までは基本なので、理屈よりもまず図解を理解することが先決ですね。

そのとおり。自分が理解しやすい図解を、自分のものにして読み進めることが得策だよ。

◆取引開始から決算までの流れ

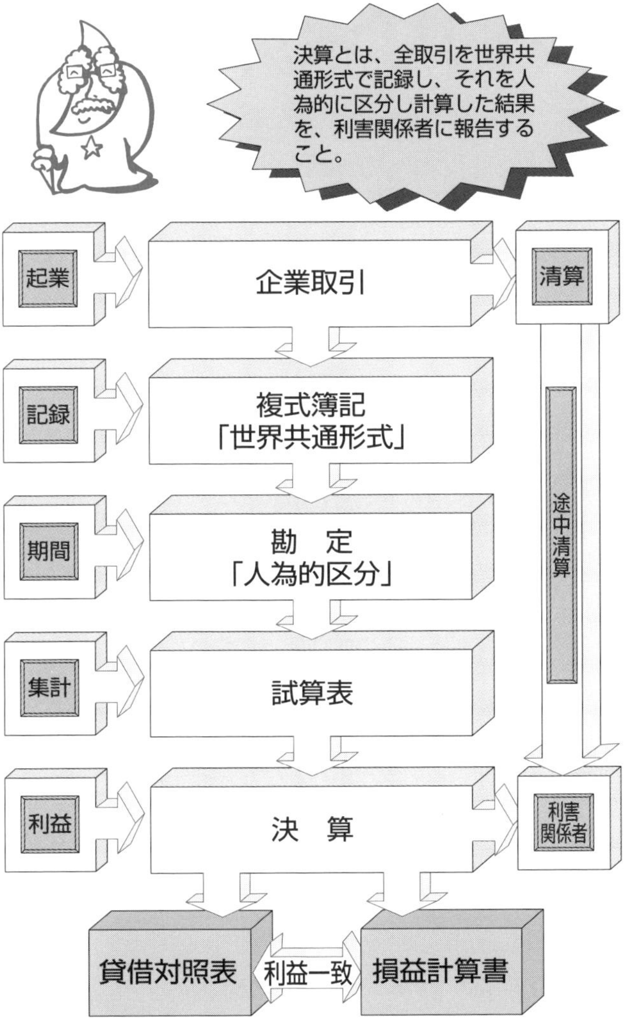

♣図解の解説

1この図は取引関係から決算までの一連の流れを表したものです。この一連の流れがすべての企業体が、毎年統一して実施している決算事務手順です。

2簿記・会計では、この流れを理解することが大切です。こうした原理・原則を理解せず、いくらたくさんの仕訳事例を理解しても、また勘定科目を暗記しても、簿記・会計の本質を理解したことにはなりません。

〔実務コメント〕

簿記・会計は、企業の取引を最も簡単に記録・集計することができる手法です。そこには、一定の法則と一定の流れが存在しているだけです。原理・原則さえ理解すれば、実務的にも難しいものではありません。

実務では、「なぜ、会社にお金が残らないのだろう」という声を聞きますが、これは簿記・会計の本質を理解していない証拠です。本質を理解してさえいれば、どこに手を打てば、企業にお金が残るかが容易に分かるはずです。

第４章

4

■決算のしくみと決算手続き

具体的な決算手続き

●決算手続きでは、現物確認・記録の検証をする

「簿記」「会計」をとりあえず区分して、その領域を明確にします。「簿記」は企業取引の認識・測定、そして記録、「会計」は企業取引を人為的に区分し決算手続きまでと理解してください。

貸借対照表および損益計算書は、試算表により作成しますが、決算手続きでは、確認手続きが必要です。

●「決算手続き」について理解しよう！

Q１ ・具体的な決算手続きについて説明してください。

決算手続きは、企業取引を人為的に区分し期間取引として利益（または損失）を確認することだ。その具体的手続きは、「会計」の領域となる。

Q２ ・「簿記」と「会計」の区分はあまり明確ではないですね。

確かに明瞭ではないが、本書ではあえて決算手続きの理論的背景を「会計」の領域とし、一般的解釈よりも狭義に解釈している。その方が理解しやすく、すっきりしているからだ。

Q３ ・すると「簿記」「会計」は、一般に範囲が明確ではないので「会計」を狭義に解釈して、「会計」を決算手続きのこととして読み進めることですね。

ただし、再度述べるが、「簿記」は計算、「会計」は理論が通念だ。そこは注意しておこう。

Q４ ・それでは決算手続きとは、具体的にはどのような手続きですか。

それは、貸借対照表のような現物が可視できる勘定は、その現物を実勘すればよく、損益計算書のように取引の記録的性質の勘定科目は、原則的発生内容を確認したり、照合する手続きだよ。

◆決算では何を確認するのか

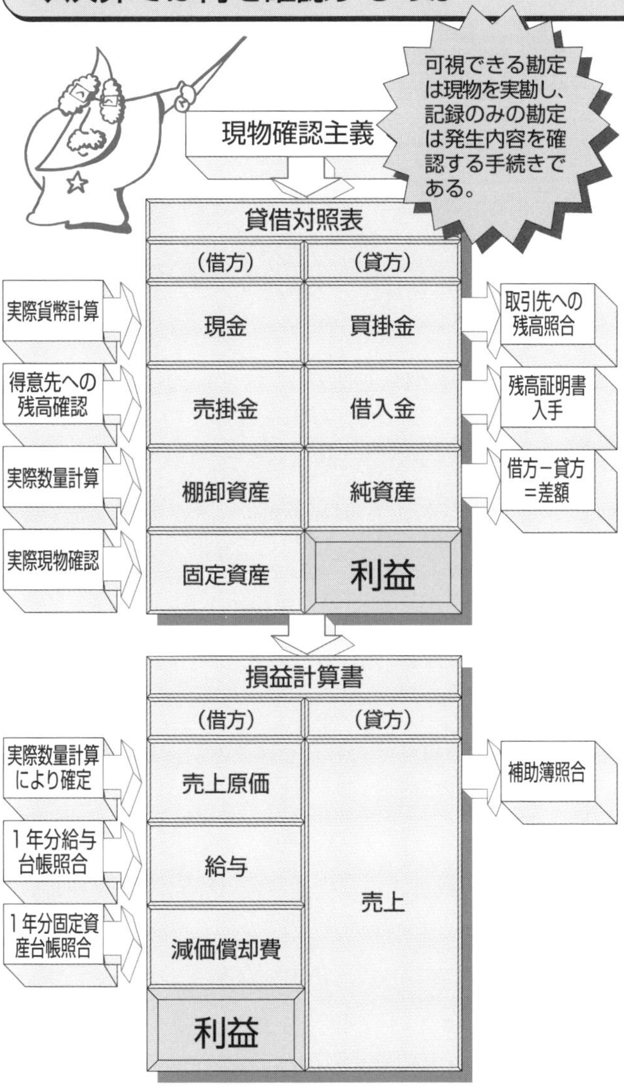

♣図解の解説

1決算手続きとは、端的にいえば、財産の現物確認と記録の検証のことです。

2財産の現物確認とは、例えば、財産としての現金は実際に現金を数えて見たり、在庫も実際に現場で商品等を数えて帳簿と付き合わせて確認することです。

3記録の検証は、給与や家賃の支払いが年12か月で12回分計上されているかをいいます。

4意外に決算手続きは原始的な側面を持った手続きです。

※簿記・会計の領域
➡82ページ参照

〔実務コメント〕

物づくりのメーカーなどの企業の具体的な決算手続きでは、現場の在庫の数量を測定することが主な手続きになります。在庫の評価によって決算の利益が左右されますので、単に数量だけではなく、在庫の状態や滞留状況も併せて確認します。

第４章
5

■決算のしくみと決算手続き

決算手続きの要点

●決算は、一定期間の取引についての利益計算

決算の手続きを理解して、「簿記」「会計」の原理を学びましょう。

決算手続きとは、貸借対照表および損益計算書の数値を記録・確認することです。

●「決算までの事務の流れ」を理解しよう！

Q１ ・企業取引から決算まで、なかなか長いでね。

次ページの図は、今まで解説した「簿記」「会計」決算手続の究極の姿だ。

Q２ ・では、この３次元図解を理解すればよいのですね。

そのとおり。いつもこの図解を頭に入れ、現在どこの個所の説明を受けているかを認識していればよいのだ。

Q３ ・この流れが、「簿記」「会計」の最終目的である適正な決算を理解することになるのですか。

決算を理解することは、そのプロセスの理解だ。すなわち、どのような形成で決算が組まれるのかを理解することだよ。一般的には、帳簿組織を理解すると言っている。

Q４ ・勘定科目の内容や「簿記」「会計」でいう仕訳のパターンを暗記したりはしないのですか。

確かに勘定科目の性質や仕訳のパターンは重要だが、それは別途時間をかけて学習すればよいのであって、もっと大切なことは「簿記」「会計」の原理を理解することだよ。原理を理解せず、決算書の見方や経営分析を勉強しても、単なる評論に終始してしまうのだ。

◆簿記と会計の領域と決算の手続き

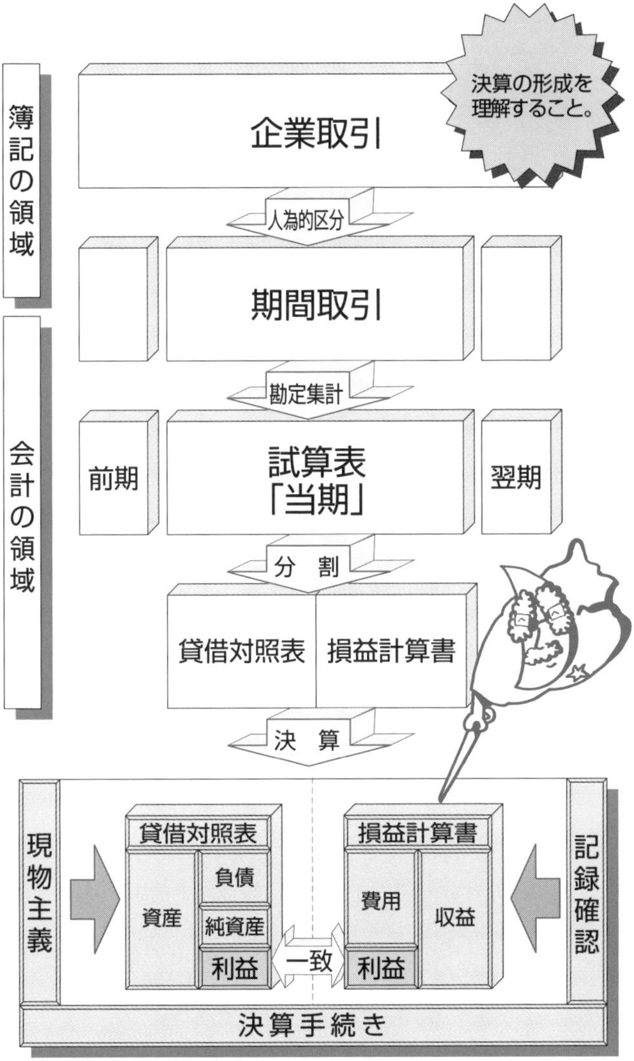

♣図解の解説

1取引を人為的に区分することによって、決算という手続きが発生します。

2もしも、取引を人為的に区分しなければ企業が解散するまで決算手続きは発生しません。それは企業が解散し、残った財産の分配をすればよいのですから。

3すなわち、決算は毎年１回の臨時解散手続きを想定して行う事務作業なのです。

4この３次元図解は、簿記・会計の領域と決算手続が表現されている重要な図解です。

〔実務コメント〕

実務的には、決算は、財産の現物の確認や取引記録の検証を意味しています。見方を変えると、年に一度、企業の内情を数値によって、帳簿と現物確認および検証する手続きとも言えます。

◆決算手続きと各勘定の集結

1 勘定の集計と集結

各勘定を集計し、各勘定残高を貸借対照表および損益計算書に集結させる。

集結

決算手続きでは、各勘定科目の借方合計金額と貸方合計金額の差額残高を残高試算表を介して貸借対照表および損益計算書に集結させる。

◆勘定の集計・集結と貸借対照表・損益計算書

2 勘定の集結後

各勘定残高を貸借対照表および損益計算書に集結させる。それぞれ貸借対照表と損益計算書の借方金額と貸方金額を合計し、差額残高の利益（または損失）を算出する。

集結後

決算手続きでは、一定期間の取引を決算時に静止した状態で、各勘定科目の借方合計金額と貸方合計金額の差額残高を貸借対照表および損益計算書に集結させ、その差し引き残高を利益として算出する。

◆勘定の集結後の貸借対照表・損益計算書

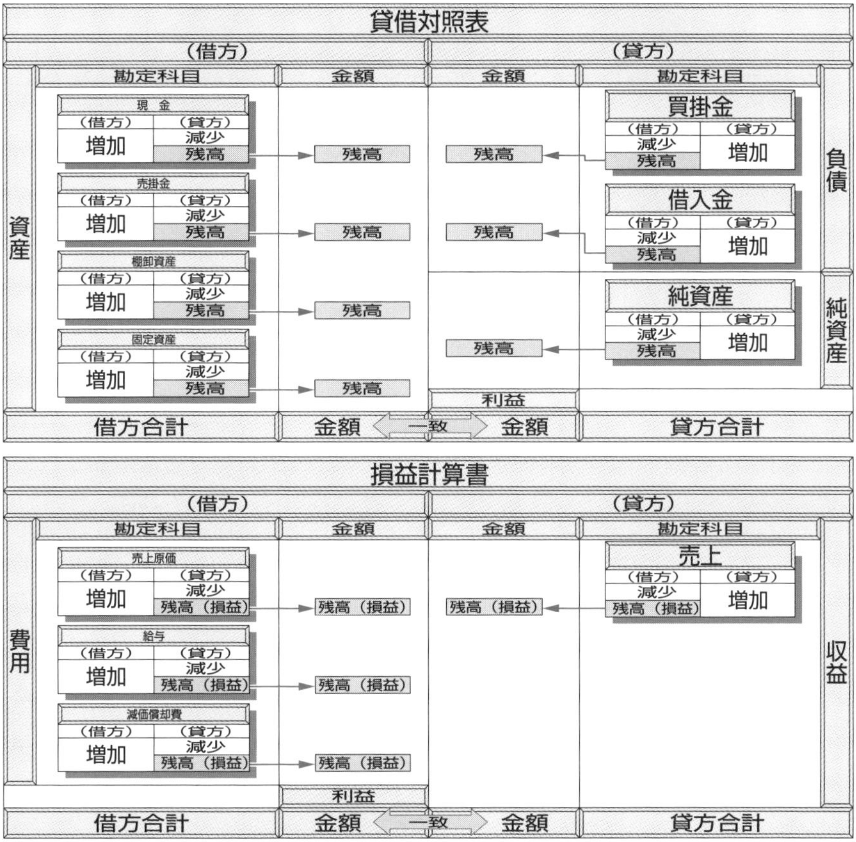

集結後

第５章

１日の設立、１日の決算

◆この章では、第１部のまとめとして、事例により、１日で設立と決算を完結する究極の簿記・会計で、決算のしくみを解説します。

1 簿記・会計と決算手続き

企業は１事業年度（通常は１年）が終わると、帳簿を整理して締め切り、期末の財政状況である貸借対照表と当期間の経営成績を明らかにした損益計算書を作成します。

この一連の手続きのことを決算手続きと言います。

貸借対照表や損益計算書などは決算書と言われ、簿記・会計の最終目標は決算書を作成することにあります。

2 決算手続きの流れ

一般的な決算手続きの流れは、決算予備手続き→決算本手続き→決算報告の順に行ないます（次ページ図参照）。ただし、ほとんどの会社では、仕訳は仕訳帳ではなく伝票で仕訳をおこなっています。

また、今日では、コンピュータの会計ソフトにより処理する場合が多く、この場合は領収書や納品書などの証憑や伝票などを該当項目に入力すれば、自動的に仕訳がなされ、試算表や決算書の貸借対照表および損益計算書を作成してくれます。

◆決算の手続きと帳簿

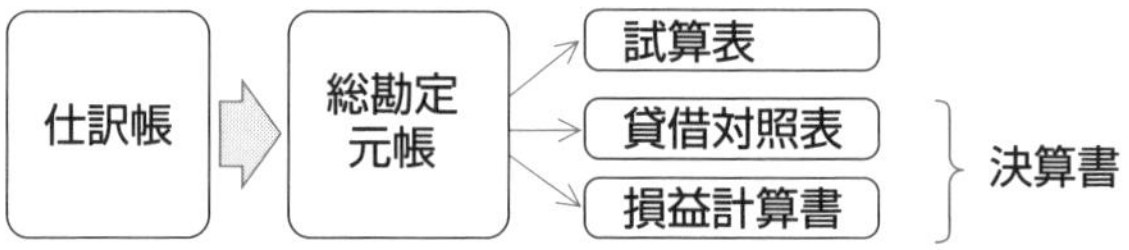

3 1日の設立、1日の決算

本章では、以上の手続きについて、次ページ以下で、最も単純化された例として、「1日の設立、1日の決算」（設立した日に決算）という仮定のもとに、決算手続きを解説します。

「決算」って、さまざまな取引を仕訳し、仕訳帳→総勘定元帳→試算表を作り、貸借対照表・損益計算書を作成することなんだ…。

◆一般的な決算手続き（元帳決算の場合）

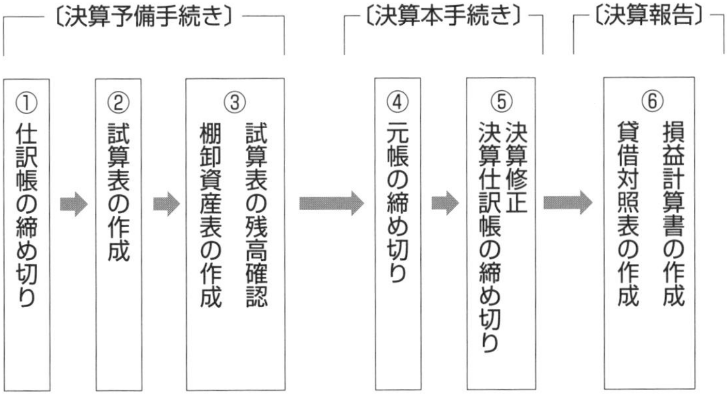

「1日の設立、1日の決算」とは、簿記・会計の一連の流れを最短に凝縮したもの。

第5章 1

企業取引の内容と決算

◆1日の設立、1日の

●期中（本例では１日）の取引と記帳

簿記は、まず企業取引について、証憑（領収書など）や伝票をもとに取引を認識することから始まります。

決算－「取引」

- 設立時は、資本金が必要です。それを自ら出資するので自己資金（自己資本）と呼びます。
- 自己資金だけでは事業の運営がまかなう事ができない場合には、通常、銀行等より借入れ資金（他人資本）の調達が必要です。
- 事業資金がととのうと、まず販売のために商品（棚卸資産）を仕入れます。
- また、事業活動に必要な運搬具として車両（固定資産）を取得します。
- 企業は人が運営しますので、その人件費（給与）を費用として支払います。
- 車両は販売活動をするために稼働し、消耗するので、減価償却費が発生します。
- 販売活動の結果、商品が販売され売上が計上できました。
- １日の利益が分かる

♣図解の解説

[1]この図は、起業して商品を仕入れて販売をする企業を想定したものです。
[2]企業の期中取引（本例は１日）は、証憑（注文書、納品書、請求書など）をもとに伝票（仕訳伝票）を作成します。
[3]伝票は取引があるたびに必ず作成します。

第５章

2

取引記録（仕訳）の作成

◆１日の設立、１日の

取引開始

借方	貸方
①　自己資金（出資）	
＋　現金　50	＋資本金（純資産）50

期中取引

※取引ごとに、勘定科目の「借方」「貸方」に仕訳

借方	貸方
②　借入資金（調達）	
＋　現金　50	＋　借入金　50
③　商品仕入（購入）	
＋　棚卸資産　40	－　現金　40
④　車両購入（取得）	
＋　車両　50	－　現金　50
⑤　給与支払い（費用）	
＋　給与　10	－　現金　10
⑥　車両で活動（償却）	
＋　減価償却費　50	－　車両　50
⑦　商品販売（売上）	
＋　売上原価　40	－　棚卸資産　40
＋　現金　120	＋　売上　120
合　計（410）	合　計（410）

取引終了

１日の設立、１日の決算

●まず、伝票をもとに仕訳する

取引記録は伝票をもとに仕訳をします。借方・貸方は同額の表示となり、合計は一致します。

決算－「取引記録」

資産の現金50が借方で増加し、資本金も50が貸方で増加します。現金はのちに棚卸資産を購入したりして変化しますが、資本金は資産の部から負債の部の差し引き概念により純資産に表示されます。

事業の運営上、資本金の出資金だけでは資金が不足なため、銀行より借り入れの融資を受けます。したがって、現金の資産50が借方で増加しますが、借入金も負債として50が貸方に増加します。

自己資本（資本金）と他人資本（借入金）で手持ちの現金がととのったので、商売のために商品を仕入れます。よって、商品である棚卸資産が40借方で増加しますが、その支払いのために現金が40貸方で減少します。

事業活動のために固定資産である車両を取得したので、車両という固定資産が50借方に増加し、その固定資産の支払いとして現金50が貸方で減少します。

人件費の費用の支払いとして、給与10が借方で発生し、その支払いとして現金10が貸方の減少します。

車両の固定資産は商売に活用し消耗しているので、減価償却費として50が借方で費用として発生します。この設例では、耐用年数による費用配分をおこなわないので固定資産50が貸方で全額減少します。
(費用配分は、第2部で解説します。)

商売によって棚卸資産が販売された場合には、売上120が収益として計上され、同時に120の現金が計上されます。また、棚卸資産が販売されたので40が貸方として減少し、その反対勘定科目として売上原価が原価配分として40借方に発生します。
(原価配分は、第2部で解説します。)

♣図解の解説

①期中の取引は、伝票を起こし、仕訳を発生させます。

②本例は、1日の設立、1日の決算の例ですが、1年が会計期間である場合には、これを毎日（1年間）繰り返すことになります。

第5章 3

■1日の設立、1日の決算

勘定科目別に集計

●集計と試算表

取引日の順に仕訳をしたものを、同一項目ごとに集計し、試算表を作成します。

◆1日の設立、1日の決算－「集計の手順」

取引終了

① 勘定科目別に借方、貸方を集計します。

↓

② 勘定科目別に借方、貸方の集計合計を差し引きし、残高を算出します。

↓

③ 算出した借方、貸方の残高のみを試算表に集めます。

↓

④ 残高試算表の合計を一致させます。

↓

1日の設立、1日の決算

♣図解の解説

1勘定科目別に借方、貸方に分けて記帳し、同一項目の集計をします。そして、これをもとに、試算表を作成します。

2試算表を作成すれば、これをもとに決算書である貸借対照表および損益計算書を作成することができます。

◆1日の設立、1日の決算「集計」

取引開始

	借方	貸方
① 自己資金（出資）	＋ 現金 50	＋資本金（純資産）50

期中取引

	借方	貸方
② 借入資金（調達）	＋ 現金 50	＋ 借入金 50
③ 商品仕入（購入）	＋ 棚卸資産 40	－ 現金 40
④ 車両購入（取得）	＋ 車両 50	－ 現金 50
⑤ 給与支払い（費用）	＋ 給与 10	－ 現金 10
⑥ 車両で活動（償却）	＋ 減価償却費 50	－ 車両 50
⑦ 商品販売（売上）	＋ 売上原価 40	－ 棚卸資産 40
	＋ 現金 120	＋ 売上 120
	合計（410）	合計（410）

取引終了

1日の設立、1日の決算

同一勘定科目集計

勘定科目	借方	貸方
現金	＋ 現金 50 ＋ 現金 50 ＋ 現金 120	－ 現金 40 － 現金 50 － 現金 10
借入金		＋ 借入金 50
資本金		＋資本金（純資産）50
棚卸資産	＋ 棚卸資産 40	－ 棚卸資産 40
車両	＋ 車両 50	－ 車両 50
給与	＋ 給与 10	
減価償却	＋ 減価償却費 50	
売上		＋ 売上 120
売上原価	＋ 売上原価 40	

残高試算表

借方	貸方
＋ 現金 120	＋ 借入金 50
＋ 売上原価 40	＋資本金（純資産）50
＋ 給与 10	＋ 売上 120
＋ 減価償却費 50	
合計（220）	合計（220）

第５章

4 決算手続きと報告

■１日の設立、１日の決算

●報告とはなにか

報告とは、貸借対照表および損益計算書を作成する決算手続きのことをいいます。貸借対照表、損益計算書は残高試算表から作成できます。

◆１日の設立、１日の決算－「報告」

決算手続き

① 残高試算表の合計の一致を確認します。

↓

② 残高試算表を貸借対照表と損益計算書に分割し、利益を確認します。

↓

③ 貸借対照表と損益計算書に組み替えます。

↓

１日の設立、１日の決算

♣図解の解説

1 この図は、残高試算表を元に、貸借対照表および損益計算書の作成について示したものです。この図で組み換えという用語が出てきますが、その原理は以下のとおりです。

〔残高試算表の計算式〕

（借　方）　　　　　　　（貸　方）

資　産＋費　用　＝　負債＋純資産＋収益

〔組み換え（変形）〕

資　産－負　債－純資産　＝　収　益－費　用

↓　　　　　　　　　　↓

貸借対照表の内容　　　損益計算書の内容

◆1日の設立、1日の決算ー「報告」

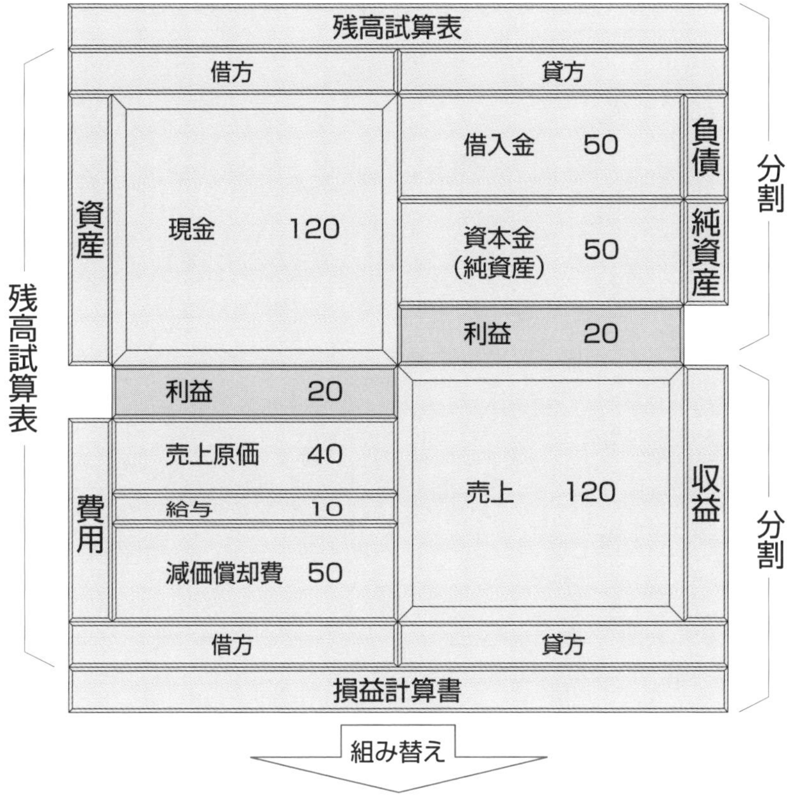

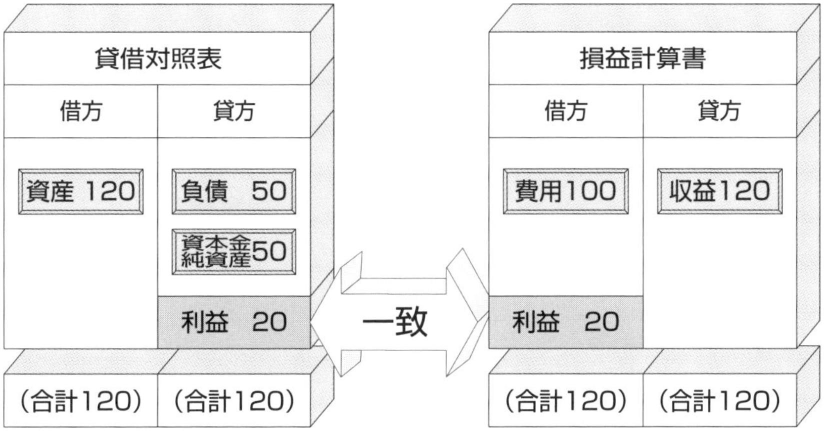

◆「1日の設立、1日の決算」のまとめ

① 1日の設立、1日の決算の流れ

「取引」

取引開始
① 自己資金

期中取引
② 借入資金
③ 商品仕入
④ 車両購入
⑤ 給与支払い
⑥ 車両で活動
⑦ 商品販売

取引終了
1日の設立1日の決算

「取引記録」

取引開始
① 現金/資本金（純資産）

期中取引
② 現金/借入金
③ 棚卸資産/現金
④ 車両/現金
⑤ 給与/現金
⑥ 減価償却費/車両
⑦ 売上原価/棚卸資産 現金/売上

取引終了
1日の設立1日の決算

「集計」

① 現金/資本金（純資産）
② 現金/借入金
③ 棚卸資産/現金
④ 車両/現金
⑤ 給与/現金
⑥ 減価償却費/車両
⑦ 売上原価/棚卸資産 現金/売上

1日の設立1日の決算

現金
借入金
純資産
棚卸資産
車両
給与
減価償却費
売上
売上原価

試算表

「報告」

試算表

借方	貸方
	利益
利益	

決算書

貸借対照表

借方	貸方
	利益

損益計算書

借方	貸方
利益	

1日の設立1日の決算

1日創業

簿記・会計を理解する最短手段。

2 貸借対照表（参考例）・損益計算書（参考例）

◆貸借対照表（参考例）

令和○年３月31日

資産	金額		負債・資本	金額
現金		1,400,000	買掛金	1,500,000
普通預金		1,000,000	借入金	2,000,000
売掛金	2,500,000		純資産	3,000,000
貸倒引当金	△40,000	2,460,000	繰越利益剰余金	180,000
棚卸資産		1,200,000		
固定資産	800,000			
減価償却累計額	△180,000	620,000		
		6,680,000		6,680,000

（注）貸借対照表の倒引当金および減価償却累計額については、それぞれ売掛金および固定資産の控除項目としてマイナス表示で処理します。

◆損益計算書（参考例）

令和×年４月１日から
令和○年３月31日まで

費用	金額	収益	金額
売上原価	6,500,000	売上	8,200,000
給料	800,000	受取利息	80,000
支払家賃	700,000		
支払利息	100,000		
当期純利益	180,000		
	8,280,000		8,280,000

3 簿記と会計の領域について

本書では、以下のとおりに「簿記」「会計」の領域を明確にした。

領域の明確化

「簿記」「会計」の領域については、一般的解釈では、なかなか明確にならないために、あえて簿記・会計を理解するために、「簿記」は企業取引を勘定で捉え、「会計」は期間取引の利益計算の為の決算手続きのことと定める。

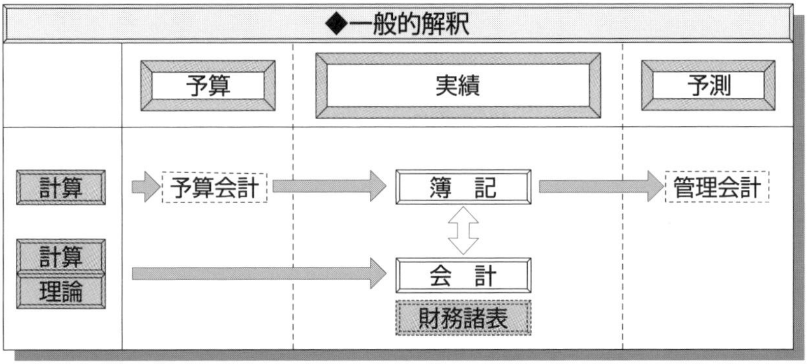

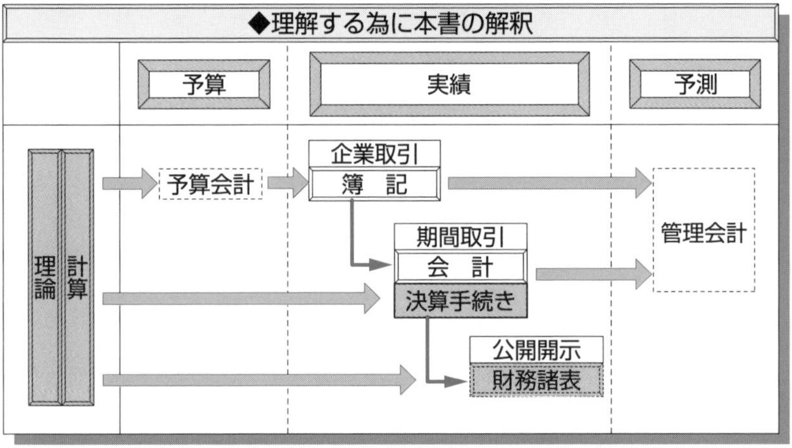

● 第２部 ●

決算書のしくみ

貸借対照表・損益計算書
キャッシュフロー計算書

第２部では、決算書についてもっと詳しく説明しよう。
これで君達の簿記・会計の知識は完璧だ。

簿記の最終目標は、１事業年度内（通常は１年）の経営成績と財政状態を期末に明らかにすることです。そのために貸借対照表（財政状態）、損益計算書（経営成績）を作成します。この作成手続きが「決算」です。

第1章

貸借対照表・損益計算書とはなにか

◆この章では、簿記・会計で最も重要な期間取引から、貸借対照表と損益計算書の関係を解説します。

1 貸借対照表と損益計算書は決算書

貸借対照表と損益計算書は「決算書」とも言われ、簿記・会計において最終的に作成される一覧表です。

また、法人税法上の添付資料であり、企業においては株主や社員に公開される資料でもあります。

2 貸借対照表

貸借対照表は、期末における財政状態を一覧表にしたものです。試算表より資産、負債、純資産に属する勘定科目をまとめて、貸借対照表を作成します。

貸借対照表はバランス・シートともいい、B／Sと書くこともあります。

貸借対照表は、帳簿残高があるかぎり、企業の財産が承継され表示されています。

2 損益計算書

損益計算書は、１事業年度の経営成績を一覧表にしたものです。

試算表より費用、収益に属する勘定科目をまとめて、損益計算書を作成します。

英語で、フロフィット・ロスです。P／Lと書くことがあります。

損益計算書の帳簿残高は、単年事業年度の費用・収益のみが表示されています。

「貸借対照表と損益計算書の関係」とは、期間取引の「切り口」が貸借対照表、「期間」が損益計算書の関係である。

財務諸表関連立体図「2表」

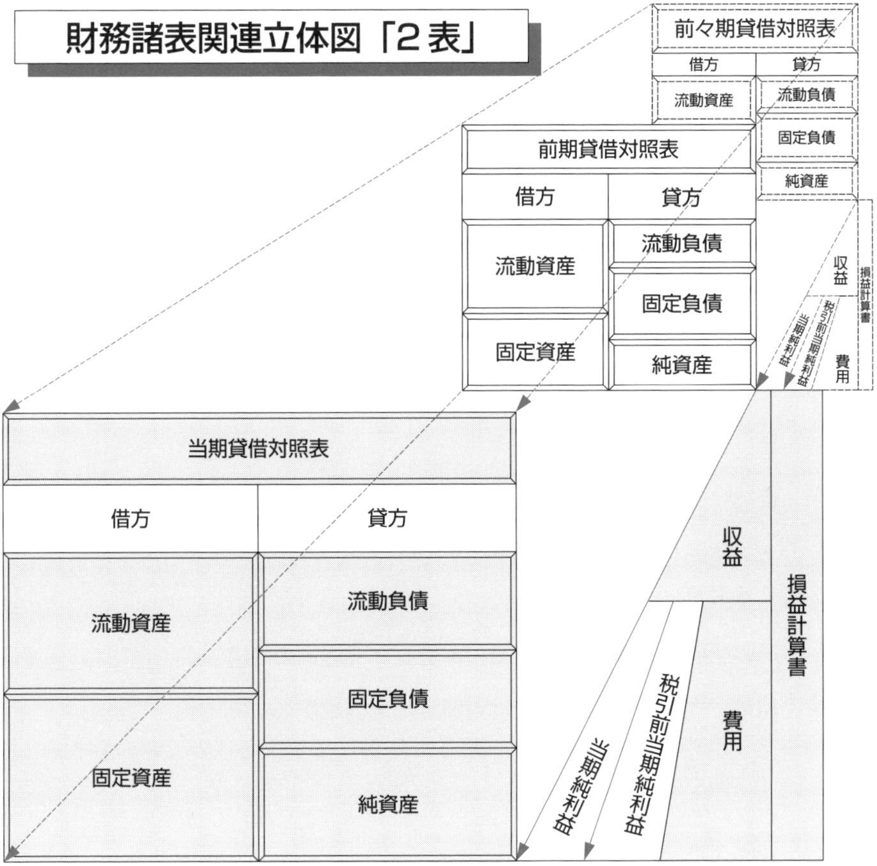

◆貸借対照表と損益計算書

〔 貸借対照表〕

<table>
<tr><th>資産の部</th><th colspan="2">負債・純資産の部</th></tr>
<tr><td rowspan="3">資　産</td><td colspan="2">負債</td></tr>
<tr><td rowspan="2">自己資本</td><td>純資産</td></tr>
<tr><td>繰越利益
剰余金</td></tr>
</table>

〔損益計算書〕

<table>
<tr><th>費用の部</th><th>収益の部</th></tr>
<tr><td>費用</td><td rowspan="2">売　上</td></tr>
<tr><td>当期利益</td></tr>
</table>

第1章
1

■貸借対照表・損益計算書とはなにか

貸借対照表と損益計算書の違い

●期末における決算書類

人為的に区切った期間取引の静止した「切り口」が貸借対照表であり、「期間」の累積した記録が損益計算書です。

企業の決算は、期末における財政状態を表す貸借対照表と1事業年度の経営成績を表す損益計算書の作成により両面から捉えます。

●「貸借対照表と損益計算書の関係」について理解しよう！

Q１ ・貸借対照表と損益計算書の関係の説明をお願いします。

この章は、貸借対照表と損益計算書の個々の勘定の説明に入る前にとても重要だよ。

Q２ ・３次元の立体図は、今までのとまったく違いますよね。

図解で説明のとおり、貸借対照表は期間取引の「切り口」であって、1事業年度の財政状況を表し、損益計算書は1事業年度の「期間」として経営成績を表しているのだ。

Q３ ・この図は、とても分かりやすいですね。

この3次元立体図をしっかり理解することが大切だよ。

Q４ ・貸借対照表が財政状態を表し、損益計算書が経営成績を表していることについて、詳しく説明してください。

貸借対照表は、資産・負債そして資産と負債の差し引き概念である純利益の決算日の静止した状態を表しているのだ。すなわち、勘定の残高状態である。一方、損益計算書は収益・費用の期間取引の発生を累積した記録を表しているのだ。

◆会社経営の状態を３次元的に捉える

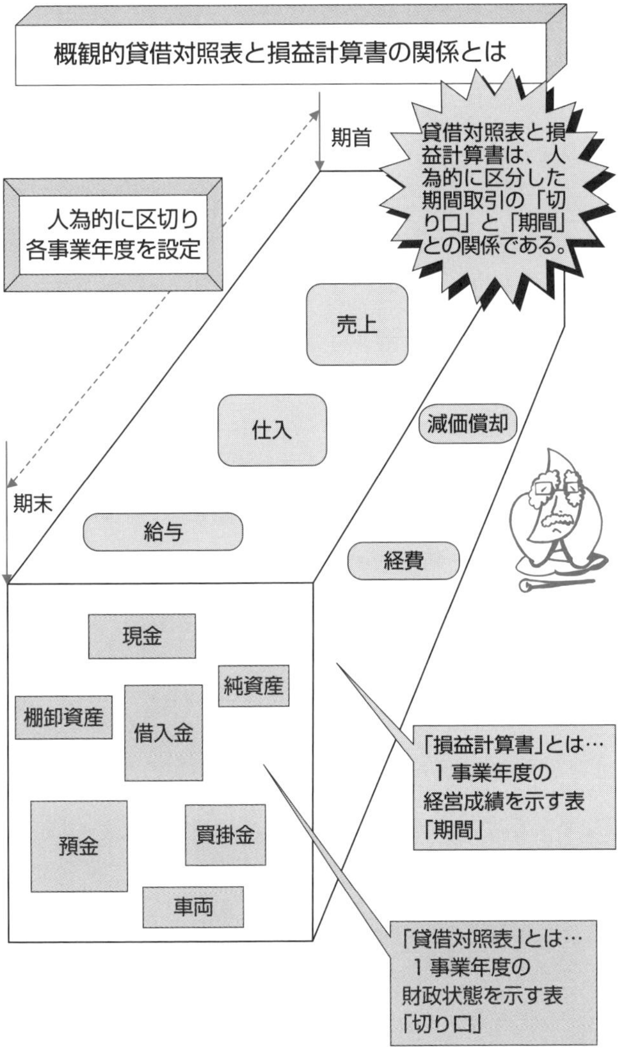

♣**図解の解説**

①貸借対照表と損益計算書を三次元によって表現した図であり、期間取引の「切り口」が貸借対照表を示し、「期間」の長さが損益計算書を示しています。

②つまり、期末における財政状況とその事業年度において経営成績がどのようになったかを捉え、会社の利益を算出しようというのです。

〔実務コメント〕

初心者は、損益計算書の残高が次期以降に繰り越さないことをなかなか理解できないようですが、この図さえ理解すれば、なぜ損益計算書の累積記録が次期以降に繰り越さないかは、容易に理解できるはずです。

第１章

2

■貸借対照表・損益計算書とはなにか

利益計算と貸借対照表・損益計算書

●財政状況と経営成績の確定

事業年度は、利益（または損失）を確定するための重要な期間です。

各事業年度の貸借対照表および損益計算書の作成では利益計算が行われ、双方の利益（または損失）額は一致します。

●「利益計算と貸借対照表・損益計算書」について理解しょう！

Ｑ１ ・事業年度について説明してください。

人為的に区分した期間取引の期間を、簿記・会計では事業年度というのだよ。

Ｑ２ ・つまり、企業の利益を算出する期間ですね。

企業は永続することが前提だから、利害関係者（株主、銀行、行政 etc）のためにも、あえて事業年度を設けて利益（または損失）計算するのだ。

Ｑ３ ・事業年度はどのように定めますか。

普通は、１年間であり、法人ならいつから開始してもよいのだ。

Ｑ４ ・１年間定められた事業年度が永続的に繰り返すのですね。それは企業がやがて清算または破産するまで、継続されるのですか。

そのとおり。しかし、その事業年度が簿記・会計上、非常に重要な意味を持つことになるのだよ。それは、後々、個別項目の中で説明することとなるのだ。

◆利益計算は各事業年度についておこなう

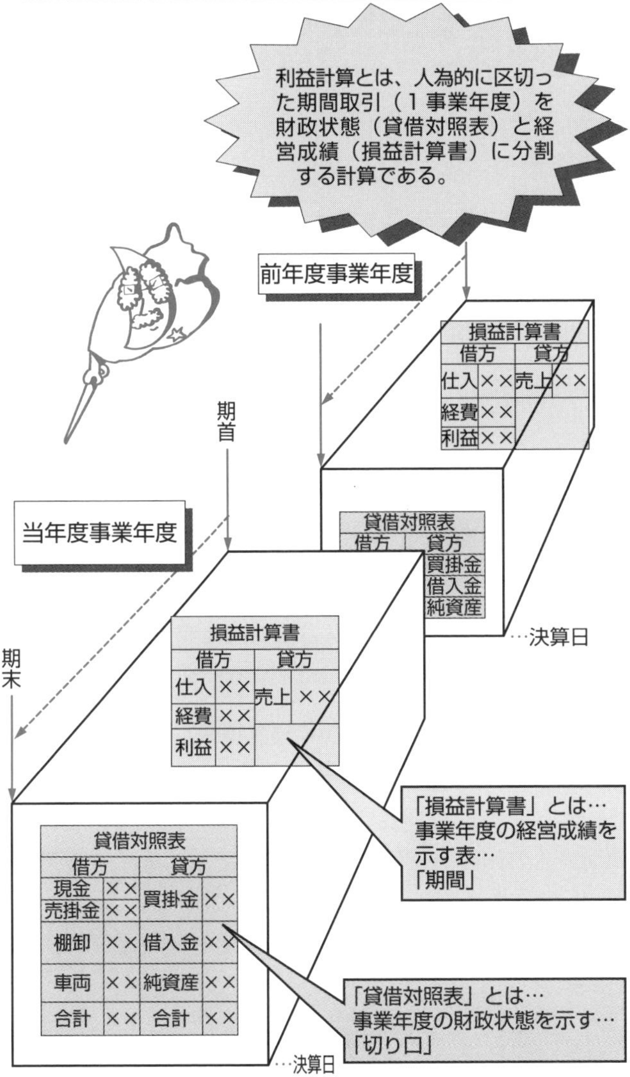

♣**図解の解説**

1貸借対照表と損益計算書を3次元立体図により表現し、かつ事業年度毎に区分した図です。

2この図が企業が存続する限り繰り返され、各事業年度毎に適正な期間取引の利益（または損失）計算をすることになります。

〔実務コメント〕

簿記・会計において事業年度は、非常に重要であり、適正な期間利益を確定する場合には、必ず意識して、かつ、考慮しなければならないことです。実務では、常に事業年度の按分計算や月割りなどの計算方法が煩雑に登場することになります。

■貸借対照表・損益計算書とはなにか

第１章

3 各事業年度と貸借対照表・損益計算書

●貸借対照表・損益計算書による利益の確定

各事業年度の貸借対照表・損益計算書の作成により利益が確定し、株主への配当や法人税の納付などの資料となります。

適正な期間損益を算出後、貸借対照表の残高は次期以降の事業年度に繰り越され、損益計算書の残高（損益）は当年度として切り離します。

●「各事業年度と貸借対照表・損益計算書の関係」について理解しよう！

Q１ ・事業年度と貸借対照表・損益計算書の関係について、説明してください。

期間利益を決算手続きによって決定した後の処理として、簿記・会計上最も重要な個所だよ。すなわち、財産の「切り口」である貸借対照表の残高を繰越し、「期間」の記録である損益計算書の残高（損益）を切り離すことを理解することは、簿記･会計の根源であるからだ。

Q２ ・貸借対照表の残高を繰り越すことは、なんとなく理解できるのですが、損益計算書の残高（損益）は理解できません。

それは、損益計算書の数値は、「期間」の記録だからだよ。次期事業年度には新たな「新期間」の記録が発生するので切り離し、当年の事業の記録として締め切っておくのだよ。

Q３ ・なかなか難しいですね。

貸借対照表の残高を繰り越す意味と損益計算書の残高（損益）を切り離すことの意味を理解できれば、簿記・会計の基本の半分以上を理解したものと考えてよいくらいだ。

Q４ ・本書を読み進めれば、最終的に理解できますか。

各勘定科目の理解および取引と利益関係が理解できれば、必ず理解できることとなるよ。

◆各事業年度と貸借対照表・損益計算書の関係

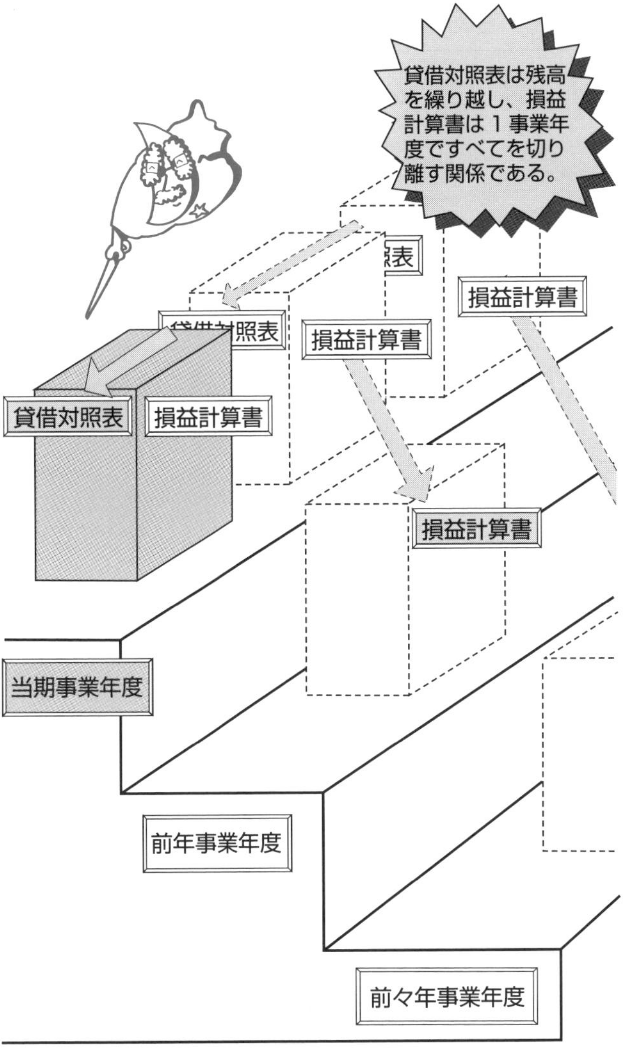

♣図解の解説

①事業年度が終了の都度、貸借対照表は残高を繰越し、次期以降事業年度の活動に役立て、損益計算書は事業年度終了と同時に切り離します。

②この３次元立体図は、貸借対照表の残高の継承と損益計算書の切り離しが企業が存続する限り繰り返されることを表現しています。

各事業年度毎に適正な期間取引の利益（または損失）計算をすることになります。

〔実務コメント〕

実務的に損益計算書の残高（損益）は、いったん損益勘定という集計勘定で集計し、そこで利益（または損失）計算をします。その算出された利益（または損失）が貸借対照表の借方もしくは貸方を増加・減少させ、貸借対照表の利益（または損失）が算出されます。

◆翌期開始の貸借対照表の勘定の繰越

◆貸借対照表の残高勘定のみが翌期開始に繰り越される

☆貸借対照表の残高は繰り越されるが損益計算書には繰越はない

当期事業終了後、貸借対照表の残高のみを翌期事業年度に繰り越す。

→ 翌期開始貸借対照表 →

当期決算処理を経て、当期事業年度の利益が確定した後の貸借対照表の残高は、翌期の開始貸借対照表として繰り越される。繰り越された貸借対照表の残高は、翌期の事業のために活用もしくは運用される。一方、損益計算書の残高（損益）は期間の記録の結果であるために、当期事業年度にて切り離される。

用語解説

事業年度…企業の経営成績・財政状態を表すために人為的に区切られた期間のことで、1事業年度は通常は1年（6か月や3か月などとすることも可）。

期首…事業年度の最初の日のことです。この最初の日の貸借対照表のことを期首貸借対照表といいます。

期末…事業年度の最後の日のことです。この最後の日の貸借対照表のことを期末貸借対照表といいます。通常、貸借対照表というのは、決算書である期末貸借対照表のことです。

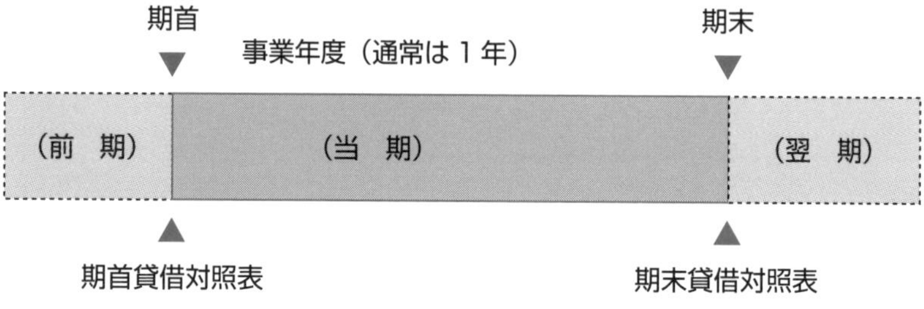

翌期開始の貸借対照表の勘定の繰越のしくみ

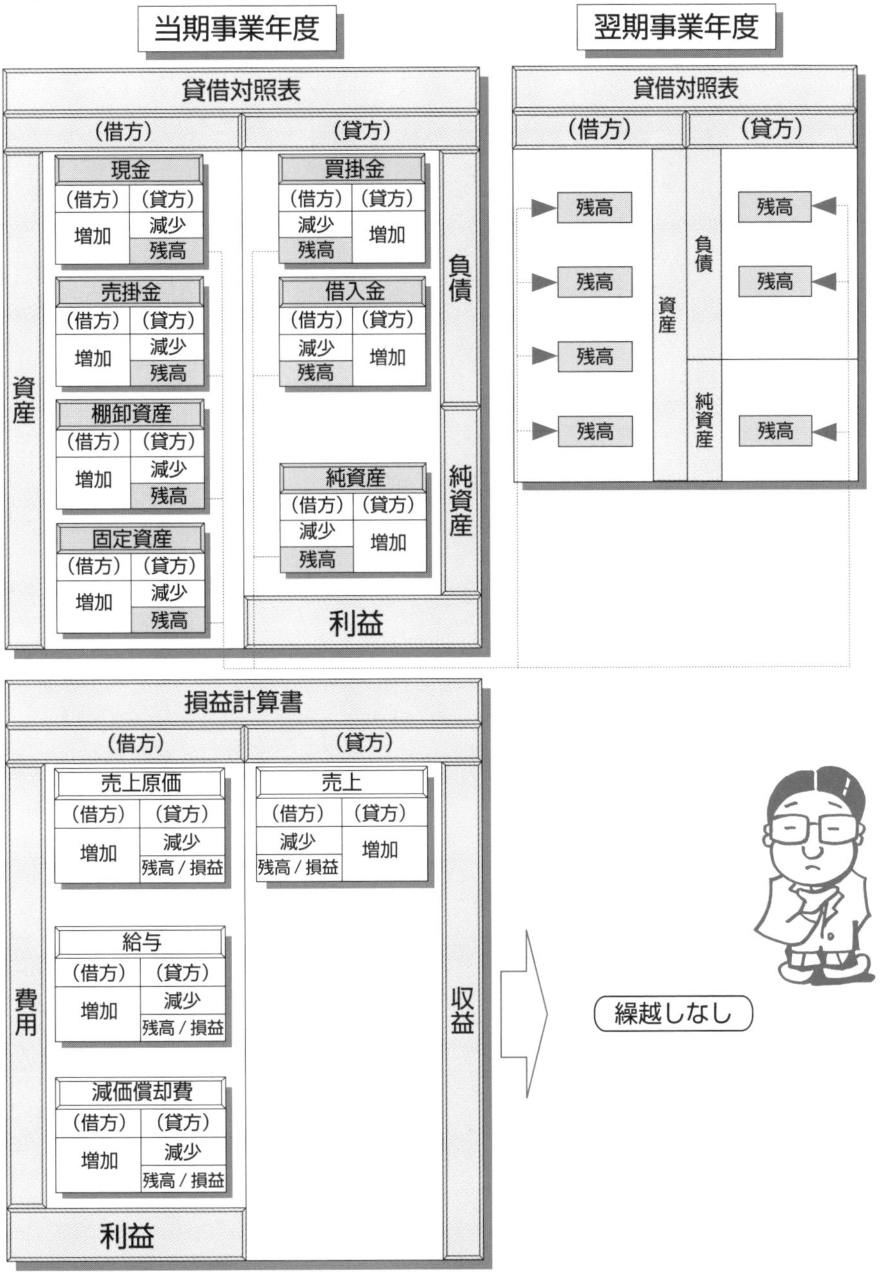

第2章

貸借対照表の「資産」

◆この章では、企業の代表的な財産等の資産について、簿記・会計の見地から解説します。

1 貸借対照表の資産の部

貸借対照表は、すでに説明したとおり、期末における財政状態を表しますが、この一覧表には、①資産の部（借方）、②負債の部、③純資産の部（②③は貸方）の3つがあります。

2 資産、負債・純資産とは何か

資産は、簡単にいえば、企業が所有している財産や債権のことです。例をあげれば、現金預金・売掛金・貸付金・棚卸資産・固定資産などがこれに該当します。

また、負債には、支払手形・買掛金・長期借入金などがあり、純資産には、資本金・資本剰余金・利益剰余金があります。

3 資産と簿記・会計

貸借対照表は、総勘定元帳から作成します。

資産の簿記・会計では、現金や預貯金はさして問題となりませんが、商品（棚卸資産）や固定資産（減価償却資産）については、どのように会計処理をするかは注意を要します。

貸借対照表って、取引を「資産」と「負債・純資産」の部に分けて表記したものなんだね…。

■貸借対照表（勘定科目表示：参考例）

資産の部（借方）	負債・純資産の部（貸方）
Ⅰ流動資産	【負債の部】
現金預金	Ⅰ流動負債
受取手形	支払手形
売掛金	買掛金　など
棚卸資産　など	Ⅱ固定負債
Ⅱ固定資産	長期借入金
有形固定資産	負債合計
車両運搬費　など	【純資産の部】
無形固定資産	資本金
特許権　など	資本剰余金
投資等	資本準備金
	その他資本剰余金
Ⅲ繰延資産	利益剰余金
創立費	利益準備金
開発費	その他利益剰余金
	純資産合計
資産合計	負債・純資産合計

Ⅰ流動資産…現金預金、受取手形、売掛金、棚卸資産など、１年以内に現金化されるものや営業循環の流れに乗っている債権等。

Ⅱ固定資産…建物や土地といった有形固定資産と借地権や電話加入権、特許権といった無形固定資産、投資有価証券や長期貸付金といった投資等の３つがある。

Ⅲ繰延資産・開発費や創立費、賃貸建物の保証金など、将来にわたって支出の効果が現れる費用の繰延額。

Ⅰ流動負債…支払手形や買掛金、短期借入金など、営業循環の流れに乗っているか、１年以内に支払期限のくる負債。

Ⅱ固定負債…長期借入金や退職給与引当金など、１年を超えて支払期限のくる負債。

※上記の流動負債と固定負債を合わせて「他人資本」という。純資産の部は資本金（株主が出資した資金）、資金剰余金（株主からの出資額のうち資本金に繰り入れなかったもの）、利益剰余金（利益の社内留保分で配当可能なもの）があり、「自己資本」という。

「貸借対照表」は、企業の取引を「資産」と「負債・純資産」の部に分けて数値化したものである。

第２章

1

■貸借対照表の「資産」

貸借対照表と資産の概念

●資産の部は企業の財産の残高を表す

貸借対照表の資産の部は、現物を確認でき、かつ、客観的に証明できる財産の残高です。

資産の勘定は、増加したときに借方、減少したときに貸方に記入します。

●「貸借対照表の資産」について理解しよう！

Q１・貸借対照表の「資産の部」の説明をお願いします。

貸借対照表の資産の部は、期間取引の「切り口」であり、通常、可視できる財産の残高が表現されているのだよ。

Q２・可視できる財産とは、どのような意味ですか。

決算のときに説明したとおり、可視できる財産とは現物および法律上の財産は当然であり、簿記・会計上の財産で証憑の検証可能な財産をいうのだよ。

Q３・決算の説明の中での現物主義ということですね。

そのとおり。実際に現物を確認でき、かつ、その現物の所有を法的にも立証でき、また、簿記・会計上証憑によって証明できる財産だよ。

Q４・例えば、貸借対照表の事例勘定科目の次ページ図の４類型の残高（現金、売掛金、棚卸資産、固定資産）は、必ず財産の裏付けを証明する必要があるのですか。

企業の財産である以上、企業にとってその現物の実態を把握することは、簿記・会計の世界が数値世界で構成されていても、その財産の裏付けとして必要不可欠な手続きであるのだ。

◆貸借対照表上の資産の勘定科目

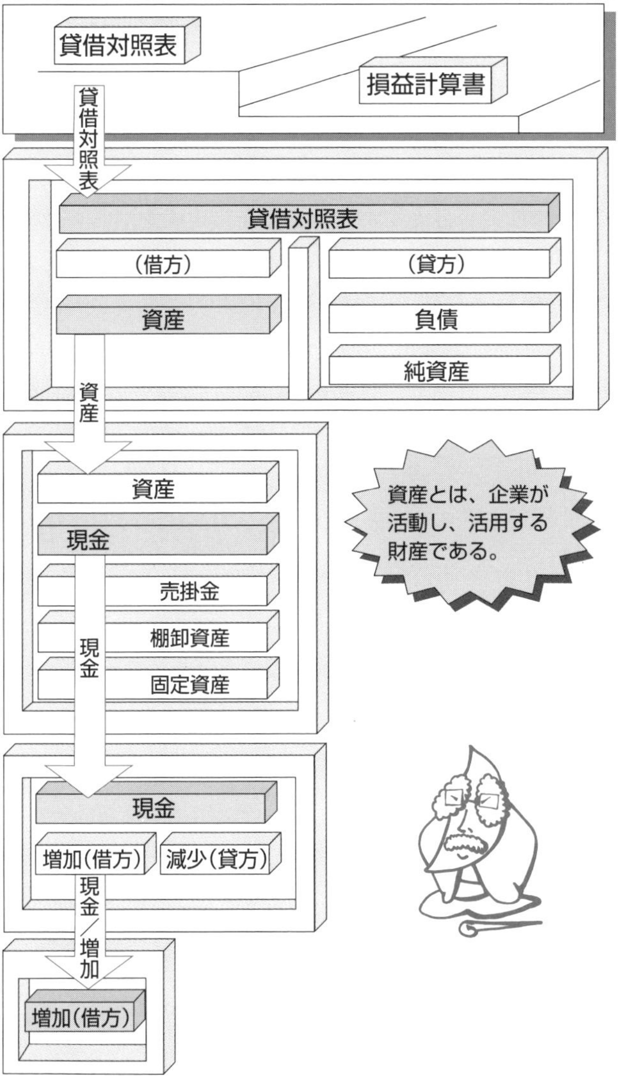

♣図解の解説

1この３次元立体図は、貸借対照表の資産の部を表したものです。なお、勘定科目は本書で取り扱う最低限必要な科目に絞ってあります。

2資産の部は、この代表４類型（現金・売掛金・棚卸資産・固定資産）の勘定を理解すれば概ね十分であり、後に、他書籍で各勘定科目をじっくり研究してください。

〔実務コメント〕

貸借対照表の資産の部は、現物主義で確認することが粉飾決算や脱税行為を許さない適正な監査手段であり、社内の内部統制としても経理部が常に主眼すべき監査手法です。決算上困ったとき、あるいは不安なときは、現物主義を前提に決算時以外でも適宜、帳簿と現物の確認することが必要事項です。

第2章

2

■貸借対照表の「資産」

現金の生涯と会計

●貸借対照表の資産の部の勘定科目に現金がある

現金は、資産のなかの一つの勘定科目ですが、企業は常に現金をベースに事業を展開しています。企業が成長するプロセスは、現金を介して再投資をすることによって実現し、その記録は、損益計算書に総額で表示されています。

●「貸借対照表の現金」について理解しよう！

Q1 ・現金としての資産は、事例が多く、よく理解できます。また、商品を販売し、現金を回収する場合に関係する勘定科目もよく分かりました。

企業の現金取引のプロセスは、すべてこのパターンであり、企業はこの繰り返しで現金を増殖させ、かつ、成長していくのだよ。

Q2 ・現金の増殖の結果が、損益計算書の勘定科目、売上と売上原価に記録されるのですか。

3次元立体図ですでに説明のとおり、貸借対照表は期間取引の「切り口」であって、1事業年度の財政状況を表し、損益計算書は1事業年度の「期間」として経営成績を表しているのだ。そして、常に売上と売上原価は総額表示によって、借方・貸方に表現されているのだよ。

Q3 ・総額表示とは、どういうことですか。

総額表示とは、簿記・会計の借方、貸方、そして双方の差し引き概念である残高の考えと同じで、取引金額をすべての増加とすべての減少の総額で勘定に記入することだよ。すなわち、簿記・会計は原則として売上と売上原価を差し引いた純額で取引を表すことを禁じているのだ。

Q4 ・簿記・会計の取引の認識は、すべて勘定科目は総額で表現されているということですか。

取引はすべて総額で捉え、試算表の作成では、まず、合計試算表を作成し、その勘定の差し引き概念である残高を算定し、残高試算表を作成する。そして、最後に決算で残高試算表を分割し、利益計算過程として貸借対照表と損益計算書ができ上がるのだよ。したがって、原則は常に取引のすべてが借方、貸方の両面を総額で捉えられることだよ。

◆現金は出入りにより増殖する

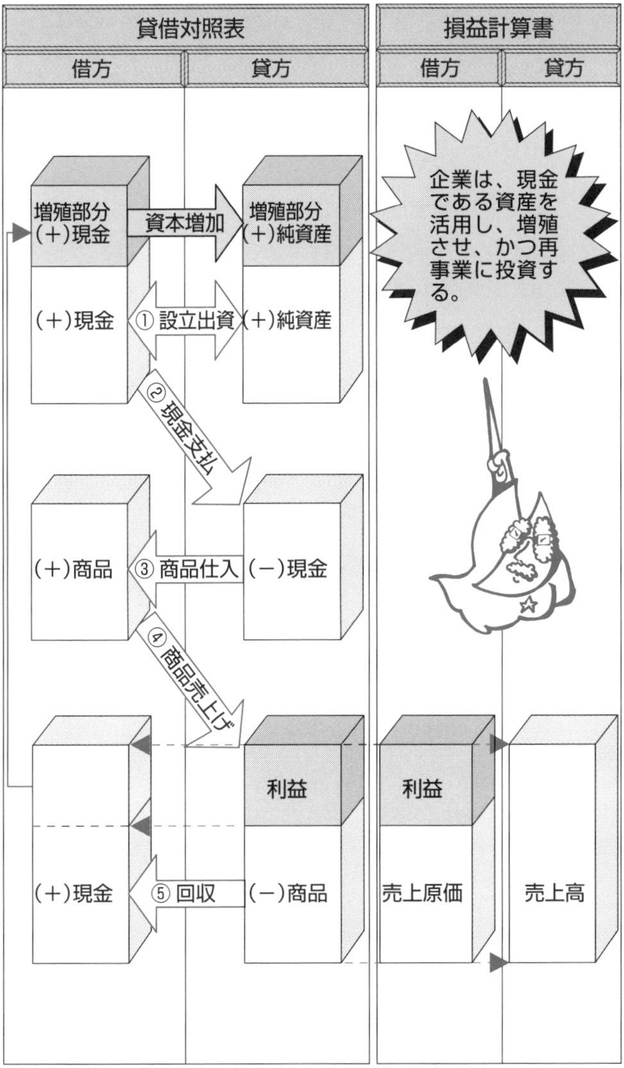

♣図解の解説

①企業のすべての資産は、いずれは現金化され、また、再事業に投資される。

②この3次元立体図は、

①現金が設立時企業に出資され、

②、③出資された現金で事業として商品を現金で仕入れ、

④仕入れた商品に利益を乗せて販売され、

⑤利益を乗せた商品を現金で回収する現金の増殖プロセスを関係する勘定科目で表現している。

〔実務コメント〕

現金の回収（資金繰り）が、スムースに回転していることが経営の基本であり、いくら決算利益を計上しても、現金管理を怠ると企業は倒産します。「勘定合って、銭足らず」とは、現金の管理の不備を突いた格言です。

第２章

3 売掛金の生涯と会計

■貸借対照表の「資産」

●貸借対照表の資産の部の勘定科目に売掛金がある

売掛金は、商品を販売し、現金化されるまでの暫定的な債権勘定ですが、企業として管理対策をとる必要がある重要な勘定科目です。一般的には、与信管理と言われています。売掛金は、資産のなかの一つの科目ですが、現金回収が行われると消滅します。

●「売掛金の生涯」について理解しよう！

Ｑ１ ・売掛金は現金回収までの仮の財産ですか。

そのとおり。現金が回収されるまでの債権としての意味での勘定科目だよ。事業活動で資金が円滑に行くためには、現金取引が最良だが、やはり経済の循環と商慣習等々の事由により掛け取引が存在するのだよ。

Ｑ２ ・しかし、結果として現金を回収できず取引先が倒産してしまうリスクもありますね。

もちろん取引は取引先を信じての信用取引であるので、倒産により未回収が発生したり、回収遅延が発生したりするので、売掛金管理は企業の資金繰りの生命線なのだよ。

Ｑ３ ・未回収が発生した場合、簿記・会計上はどのように取扱うのですか。

得意先の倒産により未回収になった場合は、貸倒れとして経費処理をすることになるが、少しでも回収見込みがあるならば、滞留の売掛金として別途管理することが必須だ。

Ｑ４ ・売掛金の貸倒れと滞留売掛金の管理は難しそうですね。

この管理は簿記・会計の領域を超えた管理手法を企業が独自に策定することが不可欠だ。よく耳にする連鎖倒産などは、売掛金が回収されるまで取引先の情報をしっかりつかんでいないと、連鎖倒産により一夜にして事業の業績を悪化させてしまうのだよ。

◆売掛金は現金回収により消滅する

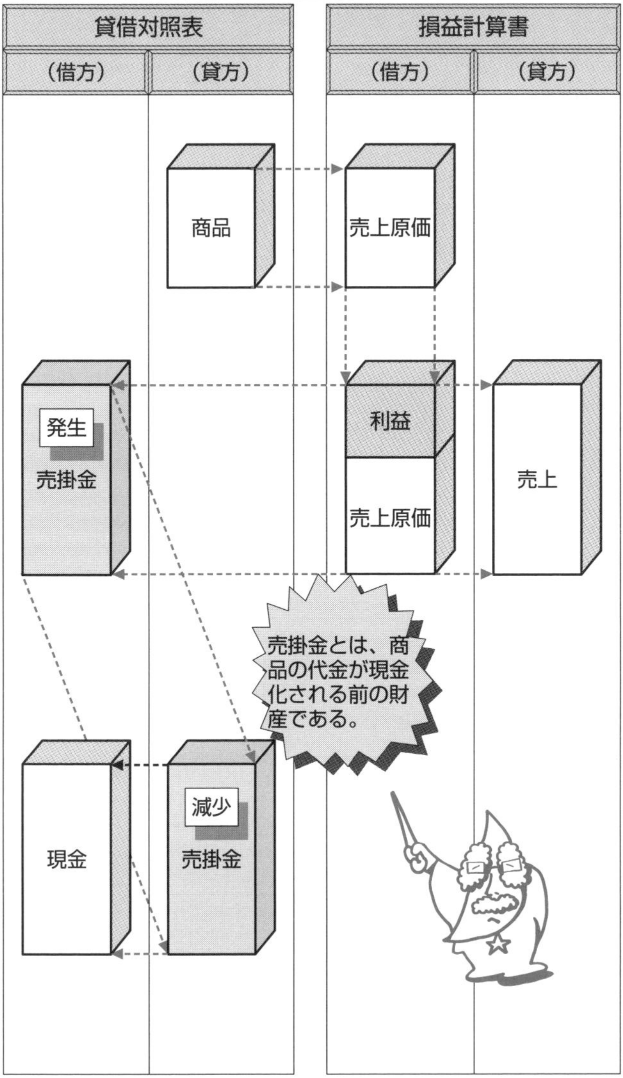

♣**図解の解説**

[1]売掛金は、商品に利益を乗せて販売し、本来なら現金で回収できるところ、店頭販売のように商品と現金が同時に引き換えられない限り、掛けで販売するのが商慣習です。

[2]よって、現金回収する前の状態を売掛金という勘定で回収予定金額を管理します。

[3]現金を回収することにより、売掛金は消え、これで生涯を終わります。

〔実務コメント〕

売掛金は現金回収までの暫定勘定ですが、法的には債権として譲渡することができます。このような現金が回収されるまでの暫定勘定は多々あります。例えば、前払金、立替金、仮払金などです。

■貸借対照表の「資産」

第２章 4 棚卸資産の生涯と会計

●棚卸資産は貸借対照表の資産の部の勘定科目

棚卸資産の生涯は、仕入れてから売るだけの単純処理に見えますが、企業が保有する棚卸管理は、簿記・会計上の計算および理論上、最重点の勘定科目です。

棚卸資産は、販売することを目的に一時的に保有している商品・製品・原材料・仕掛品の総称で、貸借対照表の資産（借方）に含まれます。

●「棚卸資産」について理解しよう！

Ｑ１ ・前事業年度の繰越資産である商品を当期に販売すると当期の貸借対照表にどんな影響がありますか。

当期の事業が開始されると、繰越商品だけでなく、当期の新たな仕入れ商品が発生し、繰越商品と新たな仕入れ商品が販売対象となり、混在した状態で売上および利益に貢献することになるのだよ。よって、貸借対照表の棚卸資産勘定は、売上計上と同時に損益計算書の売上原価の原価配分をしなければならないのだよ。

Ｑ２ ・前期の繰越商品と当期仕入商品が店頭や倉庫に混ざっている状態ですね。

そのとおり。その混ざっている商品群では売上が実現されたものだけが、当期の損益計算書に売上原価として原価配分されて記録されるのだよ。

Ｑ３ ・３次元立体図で商品の動きをたどると理解できますよね。

棚卸資産の生涯は、仕入れて販売すれば終了するが、販売するには販売されるまで、在庫の保有が不可欠であり、また、棚卸資産の管理の中で最も重要なことは在庫管理なのだよ。

Ｑ４ ・確かに事業規模が大きければ大きいほど多種多様な在庫と数量を抱えることになりますね。

棚卸資産は、数量の管理だけではなく、損益計算書に売上計上した商品の売上原価の評価である原価配分の管理も重要なことなのだよ。

◆棚卸資産の増減と会計

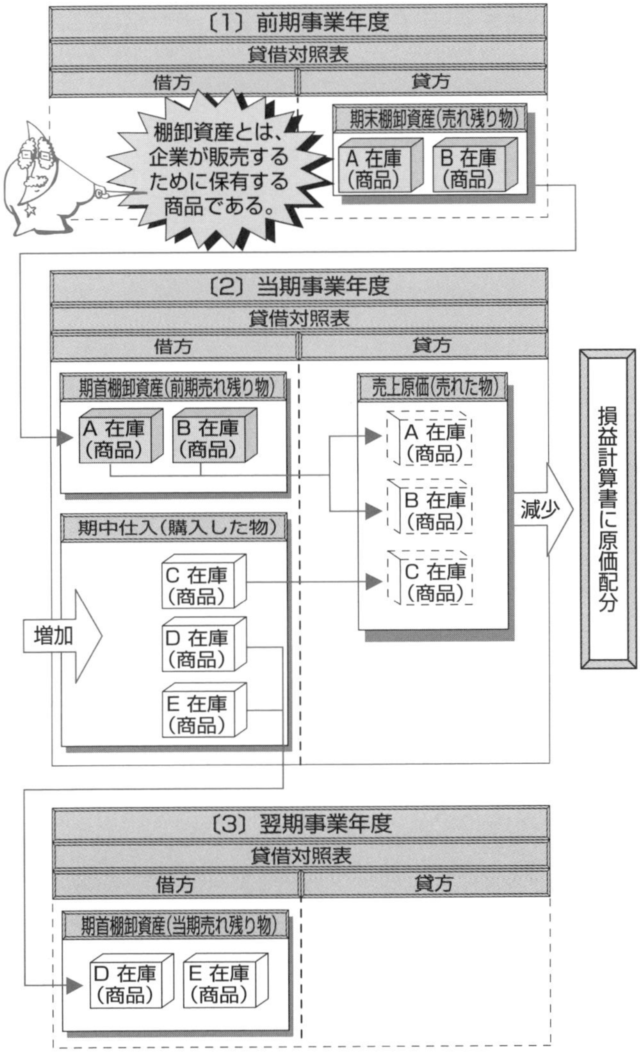

♣図解の解説

1棚卸資産は、簿記・会計を理解する中で、最も領域が広く困難な勘定科目です。なぜならば、企業が棚卸資産を販売するという行為は事業活動の根幹であり、かつ販売によって利益が生み出されるからです。

2また、その利益計算をするためには、売上原価の原価配分の手続きが生じ、期末には、棚卸資産の数量の確定およびその評価をしなければ決算は終了しないからです。

※原価配分
➡ 138ページ参照

〔実務コメント〕

決算期末に行われる行事に、棚卸資産の動きを停止させ、実際に棚卸資産の数量を数えるのが、期末棚卸業務です。期末棚卸業務は、単に数量を数えるだけでなく、棚卸資産の保有年数や陳腐化、劣化を確認することが重要です。

第2章

5

■貸借対照表の「資産」

固定資産の取得と会計

●固定資産は貸借対照表の資産の部の勘定科目

固定資産の取得目的は、企業活動に役立て事業採算に貢献するためです。

固定資産は、貸借対照表の資産のなかの項目の一つで、耐用年数に応じて減価償却が発生します。

●「固定資産の取得」について理解しよう！

Q１　・固定資産の取得について、説明してください。

固定資産は、各事業年度を超え長期間使用できる物や、金額が高額であったりする財産である。

Q２　・簿記・会計で長期間使用できる物や、金額が高額な物の取得がすべて固定資産なのですか。

概ねその理解でよいが、逆にいくら高額でも１事業年度で消耗したりしてなくなったり、使用不可能になってしまった物は除くということだ。

Q３　・固定資産は取得価額が比較的高額で、かつ、長期間使用する物であるが、１事業年度以内に消耗したり、使用不可能になってしまった物は除くということですね。

固定資産の取得は、その固定資産を取得し企業活動に長期間役立てることを意味するのだよ。したがって、役立ってない固定資産は、既に固定資産ではなく、何らかの会計的（廃棄）処理が必要となるのだ。

Q４　・固定資産を取得し、企業活動に役立てることが、やがて企業利益への貢献につながるのですね。

どれだけ素晴らしい固定資産を取得しても、企業活動に貢献しなければ、財産の活用としての働きをしていないので、事業採算上、固定資産として認められない。このことは、簿記・会計上としても重要な意味をもっているのだよ。

◆固定資産の耐用年数

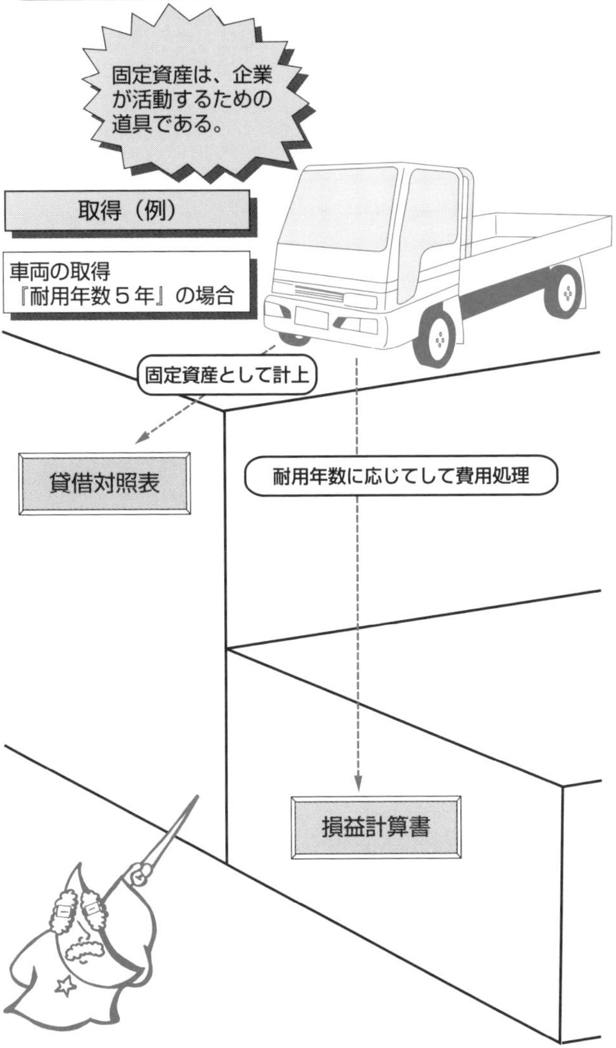

♣図解の解説

1一般に固定資産とは、建物、機械、車両等、比較的長期間、企業で使用する財産です。

2しかし、固定資産を取得してから廃棄までの使用期間は、それぞれの企業がその使用期間を耐用年数として定めてよいことにしています。（ただし、税法では、法定耐用年数となる。）

3固定資産は、貸借対照表の資産の部の勘定科目として表示されます。

※貸借対照表および損益計算書上，どう処理するかについては次項参照.

〔実務コメント〕

企業が本来活動以外に、固定資産に資金を投資し、結果として資金繰りを悪化させ倒産するケースが散見されますが、これは固定資産の取得の本来目的を勘違いしているのです。常に、固定資産取得は、企業活動の事業方針に立脚して、投資されるものなのです。

第2章

6

■貸借対照表の「資産」

固定資産の減価償却と会計

●固定資産は減価償却する

減価償却とは、便宜上設けられた耐用年数によって、固定資産の取得価額を各事業年度に費用配分することです。

固定資産は、耐用年数に応じて減価償却が発生し、その金額を費用（損益計算書）に計上することができます。

●「固定資産の減価償却」について理解しよう！

Q１ ・確かに、固定資産の客観的な消耗等があることを測定することは困難ですね。減価の部分を当期費用として測定することについて説明してください。

結論を言えば、簿記・会計では、固定資産は費用配分によって減価償却費を費用測定するという便宜的手法を用いるのだよ。

Q２ ・減価償却費について、説明してください。

減価償却費は、取得原価を便宜的に設定した耐用年数で分割し、各事業年度毎に費用配分することだよ。

Q３ ・固定資産は消耗等をしても客観的に測定できないので、便宜的な手法により耐用年数で分割し、費用処理をすることですね。

そのとおり。しかし、注意することは、ここでいう簿記・会計上の耐用年数は企業独自が設定することだ。

Q４ ・すると、企業間では同一の固定資産でそれぞれ耐用年数が異なってくるということですか。

もちろん、そうだよ。簿記・会計上はそうしないと企業の適正な期間損益が算出されないことになってしまうのだよ。

ただし、税法上は税の徴収上の平等の立場から法定耐用年数を使用することになる。

◆固定資産は耐用年数に応じて減価償却ができる

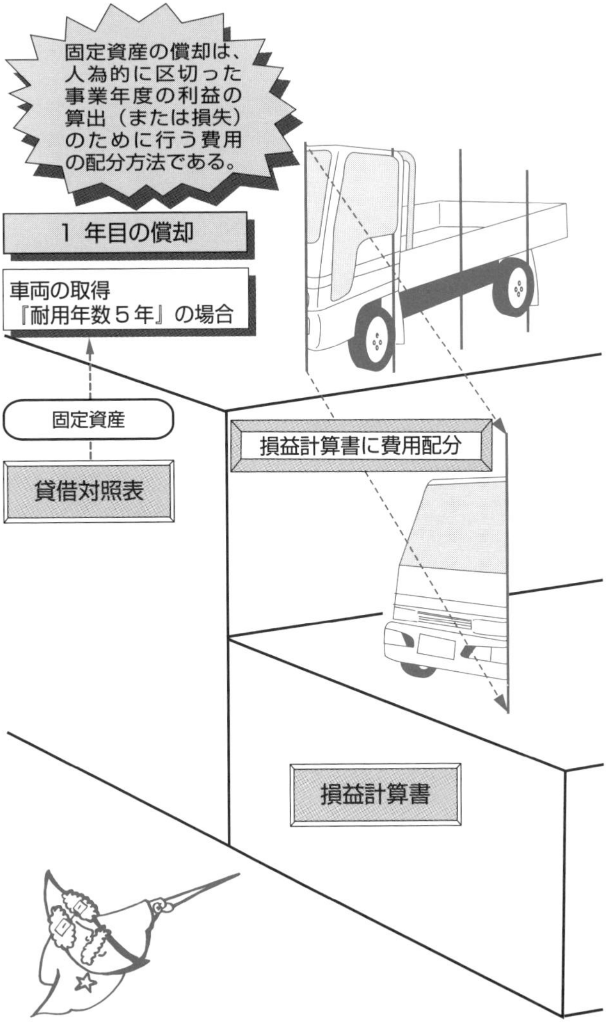

♣図解の解説

①原則的に固定資産は、取得すると同時に事業に供するために物理的に磨耗や消耗が進行する。

②ただし、固定資産が物理的に磨耗したり、消耗することは価値の減少として客観的に数値で測定することは困難である。

③そこで簿記・会計は、固定資産に耐用年数を設定し、時の経過により固定資産が減価すると仮定し、その減価した部分を当期の費用として認識することにした。

※費用配分
➡ 138 ページ参照

〔実務コメント〕

企業個々で、固定資産の耐用年数を選定することは、適正な期間損益を算出する上で必要不可欠です。例えば、毎日、長距離を走る業務用タクシー車両と毎日走らない事務スタッフ車両とでは、車両の消耗に格差が生じます。しがって、各企業は経験値等々を勘案し、簿記・会計上の固定資産の耐用年数を設定することができます。ただし、税法上の税務調整が必要となります。

第３章

貸借対照表の「負債」

◆この章では、簿記・会計でいう負の財産である企業債務の代表的な勘定である負債について解説します。

1負債とは何か

負債とは、将来、他人（他の企業）に支払わなければならない債務のことです。ひらたく言えば、経営のために企業が借りたお金と物のことです。

2負債と勘定科目

簿記・会計上、勘定科目の部は必ず、

①　資産
②　負債
③　純資産
④　収益
⑤　費用

の５つに分類されることは、すでに述べました。

負債は、この分類の項目の１つで、貸借対照表の負債の部（貸方）を構成します。

負債には、

①　流動負債
②　固定負債
③　引当金
④　その他

があります。

3 流動負債・固定負債・引当金

①**流動負債**…営業取引で発生する短期の負債（決算日の翌日から１年以内に支払期限がくるものを含む）です。

これには、支払手形、買掛金、未払金、短期借入金、前受金、未払費用、前受収益、預り金があります。

②**固定負債**…決算日の翌日から１年超に支払期限がくる長期の負債です。

これには、社債、長期未払金、長期借入金、長期未払費用があります。

③**引当金**…将来、負担が見込まれる金額をあらかじめ準備しておく金額のことです。

これには、貸倒引当金、退職給与引当金があります。

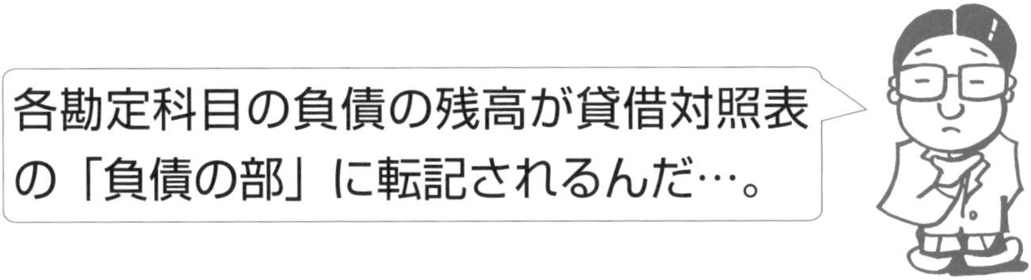

※下表の詳細は次項の図を参照。

◆貸借対照表と負債

貸借対照表

資産の部（借　方）	負債・純資産の部（貸　方）
資　産	負　債
	純資産
	当期純利益

負債（借入金・買掛金など）

借　方	貸　方
減　少	増　加
残　高	

（負債の残高 → 貸借対照表の「負債」へ）

「貸借対照表の負債」とは、企業の負うべき債務である。

■貸借対照表の「負債」

第３章 1 貸借対照表の負債の概念

●貸借対照表の負債の部には買掛金・借入金などの勘定科目がある

負の財産発生は、例えば町工場の新型製作機の導入に伴う銀行等からの借入れなど、企業存続に避けられない部分で発生する場合が多い。貸借対照表には、負債の部があり、この部に属する勘定科目には買掛金、借入金などがあります。

●「貸借対照表の負債」について理解しよう！

Ｑ１ ・貸借対照表の「負債の部」の、いわゆる負の財産について説明してください。

企業が自己資金ですべてをまかなう無借金経営でない限り、負の財産を所有しているものだ。あえて負の財産と表現しているのは、企業が存続し、かつ、活動するためには必要不可欠なものであり、よって、マイナス面の財産と考えた方がわかりやすいのだよ。

Ｑ２ ・でも、負の財産を背負っていない企業もあるでしょうから、企業としては負の財産がない方が優れているのでしょうね。

企業は永続的に存続することが前提だ。その間、企業を取り巻く状況は日々変貌し、多くのアクシデントに遭遇する可能性がある。その時、銀行、株主、取引先、得意先等々の信頼関係を密接にすることがとても重要なのだよ。負の財産がないからといって優れた企業とは言えない場合があるのだ。

Ｑ３ ・借金ゼロは良いと思いますが…。

企業は常に多くの利害関係者によって支えられているのだ。１企業単独で永続的に存続することは、むしろ不可能に近いのだよ。よって、長い間には、取引先を助けたり、また逆に助けられたりの繰り返しであり、それが自然の流れなのだよ。

Ｑ４ ・負の財産はそうした利害関係者のつながりによって発生することなのですか。

すべてがそうではないが、信用を築く方法としては、一つの手段となる場合があるのだ。

◆貸借対照表の負債と勘定科目

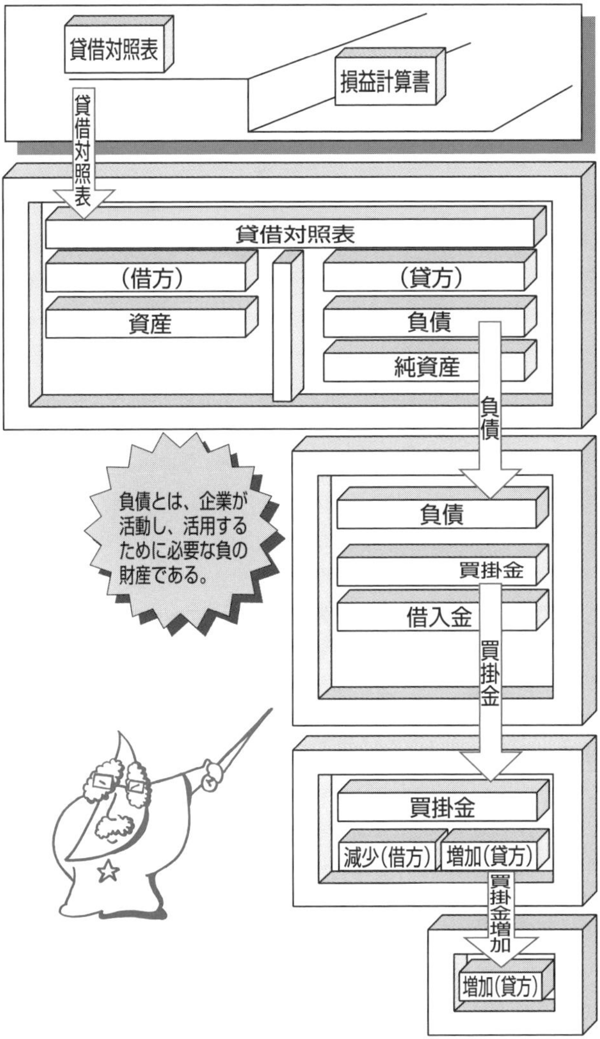

♣図解の解説

1 この 3 次元立体図は、貸借対照表の負債の部の概観を表したものであり、勘定科目も最低限の買掛金と借入金の 2 種類に絞っています。

2 この図で重要なのは、負債の増加は貸方、減少は借方にあり、すなわち資産の部の場合と正反対になることに留意してください。

〔実務コメント〕

取引を大きくし、事業を拡大するためには、設備投資のために銀行より資金を借り入れたり、大量仕入れにより買掛金が膨張します。その負の財産の管理としての返済および支払いに関してキチンとした事業計画、設備投資計画、そして資金計画等を練り上げることが、事業そのものなのです。

第３章
2
■貸借対照表の「負債」

買掛金の生涯と会計

●買掛金は現金を支払うまでの負債

企業間取引により商品を掛けで仕入れたときに発生するのが買掛金勘定であって、買掛金は現金を支払うまでの猶予期間中の勘定科目として存在しています。

このように買掛金は掛け仕入により発生しますが、貸借対照表上は負債の部の買掛金の勘定科目として表示されます。

●「買掛金」について理解しよう！

Q１ ・資産の部に売掛金がありますが、買掛金はこれと逆の性格をもつ科目ですか。

そのとおり。負債の部の買掛金勘定は、資産の部の売掛金勘定とまったく逆の勘定科目だよ。しかし、大きく違うことが１つある。それは、売掛金のある得意先が倒産した時、売掛金勘定は貸倒れの危険をはらんでいることだ。

Q２ ・買掛金勘定は、いつかは現金で支払わなければならない負の財産ということですか…。

買掛金の負の財産は、企業が活動するためには当然発生するものであって、特に資金繰り上、買掛金勘定は重要な位置をしめている。

Q３ ・現金の支払いによって買掛金勘定は減少しますが、買掛金勘定の発生について説明してください。

例えば、棚卸資産である商品を仕入れた時、通常、日々継続する取引を行っている場合には、掛け仕入れが慣習となっている。

Q４ ・買掛金は、企業間の取引に慣習として存在しているのですか。

そもそも、資本主義経済のしくみは、信用取引の上に乗っているのだよ。企業間の取引き以外に銀行取引や行政取引も、直接、現金取引き以外は、すべて慣習から成立した信用取引だ。

◆買掛金の生涯と会計のしくみ

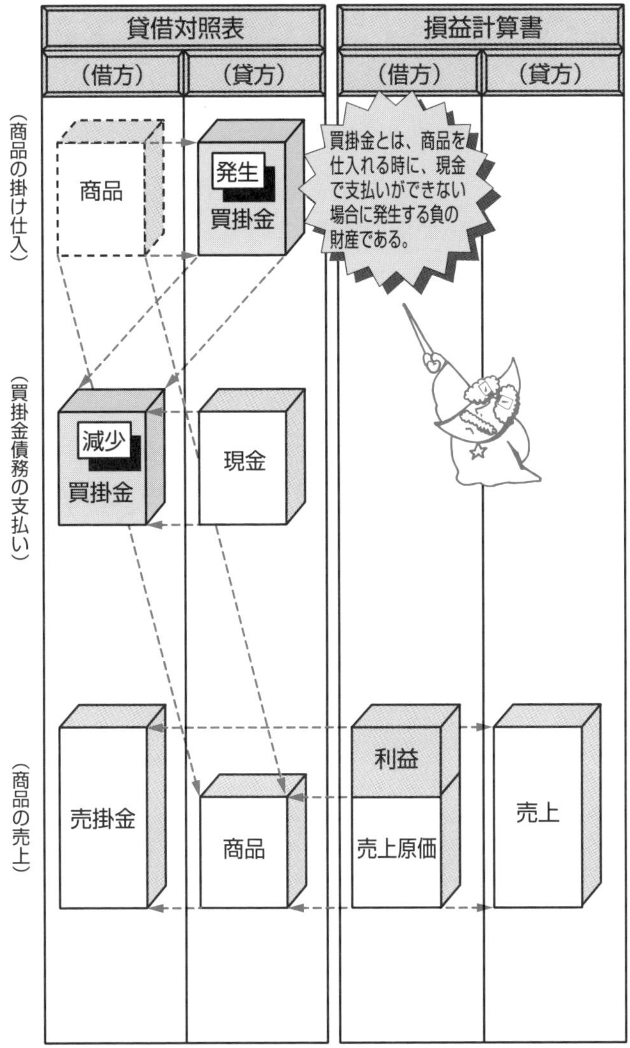

♣図解の解説

①通常、棚卸資産である商品を仕入れる場合、現金で支払いをしないかぎり掛けで仕入れることになります。この商品の掛け仕入れに発生する債務が、買掛金という負の財産です。

②この買掛金も支払期日が到来すれば、現金で支払いをしなければなりません。すなわち、買掛金は、現金支払いの猶予期間中の性質を持つ勘定科目なのです。

〔実務コメント〕

買掛金勘定と売掛金勘定のバランスは、常に資金繰り管理に重要なポイントとなるので、双方の勘定残高や支払額および回収額の緻密な管理が必須となります。また、売掛金は与信管理の充実によって貸倒れを未然に防ぐことができ、買掛金の支払いについては、下請法の遵守を十分に考慮する必要があります。

第３章

3

■貸借対照表の「負債」

借入金の生涯と会計

●借入金は貸借対照表の負債の部の勘定科目

借入金も企業の安定運営のために、大切な負の財産です。

借入金は企業の借金のことで、貸借対照表の負債の部の勘定科目の１つであり、返済により消滅します。

●「借入金」について理解しよう！

Ｑ１ ・負の財産の借入金は、日常生活の借金を考えれば理解しやすいですよね。

そのとおり。個人としても住宅ローンや、学生ローンなどの借入れがあるからだよ。

Ｑ２ ・企業の借入金と個人の借入金の性質は、まったく同じですか。

ほぼ同じだが、企業の借入金の中には、借入金の目的を事業運転資金とすることがある。それは、多目的に対応するために借入れをするケースだ。

Ｑ３ ・事業運転資金とは、なんですか。

企業の運営は日進月歩、いつ、どのようなアクシデントに巻き込まれるかは予測不可能である。例えば、得意先の倒産、企業犯罪、事故、自然災害等々。しかし、事業を停止することはできない。そのためにも資金の保有が不可欠であり、その対策が運転資金の借入れだよ。

Ｑ４ ・なるほど、リスク回避手段としても、借入れが必要なのですか。

しかし、借入れは利子が発生するので、財政上は必要最低限度の借入れ枠に留める必要がある。

◆借入金の生涯と会計のしくみ

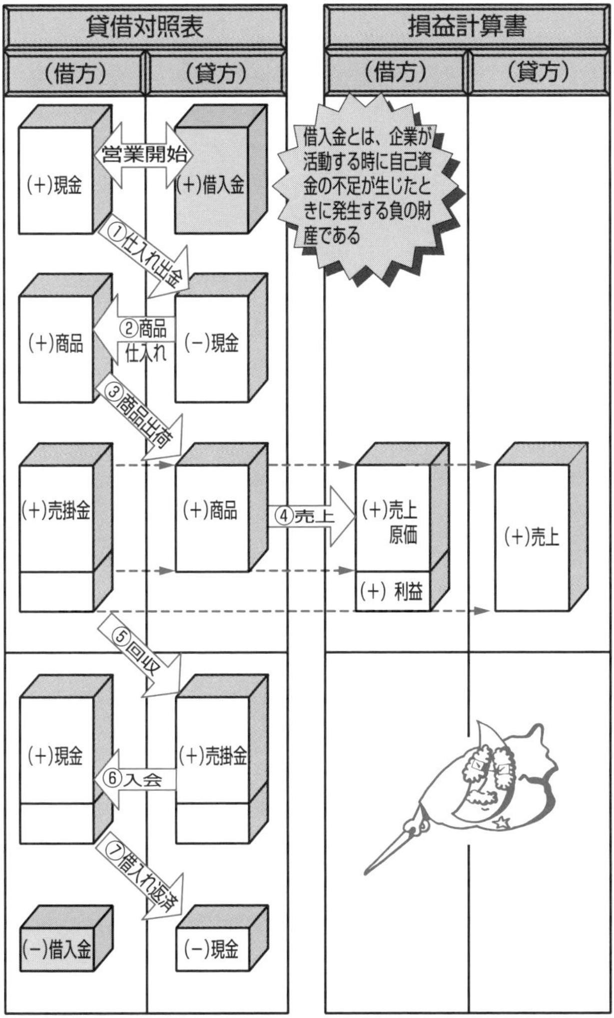

♣**図解の解説**

1通常、自己資金の不足が生じたとき、銀行等から運転資金として借入れます。

2借入れた資金は企業資金として円滑に流れるように、３次元立体図の例のごとく回転します。

①②⇨商品を仕入れる。

③④⇨仕入れた商品に利益が乗せられ販売される。

⑤⑥⇨販売された売掛金である債権が回収され現金化される。

⑦⇨入金された現金は、借入金に充当される。

これが繰り返されるのが、借入金の生涯です。

〔実務コメント〕

借入金は、１年以上の返済を要する長期と１年以内の返済の短期のものに区分し管理することが必要であり、また、運転資金の借入れは別として、借入れの目的をハッキリさせ、かつ、返済計画を綿密に練ることが条件となります。すなわち、投資と回収の管理が必要だということです。

第４章

貸借対照表の「純資産」

◆この章では、簿記・会計が最も特徴とする純資産（資本金・資本剰余金・利益剰余金）について解説します。

1 純資産とは何か

純資産とは、資産から負債を差し引いた額のことです。これを算式で表すと、資産－負債＝純資産、となります。

すなわち、純資産とは資産と負債の差し引き概念です。

したがって、この算式の負債を移行すると、資産＝負債＋純資産、となり、これが、貸借対照表の借方（資産）、貸方（負債・純資産）に該当します（次ページ図参照）。

2 純資産と勘定科目

簿記・会計上、勘定科目の部は必ず、

① 資産

② 負債

③ 純資産

④ 収益

⑤ 費用

の５つに分類されることは、すでに述べました。

純資産は、この分類の部の１つで、貸借対照表の貸方に記帳します。

3 純資産と貸借対照表の記載

純資産には、

① 資本金（株主が出資した資金）

② 資本剰余金（株主からの出資額のうち資本に繰り入れなかったもの）

③ 利益剰余金（当期純利益、利益の社内留保分で配当が可能なもの）

がこれに属し、純資産勘定は終局的には、貸借対照表の貸方に記載されます。

なお、当期純利益は、損益計算書の当期純利益と一致します。また、この当期純利益は、役員の賞与や配当、あるいは内部留保として使われます。

純資産の増えた分が、当期純利益になるんだね…。

◆貸借対照表の純資産

〔貸借対照表〕

資産の部（借　方）	負債・純資産の部（貸　方）
資　産	負　債
	純資産
	（当期純利益）

純資産 → ・資本金　・資本剰余金　・利益剰余金（当期純利益）

資　産　＝　負　債　＋　純資産

貸借対照表の「純資産」とは、資産と負債の差し引き概念（差額）である。

第４章
1

■貸借対照表の「純資産」

貸借対照表の純資産と会計

●貸借対照表には純資産の部がある

貸借対照表には純資産の部があり、資産から負債を差し引いた額が純資産となります。純資産の部は、簿記・会計の原理である差し引き概念である残高で表示されます。

●「貸借対照表の純資産」について理解しよう！

Ｑ１　・資産の部から負債の部の差し引いた残高が、純資産の部の実態なのですね。

本書の当初より、簿記・会計はすべて差し引き概念で勘定が表示されていることは説明したとおりだか、貸借対照表自体も借方の資産の部から貸方の負債の部を差し引いた概念で表示され、その残高が純資産の部となる。

Ｑ２　・貸借対照表の純資産の部は特異ですね。

そのとおり。したがって、純資産の部の中身を理解するのは、なかなか難しいものだよ。しかし、資産の部の財産から負債の部の負の財産を清算したら、結果として残った資産の部の財産が実質的な純資産の部として考えればよいのだ。

Ｑ３　・結論として、純資産の部はどこにあるかというと、資産の部、負債の部の両方に含まれているということですか。

正しくは、それで結構だ。よって、純資産の部の表示残高をいくらながめても、純資産の部の中身は全然、分からないのだよ。

Ｑ４　・それはある時点の貸借対照表の純資産の部をいくらながめても、残高の表示額のみが認識できるだけということですね。

純資産の部を理解することは、結局、財産の資産の部と負の財産の負債の部を勘定科目ごとに理解することなのだよ。

◆貸借対照表の純資産と会計のしくみ

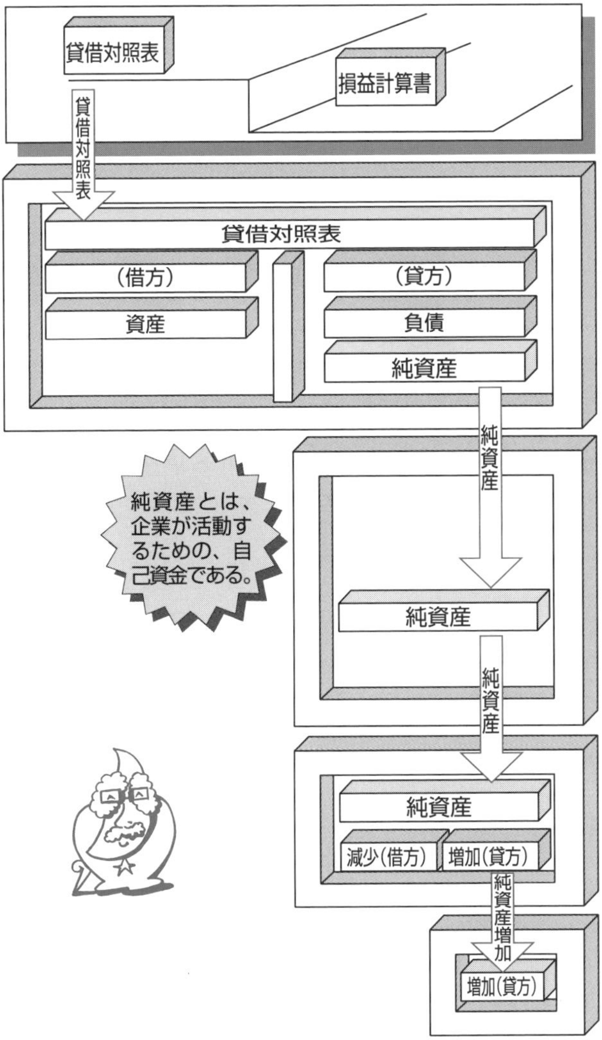

♣図解の解説

1 貸借対照表の純資産の部は実際には実態がなく、資産の部から、負債の部の数値を差し引いた残高です。設立当初は出資金としての現金がそのまま純資産の部で存在しますが、事業の開始と同時に、現金はすでに棚卸資産の仕入や固定資産の設備投資に出金され変貌します。

2 結果として、純資産の部の実態は、資産の部と負債の部の双方に内在していることになります。

〔実務コメント〕

純資産の部は、会社の合併や減資等々で直接資本取引が発生する以外は、実務的に話題に上りませんが、各事業年度の損益計算書に関しては、その利益または損失が、その影響額として毎期純資産の部に表示されます。

第４章

2

■貸借対照表の「純資産」

純資産の増減と会計

●純資産は資産と負債の差額で業績により増減する

純資産の部の増減は、利益または損失によって影響されます。また、その影響額は貸借対照表の各勘定科目に現れます。貸借対照表の純資産の部の増減は、資本金に変化がなければ、各事業年度の利益の増減によって変化します。

●「純資産の増減」について理解しよう！

Q１・純資産の部は、利益または損失の計上によって増減するのですか。

後で、利益または損失の計算で詳しく述べるが、利益または損失が発生した場合には、必ず貸借対照表の各勘定に影響を及ぼすことになる。よって、貸借対照表の各勘定科目が増減することは、貸借対照表の借方（資産の部）と貸方（負債の部）の差引残高である純資産の部は必然的に増減することになるのだよ。

Q２・貸借対照表の各勘定科目が増減するのは、どのようなときですか。

これも後の利益計算の章で詳しく説明するが、ここでは貸借対照表と損益計算書の勘定科目が同時に増減するときだ。すなわち、損益取引が発生した場合のみ、利益または損失が発生し、結果として貸借対照表の各勘定科目が増減するのだよ。

Q３・損益取引の場合ですか。なかなか難しいですね。

損益取引および利益計算は、簿記・会計の核心だよ。

Q４・しかし、純資産の部の存在が資産の部と負債の部の差し引きであることは、よく理解できました。

企業の経営上、純資産の部の存在は経営成果そのものであるのだ。したがって、純資産の部の増減管理としては、その増減がどのように貸借対照表上の勘定科目に現れているかを注力すること最も大切であり、経営として大きな意味をもつことになるのだよ。

◆純資産の増減と会計のしくみ

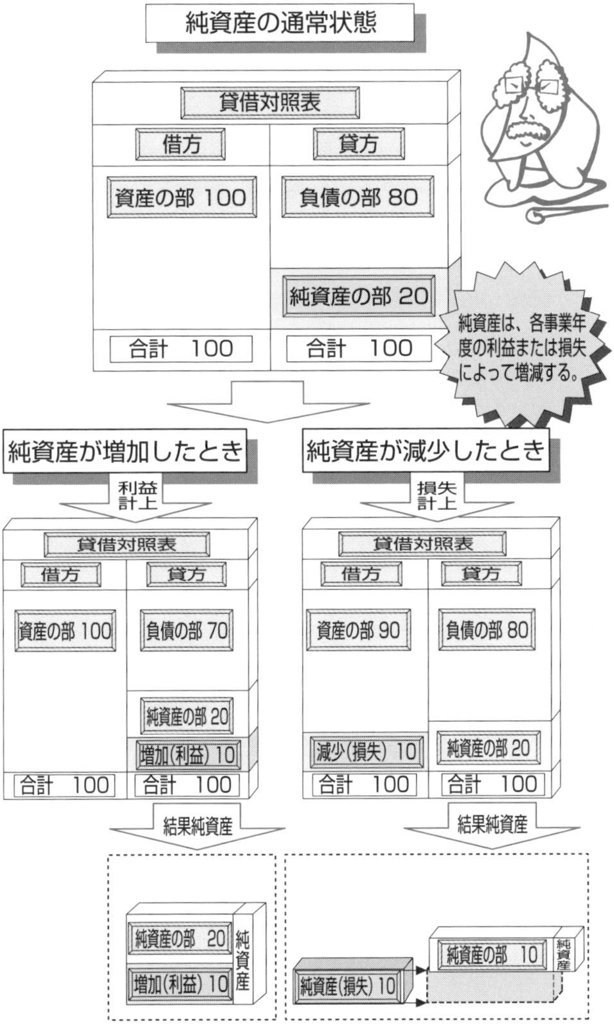

♣**図解の解説**

1純資産の部の増減は、3次元立体図で表しているとおりです。

2つまり、純資産の部の増加は、各事業年度の利益を計上することによって増加し、逆に、各事業年度で損失を計上した場合は純資産の部は減少します。

※損益取引
➡174ページ参照
（利益が発生する取引）

〔実務コメント〕

一般的に自己資本とは、設立時の出資額であり、狭義の意味での資本金です。また、資本を広義として考えた場合は、企業が活動し利益を追求し続けた各事業年度の経営成果としての利益または損失を含めたものを言います。

第４章
3

■貸借対照表の「純資産」

純資産の債務超過

●負債が資産を超えると債務超過となる

債務超過は、資産の部のすべての財産が借入金等の債務によってまかなわれていますので、仮に、企業か清算のために資産の部のすべてを売却しても、まだ、負債の部の借入金等の債務が残る状態をいいます。

資本の債務超過が続くと、企業は営業活動ができなくなり、企業は倒産することになります。

●「純資産の債務超過」について理解しよう！

Q１　・債務超過の状態は、どのように起こるのですか。

具体的には、各事業年度で毎期赤字が発生し継続すれば、当然、その損失が貸借対照表へ影響し、負債の部が資産の部を超えることになり、債務超過の状態に陥る。

Q２　・債務超過が続くと、企業はどうなりますか。

債務超過の状態が継続すると資金繰りが悪化し、例えば、販売する商品を仕入れることができなくなり、企業の本来の活動が停止してしまうのだよ。

Q３　・債務超過の状態を、是正する方法はありますか。

それは、原則どおり各事業年度で利益を継続して出すことだが、時間を要する。即効性を重視するならば、株主からの追加投資や銀行、取引先からの債務の免除等、利害関係者の協力を仰ぐことが効果的だ。

Q４　・債務超過は、倒産とはまったく違いますね。

そのとおり。企業は永続的に存在することが前提なのだから、倒産する前に最善策をあらゆる角度から検討し手を打つことになるのだよ。

◆純資産の減少と消滅

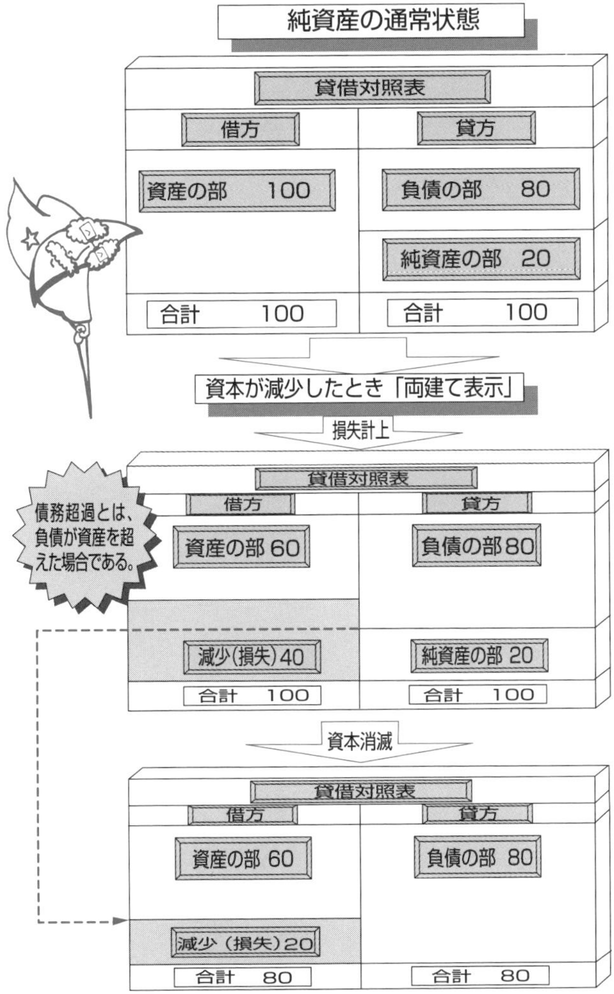

♣図解の解説

①貸借対照表において、3次元立体図のように負債の部が資産の部を超えた状態になったときのことを、債務超過といいます。

②しかし、債務超過になったからといって、すぐに倒産・会社整理という解釈ではなく、倒産等が問題となるのは、債務超過の状態が長く続く場合です。

〔実務コメント〕

永年続いている企業では、本来の事業を展開し継続した場合、債務超過が単年度で突然大きく発生することはあまり考えられません。各事業年度の特に月次単位で綿密な資金計画を策定したり、見直しを繰り返し、かつ、常に正常な事業運営のチェック体制を確立することが、債務超過の状態にならない唯一の方法と言えます。

第5章

損益計算書の構造

◆この章では、損益計算書の重点項目としての「費用」と「原価」の内容について解説します。

1 損益計算書とは何か

損益計算書は、簡単に言うと、企業の一定期間（1事業年度）の経営成績を一覧表にしたものです。損益計算書を作成する意味は、その期（当期）の利益がいくらかが分かるということです。

これを算式で示すと、

収益－費用＝当期純利益

となります。

この算式を移行し、

費用＋当期純利益＝収益

により、一覧表を作成したのが損益計算書で、費用および当期純利益が借方、収益が貸方となります。

2 損益計算書と勘定科目

損益計算書の勘定の部は、上記および次ページ図のとおり。

① 収益

② 費用

に分類されます。

当期純利益は、収益から費用を差し引いた概念の金額であり、計算上の算出された数字だと思ってください。

3 損益計算書の収益と費用

①収益

収益の部の勘定科目には、⑴商品の販売益、⑵商品の仲介による受取手数料、⑶土地や家屋の貸借に伴う賃料収入、⑷貸付金の受取利息、などがあります。

②費用

費用の部の勘定科目には、⑴売上原価、⑵従業員の給料、⑶広告料、⑷事業所の賃借料、⑸水道光熱費、⑹通信費、⑺支払利息、⑻旅費・交通費、⑼保険料、⑽消耗品費、などがあります。

◆損益計算書の構造（勘定科目表示：参考例）

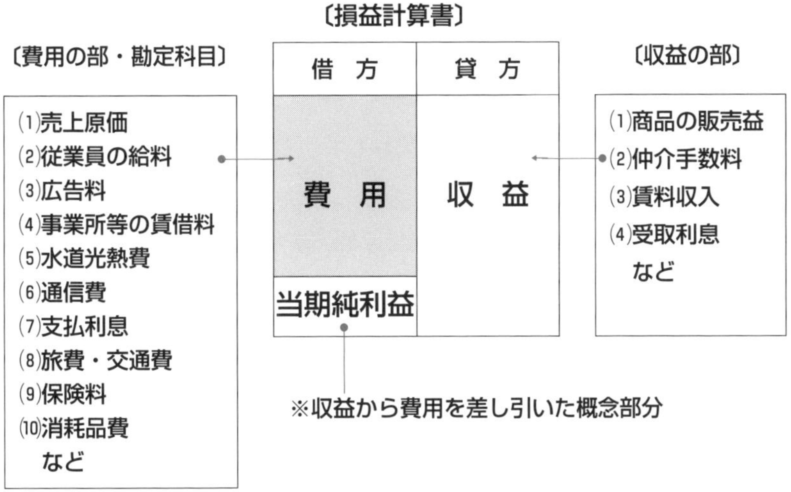

「損益計算書」とは、収益・費用の記録を数値化した当期の利益計算書である。

第５章
1

■損益計算書の構造

損益計算書の概念

●損益計算書には、費用と収益の部がある

単純に見える損益計算書も、取引の反対側の貸借対照表の勘定科目の発生によって、そのほとんどの取引が成立しています。

損益計算書は、①費用、②当期純利益（①②借方）、③収益（貸方）の部からなり、当期純利益は収益から費用を差し引いて求めることができます。

●「損益計算書の概念」について理解しよう！

Q１ ・損益計算書は貸借対照表に比べて、分かりやすいですね。

それは複式簿記上の記録の側面を表しているので、勘定科目の名称でほぼ内容がつかめるからだよ。

Q２ ・家計簿や小遣帳と同じ感覚ですね。

そのとおり。支払いの事由を記録して、それぞれの勘定科目に当てはめた単純な表だよ。

Q３ ・損益計算書で重要な科目は、売上原価ですね。前章では当期事業年度の売上に対応する原価として表示されているのですよね。

売上原価は、貸借対照表の棚卸資産を原価配分によって、当期の売上に対応する売上原価としたのだよ。それと、もう一つ重要な勘定科目がある。それが減価償却費だ。減価償却費もすでに説明したが、固定資産の取得価額を耐用年数によって分割し、費用配分されたのが当期の減価償却費だ。

Q４ ・損益計算書は、人為的に区分された期間取引の記録が分類された一覧表ですね。

ただし、単純に勘定科目の集計として理解するのではなく、複式簿記上の取引としての反対側の貸借対照表の勘定科目を常に意識することが必要だよ。

◆損益計算書のしくみの概観

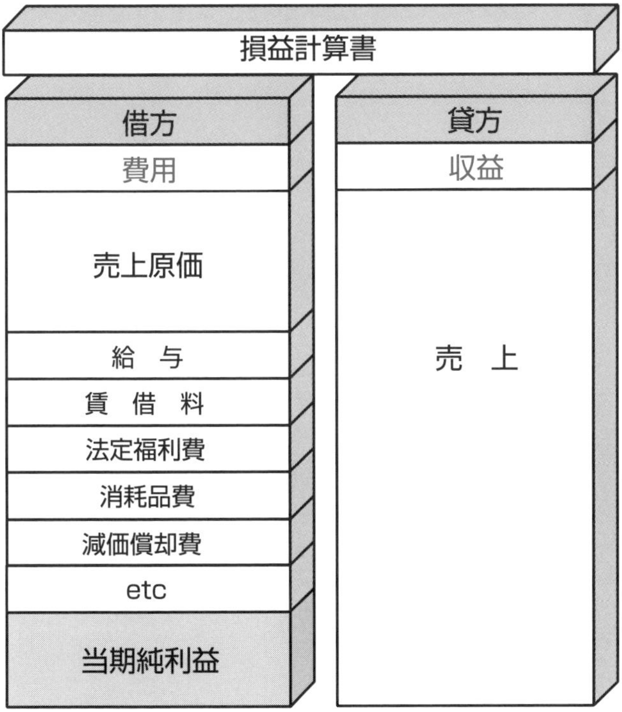

♣図解の解説

1損益計算書の全体図です。貸借対照表と比較してもスッキリとした形で、収益（貸方）から費用を差し引いた残高が当期純利益として表示されています。

2この図で留意すべきことは、当然ながら当期純利益は、貸借対照表の利益の表示とは逆である借方に表示されていることです。

※原価配分と費用配分
➡138 ページ参照

〔実務コメント〕

損益計算書も貸借対照表と同じく、勘定科目はそれぞれ借方、貸方の増加・減少の欄が設けられていますが、実務においては収益発生は貸方、費用発生は借方がほとんどです。例外取引や取消し取引といった場合にだけ、収益が借方、費用が貸方に発生します。そういう意味でも、損益計算書は分かりやすい表です。

第５章

2

■損益計算書の構造

損益計算書と利益の構造

●利益は売上げから各種の費用（売上原価・販売費および一般管理費など）を引いたもの

損益計算書の各利益は、事業の運営上、分類・分析できるように計算表示されています。

利益は、収益（売上など）から費用（売上原価など）を差し引いて算出します。したがって、収益と費用の差額が重要となります。

●「利益の構造」について理解しよう！

Q１・損益計算書のそれぞれの利益について、説明してください。

売上総利益は、事業経営の中で最も重要な利益だ。売上に対応する売上原価との差し引きで求められる。例えば、この売上総利益の時点で損失が生じるならば、その商品を販売してはいけないことになる。

Q２・それは、売れば売るほど損失が出るからですね。

そのとおり。その後、販売費および一般管理費が控除されるので、ますます損失が拡大することになるのだ。

Q３・営業利益はどうですか。

売上総利益がたとえ計上されても、企業活動のためには、多くの維持管理費が発生する。よって、最終的にはそれらの費用をまかなう取引でなければ、営業利益を計上することはできないのだよ。

Q４・経常利益はどうですか。

商品を販売し、売上原価を差し引き、販売費および一般管理費をまかなうことができても、企業には多くの利害関係者が存在し、本来の企業活動以外にも費用が発生する。例えば、銀行から借入金をすれば、利子を支払うことになる。それらの費用を控除しなければ、経常利益を維持できないのだよ。

◆売上から原価を差し引いて計算

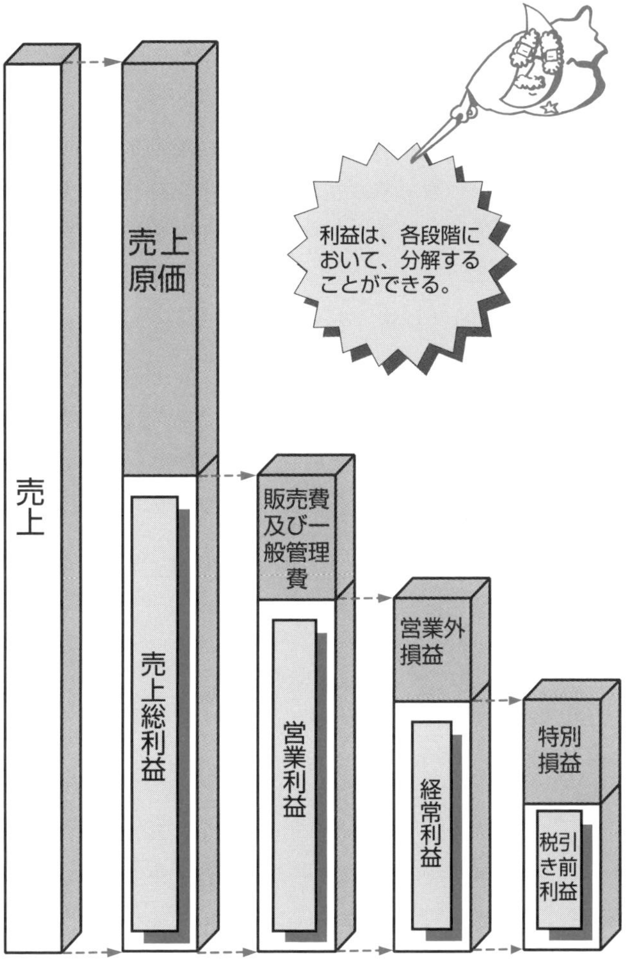

♣図解の解説

1 損益計算書の利益を階層別に表した３次元立体図です。

2 実際には、損益計算書は３次元立体図のように各階層に利益を分類したり、また、売上と比較し、分析できるような構造になっています。

〔実務コメント〕

各利益を管理すると同時に、各利益率も管理する必要があります。正常な事業運営を継続していれば、これらの各利益率はそれほど変動しないものです。また、各利益率管理は事業計画を策定するために、実務ではとても重要な指標です。

第５章

3

■損益計算書の構造

損益計算書と費用の構造

●損益計算表の費用には変動費と固定費がある

費用には、変動費と固定費とがあり、その区分管理は、利益の増減に影響します。

変動費は、売上に比例する収益源泉の費用であり、コストダウン活動などで抑制ができ、固定費は、売上に直接関係しない費用なので全社員が削減対象費用として取り組むことになります。

●「費用の構造」について理解しよう！

Q１ ・変動費と固定費の関係について説明してください。

費用を変動費と固定費に区分するのは、費用の発生する原因がまったく違っているからだ。変動費は売上に比例し発生する費用であり、事業拡大をするために不可欠な費用である。また、固定費は売上には直接左右されず発生する費用で、企業の維持管理のために避けられない費用だよ。

Q２ ・変動費は、売上の上昇とともに増加する費用ですね。

そのとおり。しかし、それでは事業を拡大すればするほど変動費も増加するので、企業としてはなかなえ利益を生むことができない。よって、企業はいかに変動費を抑制するかに全力を傾けるのだよ。

Q３ ・それは、どのように抑制するのですか。

企業がコストダウン活動と称して、例えば、材料費を一括購入して価格を下げたり、安い外国から材料を調達したり、材料の素材を変更したりして、どうしたら原価が下げられるかを資材部や購買部、そして技術者も含めて研究するのだよ。

Q４ ・固定費は、どのようにして削減するのです。

固定費は、どの企業でも削減対象費用として全社員を動員して取り組んでいる。例えば、電力の省エネ作戦、交際費の事前申告制度、通信・交通費の削減提案等々を各部署に削減目標値を設定して推進している。

◆費用には変動費と固定費がある

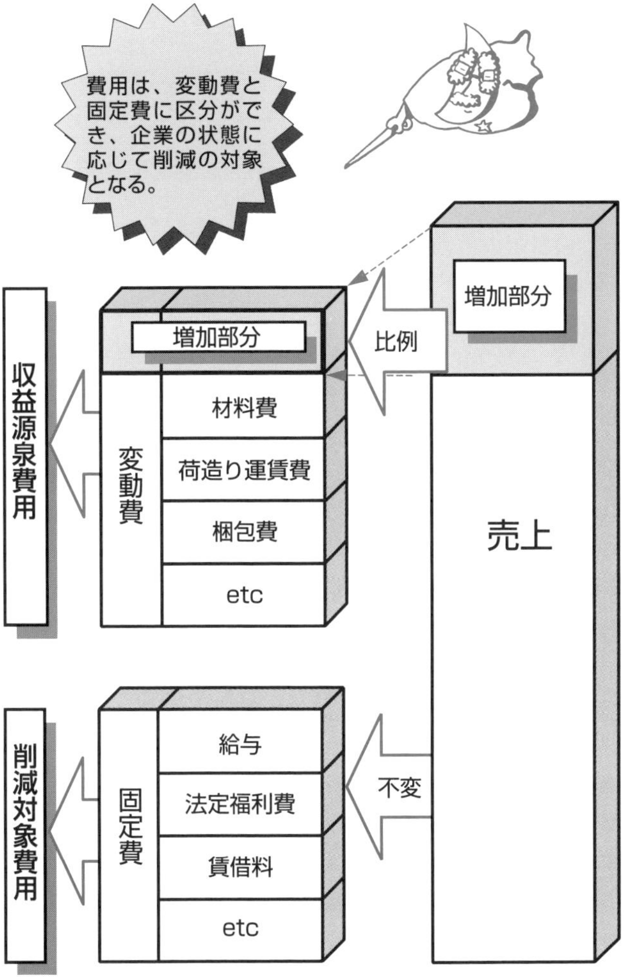

♣図解の解説

①損益計算書は、売上から費用を控除することにより、利益を求めるものです。この3次元立体図は、その控除する費用の構造を表したものです。

②費用は大きく区分すると、売上に比例して発生する変動費と売上には直接関係なく発生する固定費があります。このように費用の構造は、大きく変動費と固定費が基礎となっています。

〔実務コメント〕

変動費は、専門部署がコストダウン活動として目標値を設定して実施する。固定費は、全社員を総動員して、かつ提案制度も導入して取り組んでいる。費用の削減は、費用の性質を分析する必要があり、今や世界市場では常に熾烈なコスト競争が行われている。

■損益計算書の構造

第５章　4

損益計算書と原価の構造

●損益計算書の費用に製造原価がある

製造業の原価の構成を勘定科目毎に集計し、実現した売上に対応したものが、製造原価として損益計算書に表示されます。

製造原価は、損益計算書の費用の部の勘定科目で、例えば製造業の場合、材料費、労務費、製造経費などで構成されます。

●「原価の構造」について理解しよう！

Q１　・原価の構成について説明してください。

販売業のように商品を仕入れて販売すれば、仕入れた商品が売上原価となるが、製造業のように製品を作っている場合は、商品と違って企業内に製造工程が存在する。その製造工程で発生する原価の構成である勘定科目が、材料費、労務費、製造経費だよ。

Q２　・棚卸資産が作られる内訳勘定ですか。

そのとおり。どのようにして製品が作られたかを原価構成として、勘定科目で集計したのだよ。

Q３　・製品の原価を勘定科目として集計したものがを、製造原価と呼ぶのですか。

製造業は製品原価の管理を厳密におこない、いかに安く製品ができるかを研究しているのだよ。

Q４　・製品原価を明確にすれば、原価は下げられますか。

製造原価を明確にしてコスト削減の手を打つことが、メーカーである製造業の宿命であり、かつ、重要な役割なのだよ。ライバル会社との価格競争に勝ち抜き企業利益に貢献するには、製造原価を分析し、1円でも安い製品を作ることが製造業の必須条件なのだ。

◆損益計算書と原価のしくみ

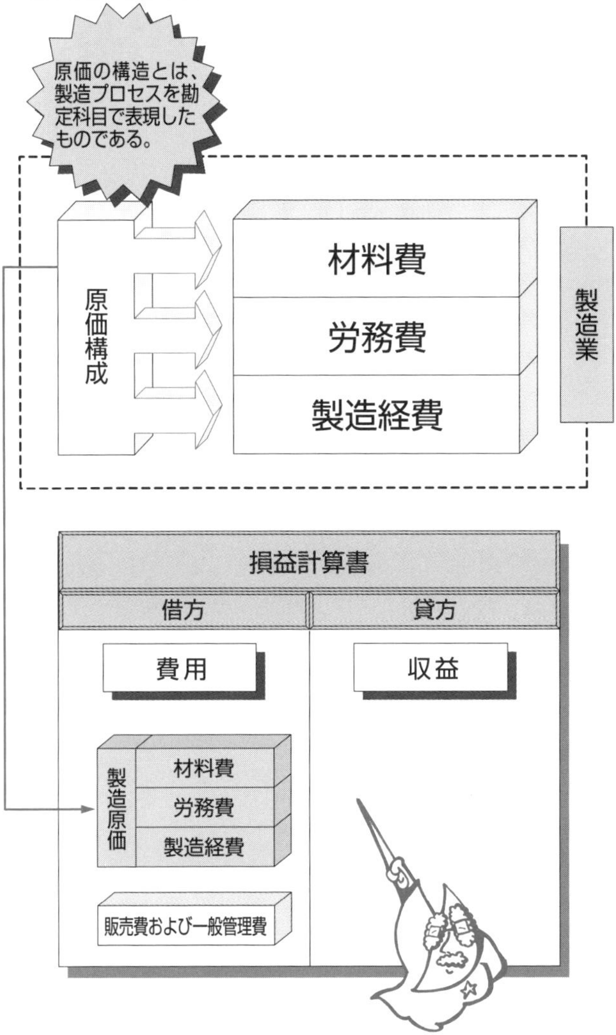

♣図解の解説

①この3次元立体図は原価の構造を表しています。原価の内容はおおむね材料費、労務費、製造経費で構成されていて、それらの合計が製造業の原価を意味します。

②原価の合計は棚卸資産となり、販売すれば売上に対応する売上原価として原価配分され損益計算書に表示されます。

〔実務コメント〕

製造業の製造原価管理は物づくりの生命線であり、簿記・会計の範囲を超えて、原価計算の範疇です。しかし、その原価計算の最終集計が、簿記・会計でいう製造原価報告書として勘定科目別にまとめられます。

第５章

5 原価と売上の関係

■損益計算書の構造

●当期純利益は売上から原価を差引いて計算する

原価を積み上げ、利益を乗せれば、売上高となります。

すなわち売上の合計と原価の合計の差額が当期純利益（または損失）となります。売上を伸ばし、費用を削減することが当期純利益増につながるのです。

●「原価と売上の関係」について理解しよう！

Q１ ・３次元立体図（次ページ）を見れば、原価の発生から売上高の関係が一目で分かりますね。

このプロセスさえ理解していれば、後々にそれぞれに属する勘定の中身を研究すればよいのだよ。

Q２ ・損益計算書のポイントは、原価の積み上げと費用が内容が基本ですね。

そのとおり。物づくりから販売の流れと同じだよ。物づくりから販売の流れを頭に浮かべ、その結果が損益計算書に勘定科目として体系化されているのだよ。

Q３ ・貸借対照表はかなり簿記・会計の理解しにくい側面がありましたが、損益計算書はだいぶ理解しやすいですね。

それは、損益計算書は記録の累計であって、勘定科目も収益のほとんどは貸方の増加であり、費用の発生も反対側の借方の増加だけの累積だからだよ。したがって、貸借対照表のように勘定科目の借方、貸方が頻繁に発生する取引とは数値の複雑さが違うのだよ。

Q４ ・当期純利益を分析するにも、損益計算書は勘定科目を段階別に区分して捉えると理解しやすいですね。

決算でも、損益計算書は記録の累積であるので、勘定科目の内容の確認をすれば終了する。

◆原価・売上と当期純利益のしくみ

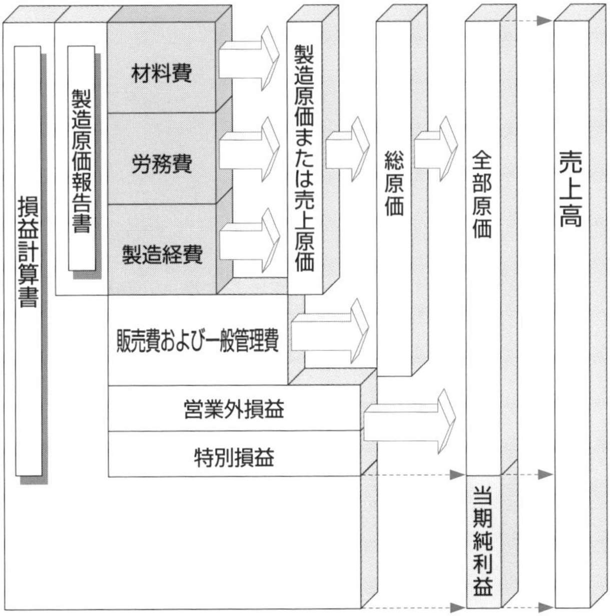

♣図解の解説

①この3次元立体図は、原価の構造である材料費、労務費、製造経費の発生から、費用を積み上げ、そして利益を乗せ、最終的には売上高を形成することを示しています。

②概ね、すべての製品は、このパターンで売上高を算定しています。

〔実務コメント〕

損益計算書は各利益の分析に適応していますが、貸借対照表のように、資金の流れや財産の内訳など、次期事業の対応数値がないので、実務的には貸借対照表と併用し活用することが望まれます。

第５章
6 損益計算書と製造原価報告書

■損益計算書の構造

●製造業は、製造原価報告書を作成

製造業では、原価の３要素である材料費、労務費、製造経費が売上に対応する原価となります。

製造業では、損益計算書の付表として製造原価報告書（製造プロセスを勘定科目で表したもの）を作成し開示しています。

製造原価報告書は、コスト・レポートともいい、C／Rと書くこともあります。

●「損益計算書と製造原価報告書の関係」について理解しよう！

Q１ ・普通の販売業では、商品の原価が、売上に対応する売上原価として損益計算書に表示されますよね。

棚卸資産は貸借対照表に財産として計上されているが、売上に対応する売上原価を、原価配分により損益計算書に表示されているのだよ。

Q２ ・しかし、それが製造業の場合は、売上原価ではなくて製造原価ということですか。

そのとおり。製造プロセスを原価の構成の勘定科目で表し、それを簿記・会計では製造原価報告書という製造工程だけで発生した勘定でまとめた報告書を作成するのだ。

Q３ ・製造原価報告書について、説明してください。

製造原価報告書は、製造業で発生した原価を勘定科目別に集計した報告書だよ。したがって、集計した原価は商品の販売業の売上原価と同じ意味を持っているのだ。

Q４ ・製造原価報告書の原価は、材料費、労務費、製造経費だけですか。

一般的には、原価の三要素といっている。しかし、実際は製造に関する勘定科目は製造経費の中にたくさんあるが、本書では必要最低限の勘定のみを扱っているので、別途、他の書籍で研究願いたい。

◆損益計算書と製造原価報告書の関係

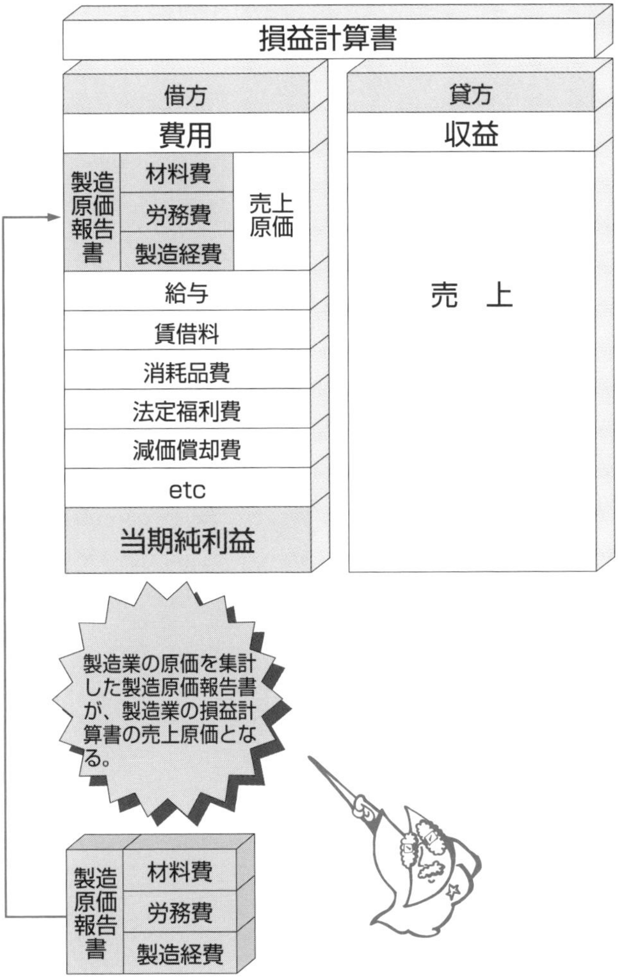

♣図解の解説

1この３次元立体図は、損益計算書の売上原価の中に製造原価が内在していることを示しています。

2製造原価報告書は、製造業の製造プロセスを勘定科目で表したもので、製品の製造に必要な材料費、労務費、製造経費を積み上げたものです。

〔実務コメント〕

製造業のような物づくりをしている企業は、必ず損益計算書の付表として製造原価報告書を作成し、勘定科目で原価を開示しています。製造業の主な活動のうち、コストダウンでは企業の自らの努力でコストを下げて利益を上げることができます。また、製造業は単なる商品を仕入れて販売する販売業とは違い、企業内に製造工程が内在するので、簿記・会計の領域は複雑で、広くなります。

◆原価配分と費用配分

☆製造製品は原価配分され、固定資産は費用配分される

原価配分（製造製品）
と
費用配分（固定資産）

配分方法

（原価配分）

製造商品等の原価配分とは、売上原価を確定する手続きとしておこなわれる。すなわち、売上原価は当期に売上計上した原価として、貸借対照表上の棚卸資産より振り替えられ、売上原価（費用の部）として表示される。したがって、売上に対応しない棚卸資産は次期棚卸資産として繰り越す。

（費用配分）

費用配分とは、たとえば製品製造のための機械等の固定資産の費用として、固定資産の取得価額を耐用年数のに応じて分割し、減価償却費として損益計算書（費用の部）に計上することを言う。

用語解説

（費用）　営業活動によりかかる経費のことで、損益計算書には費用の部があり、純資産が減少する要因です。

費用には、売上原価、給料、支払家賃、支払利息、貸倒引当金繰入、減価償却費、広告宣伝費、発送費、通信費、水道光熱費などがあります。

（売上原価）　その期に販売した商品の原価のことで、商品または製品の売上高に対応する仕入原価または製品の製造原価のことです。

原価配分と費用配分のしくみ

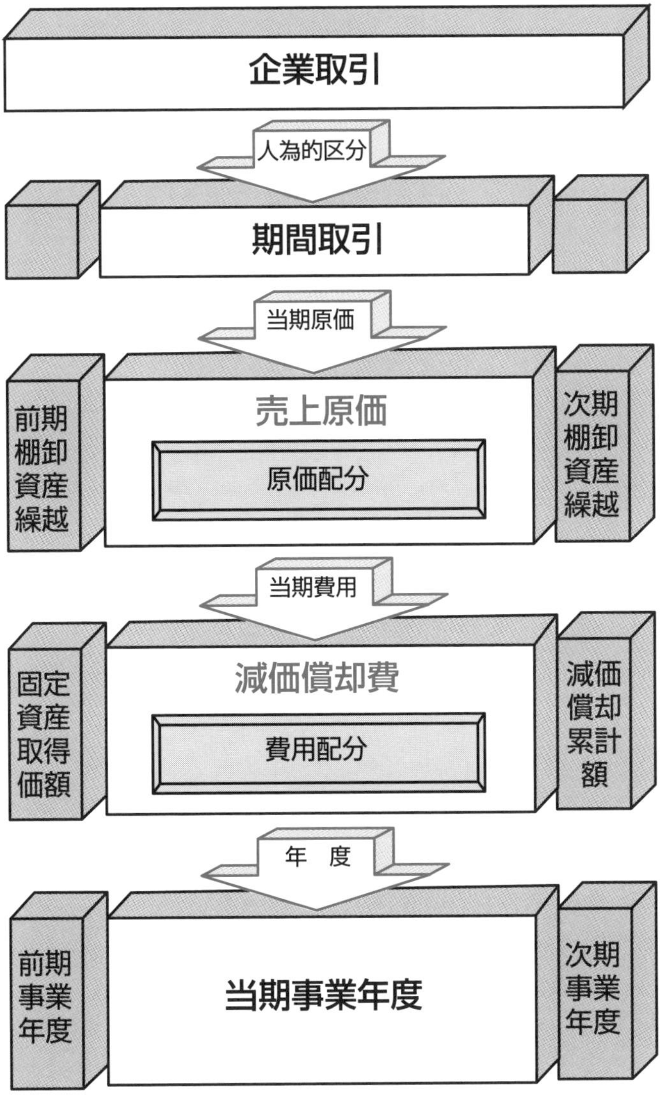

◆損益計算書の見方

☆損益計算書には勘定式と報告式とがある

損益計算書の勘定式と報告式

形式

損益計算書の形式は、勘定式と報告式の２種類があり、利害関係者に報告する形式はすべて報告式であり、勘定式をベースに組み換えたものである。報告式は利益を多段階に分類表示しているので、各利益の分析には優れている。

実務コメント　決算書の見方

損益計算書を見ると、さまざまなことが利益分析できます。これは自社の業績の分析だけでなく、初めて取引をする相手企業の経営分析でも役に立ちます。企業の業績を判断するには、やはり売上（収益）と利益です。好調な企業は売上も伸びており利益も上がっています。ただし、売上が伸びているのに、収益が落ちていれば問題があります。それは、経費が膨らんでいることを意味するからです。最も問題なのが、売上が落ちて経費が膨らんでいる場合です。この場合は原価配分された売上原価が拡大していることを意味します。

こうした損益計算書の分析は、公式（指標）化されており、「企業の収益力」については、以下のような分析の公式があります。

	指標（公式）	ポイント
企業の収益性	売上高粗利益率＝$\frac{\text{粗利益}}{\text{売上高}}$	製品の競争力や製造過程の粗利が分かる。
	売上高営業利益率＝$\frac{\text{営業利益}}{\text{売上高（営業収益）}}$	営業外損益計算書を考慮する前の、企業の本来の実力が分かる。
	売上経常利益率＝$\frac{\text{経常利益}}{\text{売上高（営業収益）}}$	企業の実力（経常的収益力）が分かる。
	売上当期利益率＝$\frac{\text{当期利益}}{\text{売上高（営業収益）}}$	年度の売上高に対する最終利益の割合で、率が高いほど総合力がある企業と言える。

損益計算書のしくみ（「勘定式」と「報告式」）

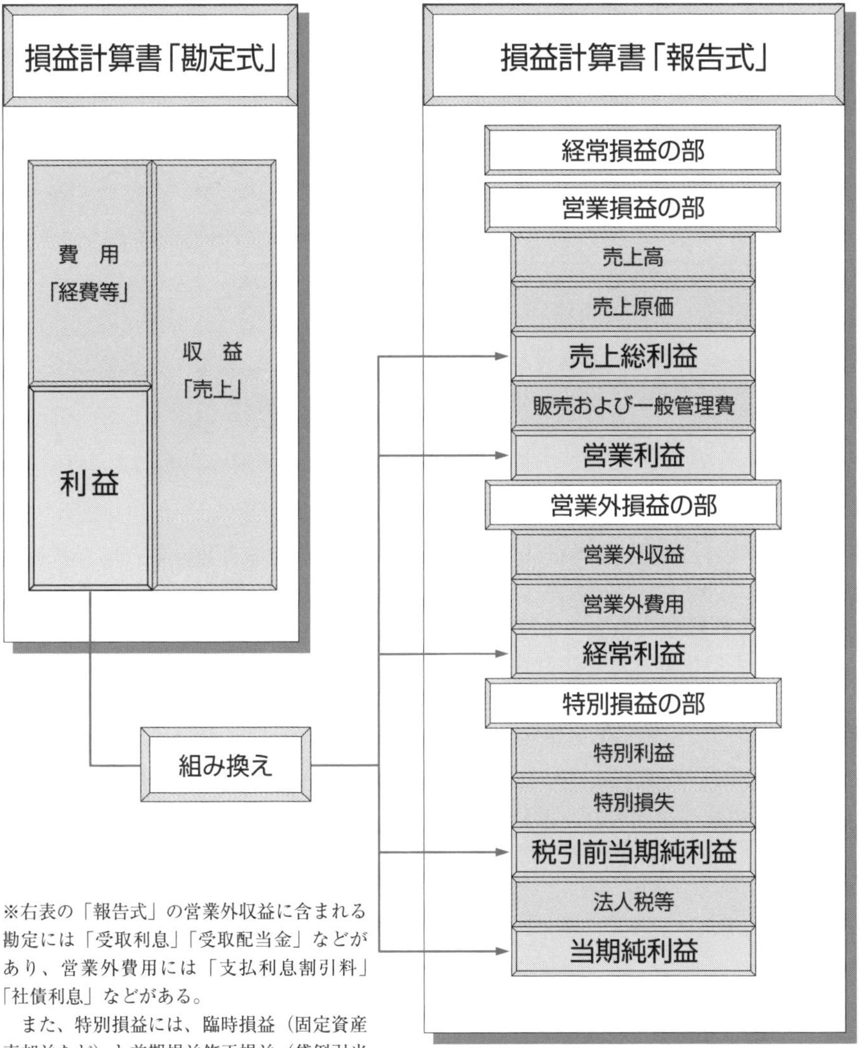

※右表の「報告式」の営業外収益に含まれる勘定には「受取利息」「受取配当金」などがあり、営業外費用には「支払利息割引料」「社債利息」などがある。

　また、特別損益には、臨時損益（固定資産売却益など）と前期損益修正損益（貸倒引当金戻入益など）がある。

第6章

貸借対照表と損益計算書の関係

◆この章では、簿記・会計の核心である損益取引について、発生する貸借対照表と損益計算書の関係を中心に解説します。

1 貸借対照表と損益計算書

貸借対照表が企業のある時点（年度末）における財政状態を一覧表にした書類であり、損益計算書が企業の一定期間（1事業年度）の経営成績を一覧表にしたものであるということは、すでに述べたとおりです。

2 貸借対照表と損益計算書の関係

貸借対照表および損益計算書においては、当期純利益の計算が最終的な目標となりますが、**貸借対照表と損益計算書上の当期純利益は、当然、一致することに**なります。これは複式簿記の原理でもあります。

貸借対照表や損益計算書は財務諸表と呼ばれ、財務諸表には、この他、キャッシュフロー計算書や株主資本等変動計算書などもあります。貸借対照表、損益計算書、キャッシュフロー計算書の3表を「財務諸表3表」と呼んでいるようです。また、一般的には決算書と呼ばれることが多いようです。

なお、前期貸借対照表、当期貸借対照表、損益計算書の関連については次ページ図にしましたので参照してください。

「貸借対照表」と「損益計算書」の関係とは、収益または損失が生じる損益取引の関係である。

財務諸表関連立体図「3表」

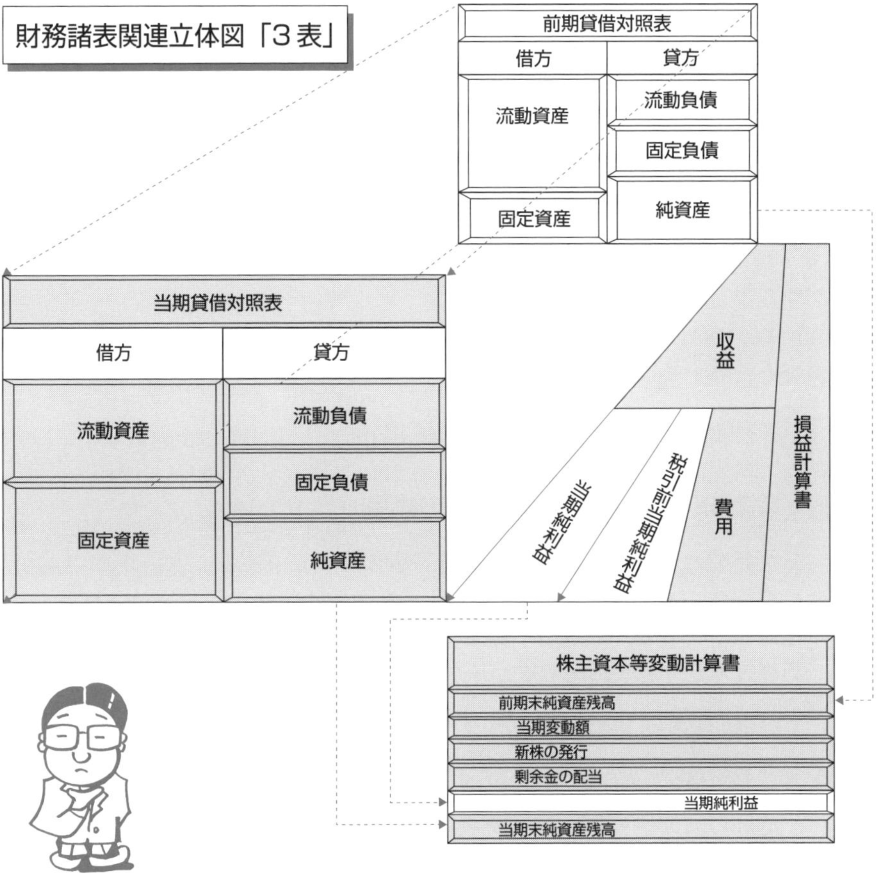

◆貸借対照表と損益計算表の関係

〔貸借対照表〕

借　方	貸　方
資　産	負　債
	純資産
	当期純利益

〔計算式〕

資産－負債－純資産＝当期純利益

資産＝負債＋純資産＋当期純利益

〔損益計算書〕

借　方	貸　方
費　用	収　益
当期純利益	

〔計算式〕収益－費用＝当期純利益

費用＋当期純利益＝収益

一　致

第6章

1 取引と貸借対照表・損益計算書

■貸借対照表と損益計算書の関係

●各取引の結果は貸借対照表・損益計算書に反映される

簿記・会計という経理の世界の取引は、常に貸借対照表と損益計算書の関係を意識することが重要です。

企業で取引が行われると、一定の関係で貸借対照表および損益計算書の数値に増減をもたらすことになります。

●「取引と貸借対照表・損益計算書の関係」について理解しよう！

Q 1 ・貸借対照表と損益計算書の関係を説明してください。

決算では、貸借対照表と損益計算書の2つが存在し、双方がどのように関係するのか、また、貸借対照表の残高は次期以降に繰越されるが、なぜ損益計算書の残高は当期にて切り捨ててしまうのかを、簿記・会計の原理としてまず理解することだよ。

Q 2 ・貸借対照表と損益計算書の2つが存在することと、双方の関係を説明してください。

それは、期間取引を財産である貸借対照表とその記録である損益計算書の両面で捉えるので双方が存在し、その双方が同時に影響する取引に関しては、利益または損失が生じる関係になっているのだよ。

Q 3 ・貸借対照表と損益計算書の双方に同時に影響する取引を説明してください。

それは、損益取引だ。例えば、商品を販売したときは損益計算書には売上と売上原価が記録され、その差額は利益となる。一方、貸借対照表では原価である棚卸資産が消滅して売掛金が発生する。やはりその差額は、勘定科目の増減に影響するので利益または損失が発生する。

Q 4 ・貸借対照表と損益計算書の関係は、簿記・会計の核心ですね。

基本中の基本だが、分かっていて、なかなか分からないのが現実だよ。

◆貸借対照表と損益計算書の代表的な取引関係

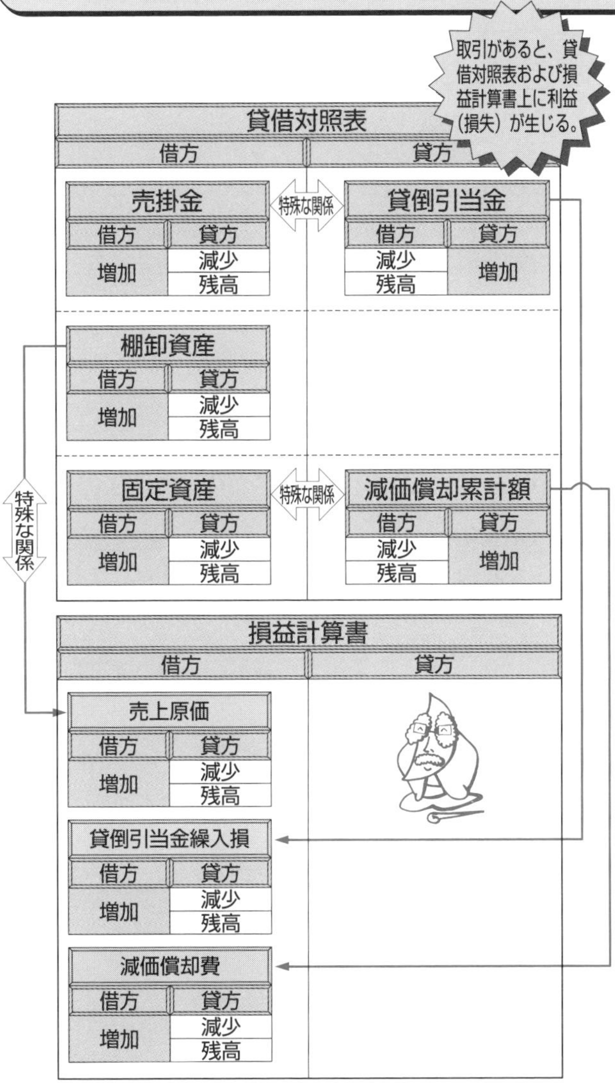

♣図解の解説

1これは、貸借対照表と損益計算書が関係する代表的な取引を特殊な関係として表した図です。

2貸借対照表と損益計算書の双方に影響する増減取引は損益取引と称し、損益取引が発生すると貸借対照表と損益計算書に増減をもたらし、利益または損失が生じることになります。

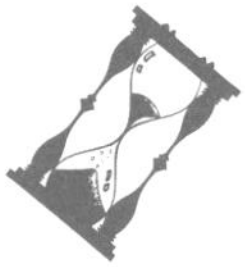

〔実務コメント〕

企業に利益が出ているのにお金がない、なとど実務ではよく耳にしますが、おそらく貸借対照表と損益計算書の基本的な知識が欠如しているものと思われます。複式簿記の両面で捉える原理、また損益に影響する取引を理解していれば、そのような疑問は発生しないはずです。

第6章
2

■貸借対照表と損益計算書の関係

売掛金と貸倒引当金との関係

●売掛金は貸借対照表の借方に貸倒引当金は貸方に表示される

貸借対照表上の資産（流動資産）である売掛金は、貸倒れとなる場合もあり、その危険をあらかじめ予測して貸倒引当金を計上することができます。

売掛金勘定のマイナス勘定として貸倒予測額を見積もり、当期の費用処理をするのです。

●「売掛金」と「貸倒引当金」について理解しよう！

Q１ ・貸借対照表上、売掛金勘定と貸倒引当金勘定の両方が表示されていますね。

簿記・会計上は、すべて総額で取引を記録することは説明したとおりで、各勘定科目も関係する勘定科目は借方・貸方双方に表示するのだよ。

Q２ ・現金回収待ちの売掛金勘定と回収不能予測額の貸倒引当金、すなわち売掛金のマイナス勘定という意味での表示ですね。

売掛金の残高と売掛金のマイナス勘定残高である貸倒引当金の両方を貸借対照表に表示しておけば、一目で売掛金総額と売掛金の回収不能予測額が確認できることになるのだよ。

Q３ ・貸倒引当金は、なぜ、実際の貸し倒れが生じる前に、予測額を引き当てるのですか。

簡単に言えば、簿記・会計上は将来の予測損失で、その事象が当期に予見でき、かつ、見積もることができるときは、当期の費用として引当を計上できることになっているのだよ。

Q４ ・なかなかむずかしいですね。

この引当金制度も、適正な期間損益計算をおこなうための重要な手続きだよ。

◆貸借対照表と売掛金・貸倒引当金

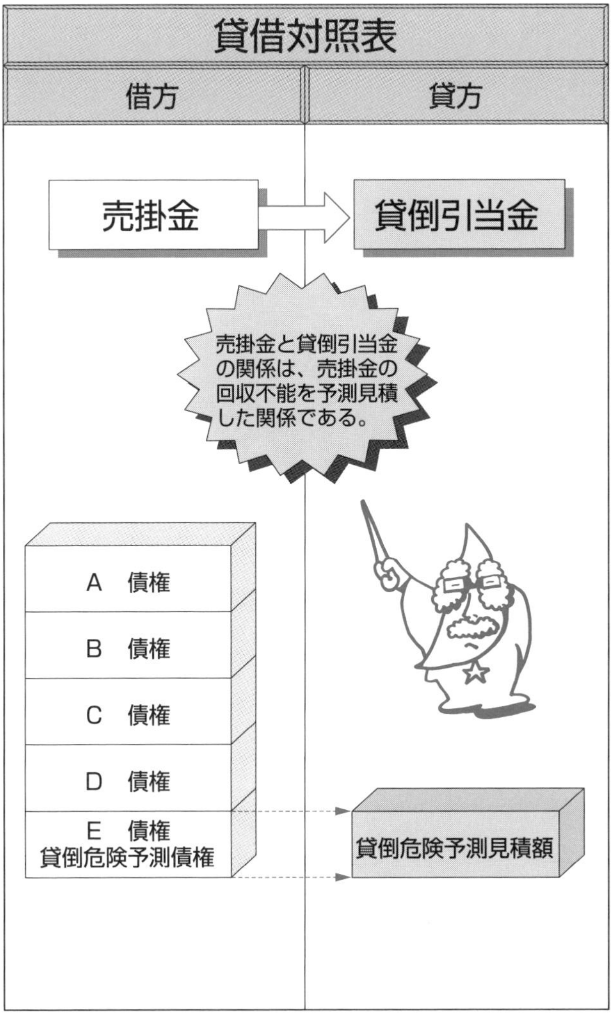

♣図解の解説

①売掛金は、現金化する前の暫定勘定です。したがって、いつ売掛金の回収不能が発生するかは予測できません。しかし、企業は永続することが前提であり、例え、売掛金の回収不能の予測ができなくても、事業は継続しなければなりません。

②そこで、取引先の予測せぬ倒産により売掛金が回収不能になっても、その備えをすることが簿記・会計で求められています。これが貸倒引当金です。

③貸倒引当金は、最終的には貸借対照表の売掛金や受取手形の控除項目として借方にマイナス表示をします(81ページ参照)。

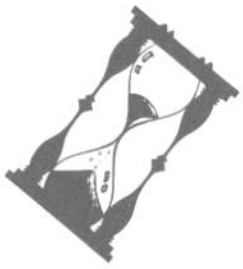

〔実務コメント〕

貸倒を予測し、引当金として当期に費用を計上することは、簿記・会計上の原則にのっとったもので、実務においても、企業の安全性と収益の平準化等々の要素が加味されます。したがって、想定、予測される損失は事前に引当金として手当てをし、決算に折り込むことが継続企業の建前です。

第6章

3

■貸借対照表と損益計算書の関係

貸倒引当金の設定

●予想可能な売掛金の回収不能見積額を貸倒引当金として当期費用として落とすことができる

貸倒予測額を費用化する必要から、売掛金の間接減額控除という形式で貸倒引当金を設定します。貸倒引当金は貸借対照表に表示し、また、損益計算書の費用の部（借方）に貸倒引当金繰入損を表示します。

●「貸倒引当金の設定」について理解しよう！

Q１ ・引当金の設定についてた、もう少し、詳しく説明してください。

貸倒引当金は、今までの回収実績や貸倒事例等々を勘案し、貸倒予測額を算出し設定する費用なのだよ。

Q２ ・費用として処理するのですか。

貸借対照表の貸倒引当金の設定は、売掛金債権の間接減額を意味し、同時に反対側としての損益計算書勘定科目に貸倒引当金繰入損を計上するのだよ。

Q３ ・貸倒引当金は、売掛金の間接減額を意味するのですか。

それは、売掛金の債権が回収不能が確定していないので、とりあえず売掛金を直接減額せず、負の財産として負債の部に売掛金のマイナス勘定科目である貸倒引当金を設定し、かつ、費用として損益計算書に貸倒引当金繰入損を計上するのだよ。

Q４ ・売掛金のマイナス勘定科目である貸倒引当金を設定するのと、直接売掛金を削って費用処理することの違いはなんですか。

結果は同じだが、簿記・会計は勘定科目の両建て表示や勘定科目の差し引き概念が基本だ。よって、貸倒引当金の設定は、費用処理した形跡を貸借対照表の負債の部に勘定科目として残しているのだよ。また、貸倒が確定したのではなく予測見積もりであるので、売掛金を直接減額しないのだ。

◆貸倒引当金・貸倒引当金繰入損の表示

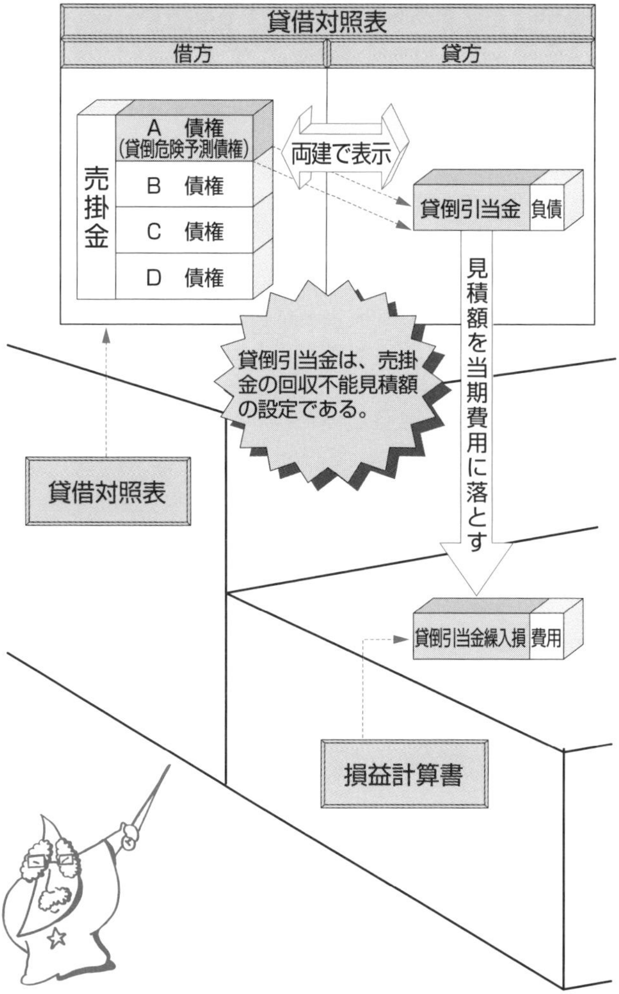

♣図解の解説

1売掛金残高は、現金化される前の回収すべき債権です。しかし、その債権のすべてが回収される保証はなく、万一、取引先に倒産でも起きれば、回収されるべき債権は貸倒となり、決算上当期の費用に計上しなければなりません。

2そうした事態に備えて、簿記・会計では予め予測可能な貸倒を見積もり、引当金の設定をします。

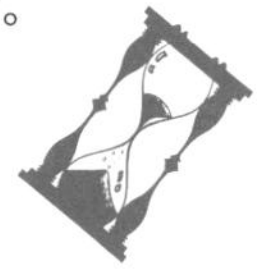

〔実務コメント〕

貸倒引当金は、売掛金の回収不能が発生した場合のリスク管理として、どこの企業でも設定しています。ただし、同一の得意先に債権と債務が存在する場合には、万一、倒産等により売掛金の回収不能が発生しても、逆の債務である買掛金の支払いを拒絶することが一般的ですので、貸倒の被害から免れることができます。これもリスク回避の手段として有効です。

第6章

■貸借対照表と損益計算書の関係

4 貸倒引当金の消滅

●貸倒引当金は回収不能が発生した場合に取り崩す

取引の異常が生じた場合の広義の意味でのリスク管理として、期末の売掛金の残高をベースに、貸倒引当金を設定します。現実に貸倒れが発生した場合には、当期に異常な損失が生じないよう、その引当金を取り崩すことになります。

つまり、回収不能が発生した場合、貸借対照表上は貸倒引当金を取り崩し、損益計算書上は貸倒損失、貸倒引当金戻入益の処理をします。

●「貸倒引当金の消滅」について理解しよう！

Q１ ・実際に貸倒れが発生した場合の説明をしてください。

得意先の倒産等により、売掛金の回収が現実に不可能になったときは、その回収不能になった売掛金を直接減額し、損益計算上、貸倒損失として当期の費用として処理するのだよ。

Q２ ・売掛金残高を直接消滅させるのですね。

そのとおり。実際に確定した費用として売掛金残高を減額し、貸倒損失勘定を損益計算書に費用として計上するのだよ。

Q３ ・貸倒引当金の取り崩しについて、説明してください。

期末の売掛金の残高をベースに貸倒れの予測見積額を貸倒引当金として負債の部に負の財産として設定してあるものを、現実に発生した貸倒損失と同時に貸倒引当金戻入益として損益計算上、収益として取り崩すのだよ。

Q４ ・それは、どのような効果があるのですか。

もともと貸倒引当金の計上は、売掛金の回収不能が発生した場合の損失補てんのリスク管理的な意味であって、現実に貸倒れが発生した場合には、貸倒引当金を取り崩し、その貸倒損失と貸倒引当金戻入益とが相殺した状態として、当期の損益に影響させない効果があるんだよ。

◆回収不能の発生と会計処理

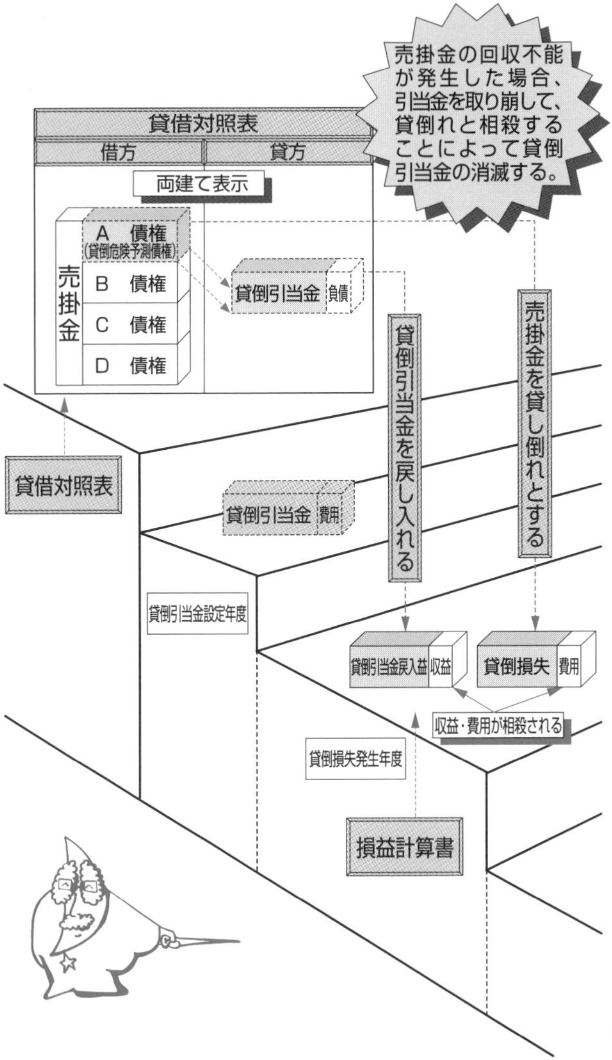

♣図解の解説

①この3次元立体図は、当期において貸倒れが現実に発生した場合の処理の図です。具体的な処理手順としては、まず貸倒等により貸倒れが発生した場合、売掛金債権を直接減額して貸倒損失として費用処理をします。同時に当期以前に貸倒引当金の予測見積額を負債の部に計上したものを取り崩し、貸倒れ引当金戻入益として当期の収益に計上します。

②結果としては、貸倒損失と貸倒引当金戻入益が相殺される関係となり、事業損益に影響を及ぼさない仕組みになっています。

〔実務コメント〕

ほとんどの企業が貸倒引当金を設けていますが、認定基準は業績、業態によってさまざまであるので、一般的には税法基準で設定することが多く、実態にそった貸倒引当金設定が企業の安全上必要です。

第6章

5

■貸借対照表と損益計算書の関係

棚卸資産と売上原価の関係

●棚卸資産は当期前に仕入れた在庫で、商品の勘定科目である

棚卸資産の売上に係る取引は、すべて利益または損失に影響する取引です。

棚卸資産が売れると現金が増加し、商品が減少します。損益計算書では売上が計上され、その原価が売上原価として計上されます。

●「棚卸資産と売上原価の関係」について理解しよう！

Q１ ・貸借対照表と損益計算書の関係では、棚卸資産と売上原価の関係がかなり重要ですね。

企業が継続して収益活動をおこなうパターンは、すべてこの取引の繰り返しだよ。

Q２ ・棚卸資産が売れると、貸借対照表と損益計算書の関係はどうなるのですか。

売上計上すると棚卸資産は消滅し、売上原価として原価配分され損益計算書に計上される。そして、売上原価に利益を乗せた売上を損益計算書に計上するのだよ。また、掛売りの場合、同時に売掛金の債権を貸借対照表に計上することになる。…一連の取引はすべて同じだよ。

Q３ ・貸借対照表だけで見た棚卸資産の説明はなかなか理解しにくいですが、損益計算書と関連させると理解しやすいですね。

簿記・会計で最も重要な取引パターンだよ。

Q４ ・この取引パターンは、企業が活動している以上は、日々発生する取引ですね。

それは、利益を伴う損益取引だからだよ。売上と売上原価がそれぞれ損益計算書に計上されるので、その差額はすべて原価に乗せた利益だからだ。

◆棚卸資産の売上と貸借対照表・損益計算書

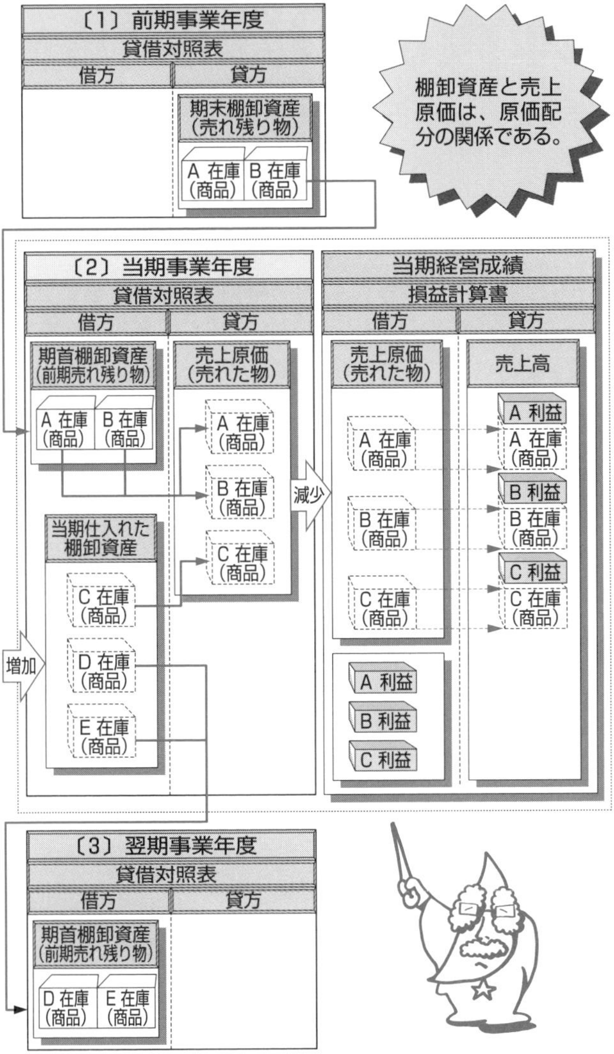

♣**図解の解説**

1 この３次元立体図は、前期事業年度の売れ残りである棚卸資産を当期に売上げ、売上原価として原価配分した図です。

2 また、当期にも新たな棚卸資産を期中仕入れたものを売上げ、結果として売れ残りを翌期の事業年度に繰り越すことを表しています。

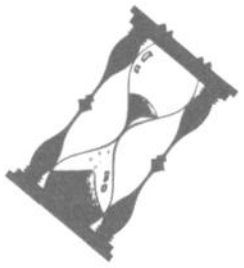

〔実務コメント〕

棚卸資産の管理は、企業の実務では在庫管理と言われ、決算時を含め日々在庫の入出庫の流れ、在庫残高の管理に取り組むことになります。結果として、決算時の利益または損失の決定は、在庫評価が重要な比重を占めることになります。

第6章

6

■貸借対照表と損益計算書の関係

棚卸資産の陳腐化

●正常販売不可能な商品を陳腐化という

棚卸資産は、時を経ると、正常な状態での販売が不可能となることがあり、この場合には、陳腐化として一部経費または損失処理をします。

陳腐化した棚卸資産は、資産の状態を見極めて、積極的に価額の評価を下げることにより、損失を早期に発生させることも、簿記・会計上は大切な判断です。

●「棚卸資産の陳腐化」について理解しよう！

Q1 ・棚卸資産の陳腐化を説明してください。

それは、長い間売れ残ったり、物理的に色あせたり、機能が低下したりして、正常な棚卸資産として、売上計上ができない物のことだよ。

Q2 ・それは、貸借対照表で前期繰越しの棚卸資産に含まれている物ですか。

そのとおり。正常な売上ができない陳腐化した棚卸資産は、正常な利益をとれないことになるのだよ。

Q3 ・それは、棚卸資産の価額の評価を下げることですか。

棚卸資産の価額評価を下げることは、その下げた価額が価値の損失となり、損益計算書の利益減として影響するのだよ。

Q4 ・棚卸資産の価額の評価を下げることについて、説明してください。

棚卸資産の価額を下げることは、通常の売上で得られる利益が減額することであるが、価額を下げずに陳腐化が進むと、最後は廃棄となりさらに損失が拡大する。したがって、陳腐化に相当する価額の引下げにより、売上げやすくしてさばくことが賢明だよ。

◆棚卸資産の陳腐化と会計処理

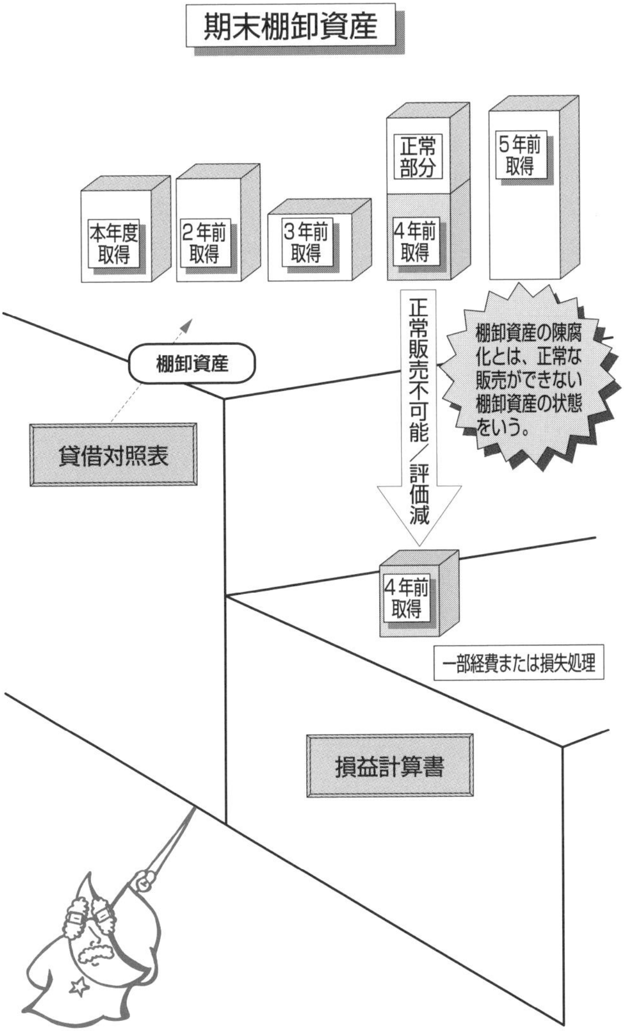

♣図解の解説

[1]棚卸資産は、企業が売上のために保有する財産です。したがって、企業は売上を上げるための努力として多くの数量と種類の棚卸資産を保有します。

[2]そのため、なかには数年滞留する棚卸資産があり、それらの中から、陳腐化の商品として通常の販売方法では販売できない在庫が発生します。これが棚卸資産の陳腐化です。

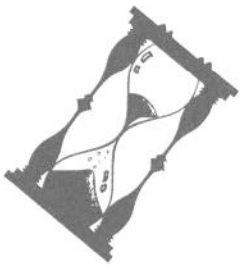

〔実務コメント〕

実務的には、決算期の都度、実地棚卸により棚卸資産の数量を確認し、かつ状態を検証します。ただし、本来的には、月次単位で適宜棚卸を実施することが、棚卸資産の陳腐化を防ぐ唯一の手段です。したがって、貸借対照表の棚卸資産勘定には、できるだけ正常に販売できる在庫のみが計上されなければなりません。

■貸借対照表と損益計算書の関係

第6章 7

棚卸資産の不良

●棚卸資産で販売見込みのない商品を不良という

価値を失って販売をすることができない棚卸資産は、廃棄することにより、経費または損失処理をすることができます。

不良の棚卸資産は、価値がなく積極的に処理することが、適正な期間利益を保つために必要です。

●「棚卸資産の不良」について理解しよう！

Q１・棚卸資産の不良について説明してください。

不良の棚卸資産とは、販売する見込みもなく、かつ、財産的価値が著しく欠如している物だよ。

Q２・不良の棚卸資産の簿記・会計上の取り扱いを説明してください。

貸借対照表上の棚卸資産は、通常の状態で販売可能な財産が計上されているのが原則だ。通常の状態で販売できない物は、価額の下落部分を評価減として切り下げて売るか、あるいはまったく販売できない物は廃棄処理するのが簿記・会計上の基本だよ。

Q３・すると、不良の棚卸資産の処理は、廃棄することが望ましいということですね。

そのとおり。むしろ不良として価値がなくなった棚卸資産を貸借対照表の資産の部に計上しておくこと事態が問題となってしまうのだよ。売り上げられず企業の利益にまったく貢献できない財産は、早急に廃棄処分すべきだ。

Q４・不良の棚卸資産の廃棄手続きについて説明してください。

不良棚卸資産の現物を廃棄処分することは当然だか、簿記・会計の伝票処理はもとより、例えば、廃棄業者への現品引渡証明書の入手、現品写真等々の廃棄の証拠を整えることが、廃棄の場合には大切なことだよ。

◆不良な棚卸資産と会計

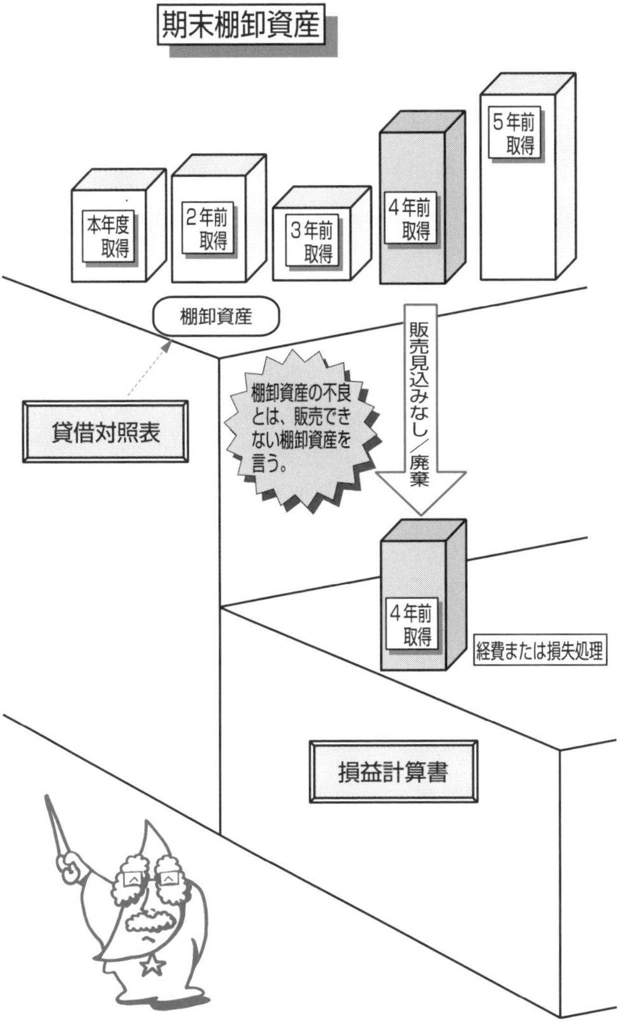

♣図解の解説

①棚卸資産は、売上を前提に企業が保有する財産です。したがって、価値を失って売上が計上できない物が棚卸資産に混入されることがあってはならないのです。

②簿記・会計上も価値を失って、売上計上できない棚卸資産は、遅滞なく処分することが前提です。

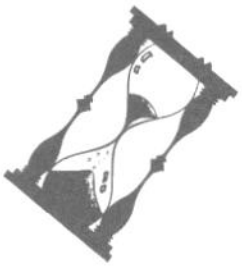

〔実務コメント〕

不良の棚卸資産は、積極的に処理することが大切ですが、企業としては大問題であり、徹底した再発防止策を会社上げて取り組むことです。ともかく、貸借対照表の勘定で現金と同列に列挙される以上は、その現金を捨てる行為と同じことなのです。

第６章 ■貸借対照表と損益計算書の関係

8 固定資産と減価償却費の関係

●耐用年数のある固定資産は減価償却ができる

固定資産の現在の帳簿価額は、減価償却を通じて、企業が定めた耐用年数によって価額の下落を測定することにより、推定します。

耐用年数のある固定資産は、減価償却することで費用配分され、当期の費用となります。

●「固定資産と減価償却費」について理解しよう！

Q１ ・減価償却費は各事業年度で損益計算上費用計上され、かつその減価償却費の累計額が貸借対照表に表示されているのですか。

そのとおり。費用処理した減価償却費の表裏一体の形で、その累計額が貸借対照表負債の部に表示されているのだよ。

Q２ ・減価償却費は、固定資産が時の経過により価値の下落したものですね。

損益計算書は当期事業年度の減価償却費の費用処理だが、貸借対照表では過去の固定資産の価値の下落を累計額した額が表示されているので、今までにどのくらい価値の下落によって減価償却費を費用計上したのかを知ることができるのだよ。

Q３ ・企業が定めた耐用年数により、便宜的に価格の下落を測定し減価償却費として計算しているだけですから、実際の価値の下落と相違してもよいのですね。

そのとおり。固定資産の現状は、人為的に算出した理論簿価ということだ。

Q４ ・理論簿価ですか。

固定資産が実際の価値下落によってどれだけの帳簿価額であるか分からないので、減価償却累計額を固定資産の取得価額のマイナス勘定として帳簿価額を理論上推定することだよ。

◆固定資産と減価償却費の処理

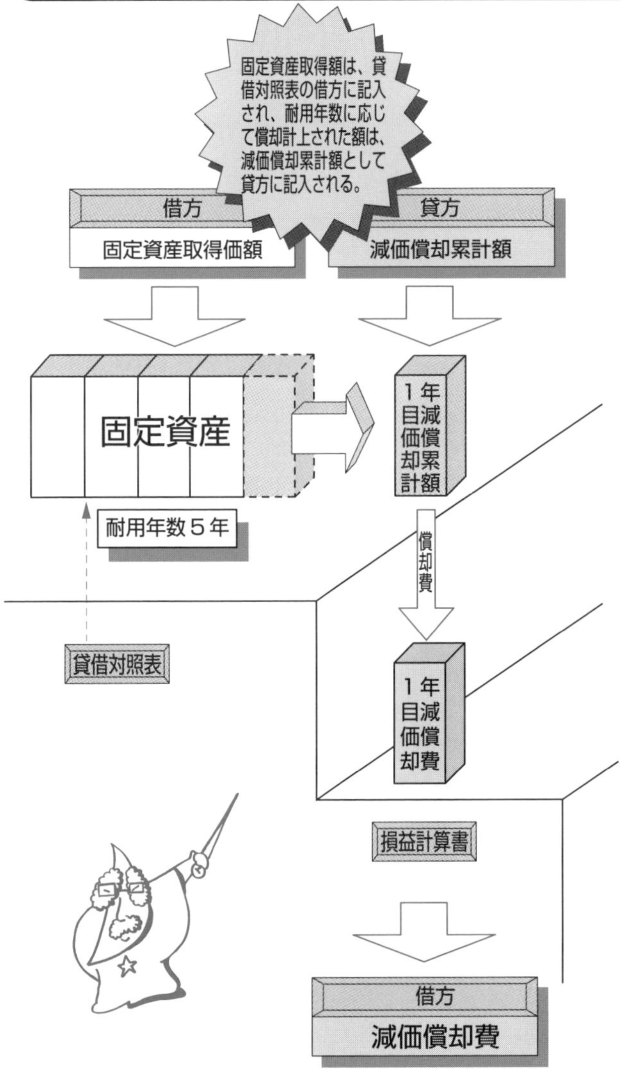

♣**図解の解説**

1固定資産の取得価額は耐用年数によって分割され、各事業年度において減価償却費として費用配分されます。

2この３次元立体図は、費用処理された減価償却費は、貸借対照表上は減価償却累計額としての負債の部（表示は資産の間接控除とする）に計上されます（次項参照）。

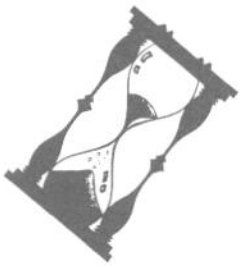

〔実務コメント〕

製造業にとっての固定資産は、金額が大きく、投資回収の重要さ等々、その管理は棚卸資産と双璧をなす企業の大重要課題であり、かつ、固定資産の稼働状況の現物管理と理論簿価の併行管理も重要テーマとなる。

第6章

■貸借対照表と損益計算書の関係

9 固定資産と減価償却累計額の関係

●減価償却累計額は貸借対照表の貸方に表示

減価償却累計額は、固定資産の取得価額の価値下落の累積値を示している。

その期の減価償却費を合計したものが減価償却累計額で、最終的には貸借対照表の借方に控除項目として表示される。

●「固定資産と減価償却累計額の関係」について理解しよう！

Q 1 ・減価償却累計額は、固定資産の価値の下落を示した勘定ですか。

価値の下落を数値で測定することは不可能であるため、企業が定めた耐用年数により固定資産の取得価額を分割し、各事業年度にそれぞれ費用処理した累積が減価償却累計額だ。

Q 2 ・すると、固定資産の現在の価額は、取得価額から減価償却累計額を控除した額ということですか。

そのとおり。固定資産の現在の帳簿価額は、資産の部の固定資産から負債の部の減価償却累計額を控除した額だよ。貸倒引当金の形と似ている。

Q 3 ・なぜ、資産の部の固定資産から、直接、固定資産の負債の部の減価償却累計額を、直接控除しないのですか。

簿記・会計の原則である両建て表示と関係科目の差し引き概念がここでも守られているのだよ。

Q 4 ・するといずれは、減価償却累計額が固定資産の取得価額に接近することになるのですか。

そうだよ。価値の下落は、固定資産の取得価額が最高限度額だからね。

◆固定資産と減価償却累計額のしくみ

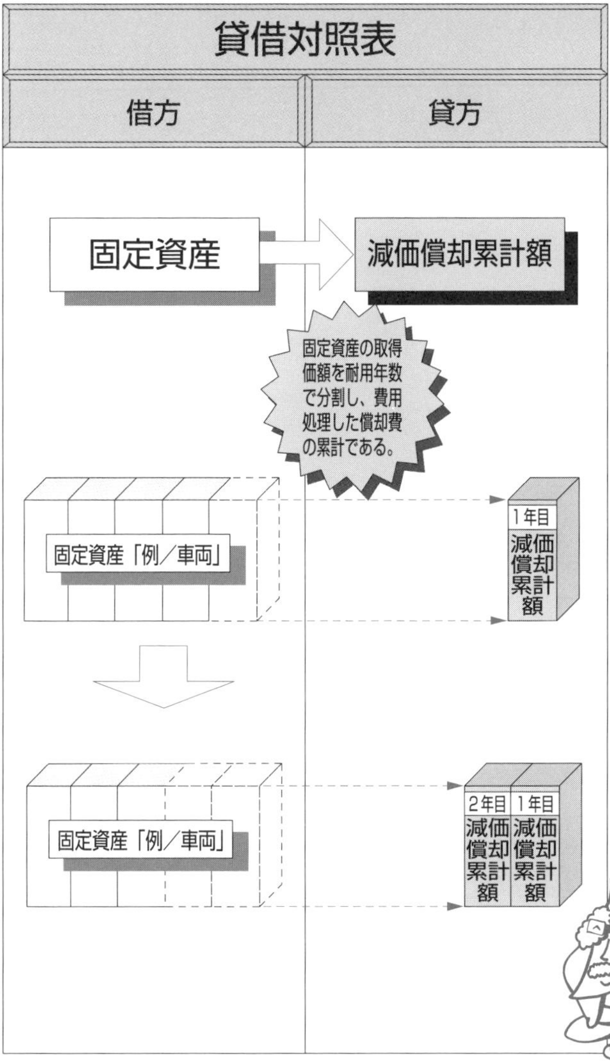

♣図解の解説

[1]負債の部にある減価償却累計額勘定は、各事業年度において減価償却費を費用配分した実績が累計されている勘定です。

[2]貸借対照表の減価償却累計額の表示は、負債でないことから、固定資産の控除項目として、借方にマイナス表示されます（81ページ参照）。

[3]損益計算書の減価償却費については、159を参照してください。

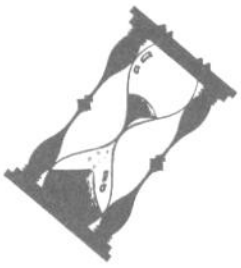

〔実務コメント〕

減価償却累計額の最高値は固定資産の取得価額ですが、実務としては、固定資産の価値の下落を放置するのではなく、固定資産の維持管理のために、壊れている個所の修繕や補修を日々おこない、固定資産の現状の稼働を保つのに注力を注いでいます。

◆純資産と借入金の違い

☆純資産は自己資本であり、借入金は負債で他人資本である

他人資本と自己資本

相違

自己資本は、支払配当の分配が発生し、他人資本は利息の支払いが生じる。

また、資金の調達手段はそれぞれ相違しても、事業での活用および運用する資金は現金化されればすべて同じである。

貸借対照表（貸方）の 純資産→自己資本 負　債→他人資本 なんだ…。

用語解説

（資本）　資本は、資産から負債を差し引いた概念の純資産額のことです。言い換えれば、企業が持っている正味の財産のことです。貸借対照表の貸方に純資産の部があり、資本は会社の場合、株主から出資されたものと、会社が毎期蓄積した利益部分とに区別されます。

（資本金）　資本金は株主から出資されたもので、設立時の出資金とその後の増資による出資金の合計です。

純資産
（貸借対照表の貸方に純資産の部がある。）

⇒

純資産（出資）
前期までに蓄積した利益部分
当期の利益部分

貸借対照表の純資産と借入金

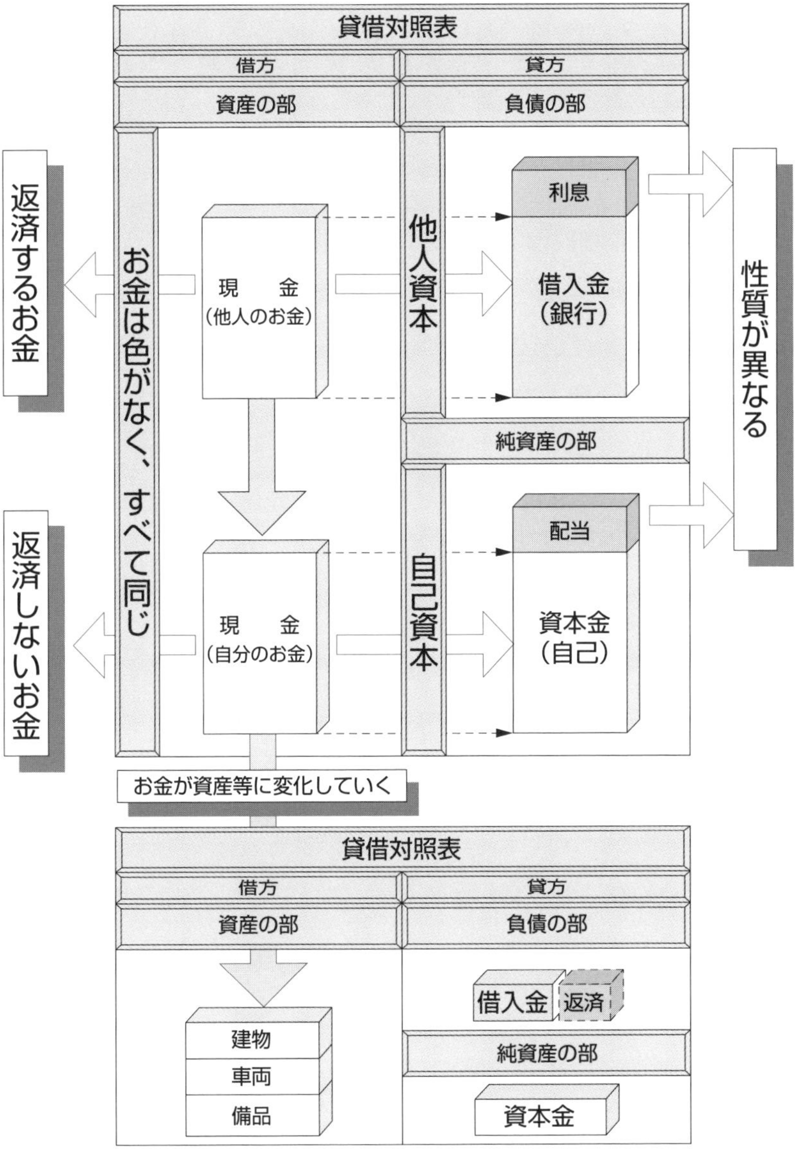

第７章

利益計算のしくみ

◆この章では、利益とはなにか、利益の算出、並びに利益の発生する取引と会計などについて解説します。

1 利益とはなにか

利益は、いわゆる企業の儲けのことですが、１事業年度における利益を税引前当期純利益といい、税引前当期純利益から法人税を差し引いたものを当期純利益といいます。企業にとっては、最も重要な数字です。

2 貸借対照表と利益の算出

貸借対照表の勘定の類型には、

① 資産の部（借方）

② 負債の部（貸方）

③ 純資産の部（貸方）

があり、当期純利益は③の純資産の部に属します。

当期利益を算式で示すと、以下のようになります。

資産＝負債＋純資産（前期末純資産）＋当期純利益

⇓

資産－負債－純資産＝当期純利益

純資産は、会社創立時の資本金と、その後の営業活動による利益（剰余金）とからなっています。

当期純利益＝当期末純資産－前期末純資産

で算出されます。

3 損益計算書と利益の算出

損益計算書の勘定の類型には、以下のものがあります。

① 費用（借方）

② 当期純利益（借方）

③ 収益（貸方）

当期利益を算式で示すと、以下のようになります。

費用＋当期純利益＝収益
⇩
収益－費用＝当期純利益

決算では、利益がどうなっているかが重要だね…。貸借対照表と損益計算書の利益は一致するんだ…。

◆貸借対照表と損益計算書の利益

〔前期末貸借対照表〕

借　方	貸　方
資　産	負　債
	純資産

〔当期末貸借対照表〕

借　方	貸　方
資　産	負　債
	純資産
増　加	利　益

〔当期末損益計算書〕

借　方	貸　方
費　　用	収　益
利　益	

利　益

※貸借対照表と損益計算書の当期利益額は、一致します。

「利益」とは、差し引き概念によって確認できる数値のこと。

第7章

1

■利益計算のしくみ

利益の算出の仕方

●利益は貸借対照表、損益計算書に同額計上

利益は、簿記・会計の原則的な差し引き概念により確認できます。

利益は、貸借対照表および損益計算書に表示され、両方の数値は一致します。

●「利益の算出」について理解しよう！

Q１ ・確かに、図のように損益計算書の表示が最下段にあると、借方・貸方の理解がしやすく、なぜ貸借対照表と損益計算書の利益が逆になるのかが理解できますね。

貸借対照表と損益計算書が一体であること、そしてそれらが分解されることによって利益が表示されることは、損益取引を理解する上では、とても大切なことだよ。

Q２ ・借方・貸方もなかなか理解しにくいのですが、全体を概観した図を理解するとスッキリしますね。

簿記・会計で借方・貸方の理解は、膨大な仕訳事例をひたすら暗記したり、また練習をしてマスターするのだが、事務処理をたくさん覚えるよりも基本の数例の仕訳パターンと簿記・会計の原理をしっかり理解することが後々大切なのだよ。

Q３ ・基本的な原理で十分ですか。

それは、利益の構造と損益取引による貸借対照表と損益計算書の関係を理解すれば、十分なのだよ。

Q４ ・この章は、その簿記・会計の核心の利益の算出と損益取引の中心の説明ですか。

一般的に簿記・会計のスタートが帳簿記入であるため、仕訳形式を理解し、そして帳簿への転記という学習の流れがあるが、本書ではあくまで簿記・会計の究極の原理の理解を優先しているのだよ。

◆利益は差し引き概念により算出する

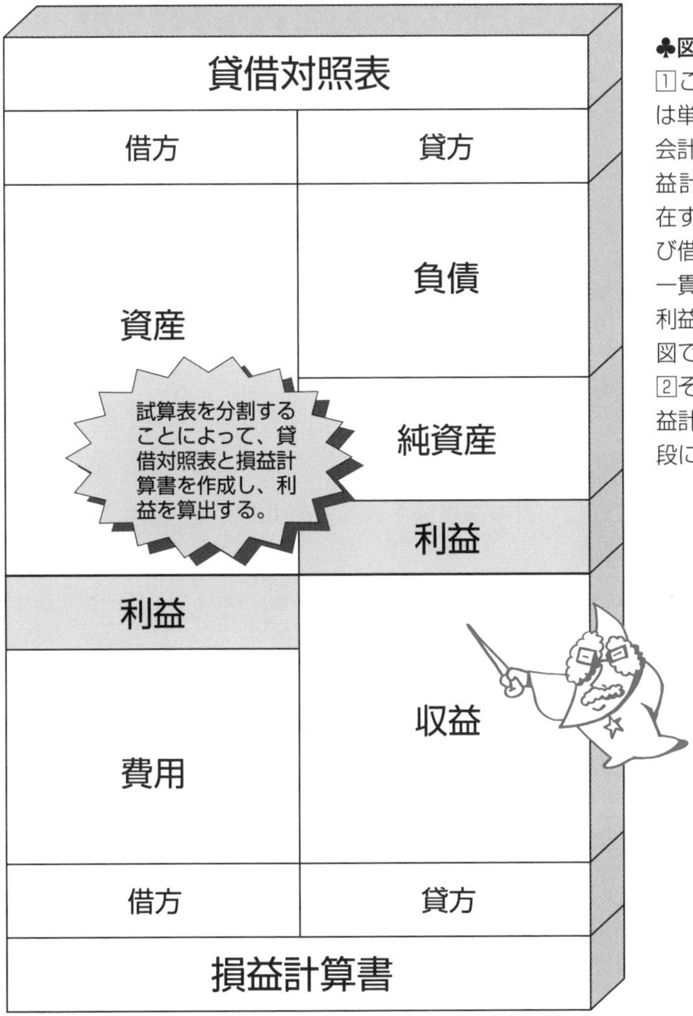

♣図解の解説

[1]この3次元立体図は単純ですが、簿記・会計上貸借対照表と損益計算書の2表が存在することの理由および借方・貸方の勘定を一貫して表現し、かつ、利益を表現した究極の図です。

[2]そのため、あえて損益計算書の表示を最下段に表しました。

〔実務コメント〕

実務では、多種多様な取引を仕訳で展開し、帳簿に転記し、そして試算表を介して貸借対照表と損益計算書を作成し利益を確認します。しかし、経営の立場で言えば、利益の構造はあくまで差し引き概念であるので、利益を上げることは、すなわち損益計算書で言えば収益である売上を向上させ、費用である経費を削減することです。

第7章

2 貸借対照表の利益

■利益計算のしくみ

●貸借対照表の利益の算出

貸借対照表の正確な利益は、すべての財産を清算することによってのみ認識できます。

貸借対照表の当期純利益は、資産から負債を差し引いて純資産を計算し、さらに資本金および前期までに蓄積た利益部分を差し引いて算出します。

●「貸借対照表の利益の算出」について理解しよう！

Q１ ・貸借対照表の正確な利益は、すべて財産を処分することなのですね。

そのとおり。すべての財産を処分することにより、残ったものが貸借対照表の正確な利益だよ。

Q２ ・しかし、各年度ごとに財産を処分することはできませんよね。

貸借対照表の各事業年度の繰越残高は、人為的に区切った措置による期間取引の「切り口」であり、もしも人為的に区切らない事業年度ならば、次ページの３次元立体図のように財産を清算することによってのみ、貸借対照表の利益を正確につかむことになるのだよ。

Q３ ・簿記・会計がいかに各事業年度単位の利益を意識した計算方式であるかが、よく理解できました。

簿記・会計は、適正な期間損益計算にのみ存在する学問であるのだよ。とくに会計の意義は、期間損益計算の範囲で存在する学問だ。

Q４ ・貸借対照表の利益は、やはり資産の部から負債の部を差し引いた概念と考えるのですね。

原則的には、貸借対照表の期間利益は、期首と期末の資本の増減として説明し、その資本の増減の内容は、貸借対照表の各科目の増減額としているが、貸借対照表の当期事業年度としての利益説明はよいのだが、本質はやはり資産の部から負債の部の清算ということを前提にした解釈が、初心者には分かりやすいのだよ。

◆貸借対照表を裸にすると利益が残る

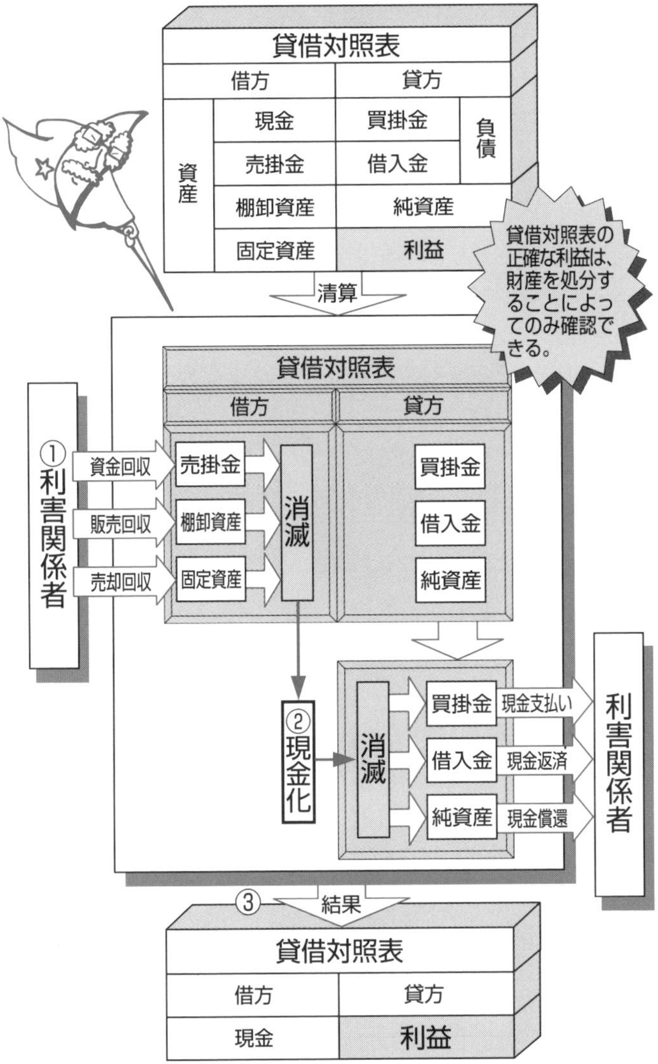

♣図解の解説

①貸借対照表の正確な利益は、財産である資産の部と負の財産である負債の部を清算することによって確認することができます。

②この3次元立体図の見方としては、①財産である売掛金、棚卸資産、固定資産を現金化する、②いったん現金化したものを、負の財産である買掛金の支払い、借入金の返済および純資産の償還にあてる、③結果として、残金が貸借対照表の利益、という流れになります。

※試算表の作成と利益の関係
➡47ページ参照

〔実務コメント〕

実務上、貸借対照表を理解する上では、貸借対照表の清算を常に意識することが、資金の回収管理、棚卸資産の回転、そして固定資産の投資対効果等々、事業に直接影響する重要な指標に影響を与えます。したがって、実務では、貸借対照表の清算の原理を常に経営に反映すべきなのです。

第７章

■利益計算のしくみ

3 損益計算書の利益

●損益計算書における利益算出

当期の取引のみを勘定で集計した損益計算書の利益表示は単純ですが、その利益の内容は損益取引の源泉を理解しなければなりません。

損益計算書の利益は、収入から利益を差し引いた単純なものであり、費用と利益を組み換えて表示します。

●「損益計算書の利益の算出」について理解しよう！

Q１ ・損益計算書の利益は、貸借対照表の利益に比べて分かりやすいですね。

当期事業年度だけの取引の記録が集計されているので、その結果が収益から費用を差し引いた差額を利益としているからだよ。

Q２ ・損益計算書の利益の算出も、収益から費用を差し引いての差し引き概念ですね。やはり、簿記・会計の原理は、終始、差し引き概念で表れますね。

総額の収益から総額の費用を差し引く概念は、単純だが、その利益の内容を分析するのは、収益および費用の取引内容を検証することが簿記・会計上とても重要なことだ。

Q３ ・収益および費用の取引内容も、損益取引が中心となっているのですね。

そのとおり。損益取引は後で詳しく説明するが、損益計算書の勘定としては借方・貸方それぞれ存在するが、そのほとんどが収益の発生（貸方）であり、費用の発生（借方）である。したがって、利益は収益（貸方）から費用（借方）の差し引きであるので明確だ。

Q４ ・結局、損益計算書の利益を分析することは、損益取引の発生する貸借対照表との関係取引を理解することですね。

簿記・会計の核心部が、損益取引だよ。

◆損益計算書の利益の表示

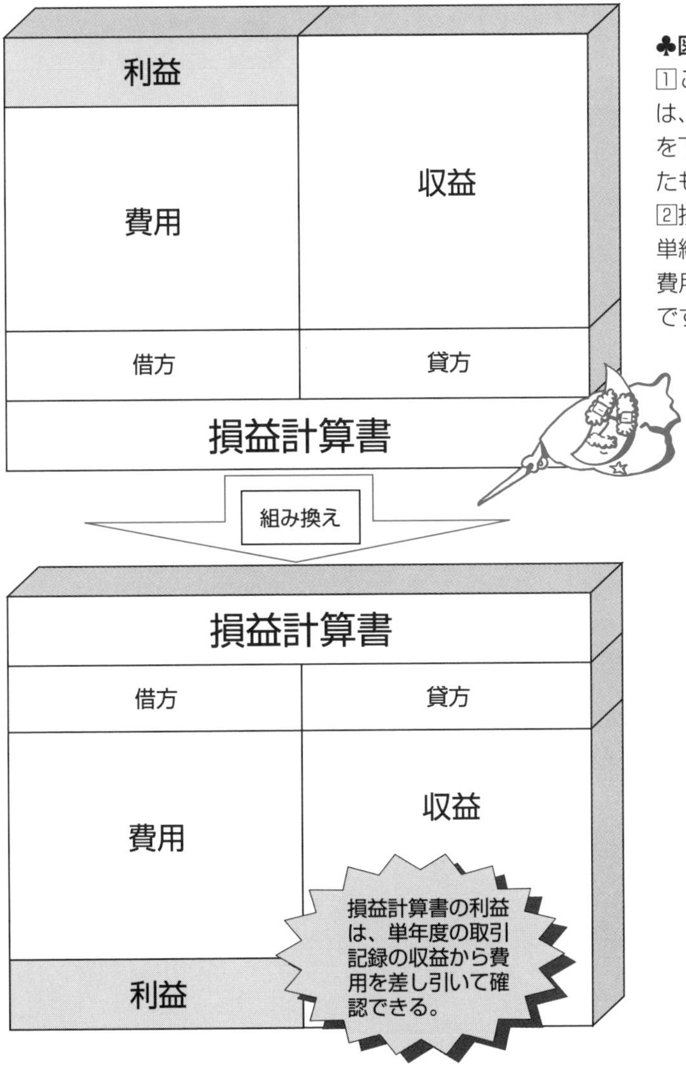

♣図解の解説

①この３次元立体図は、損益計算書の表題を下から上に組み換えたものです。

②損益計算書の利益は単純であり、収益から費用を差し引いた結果です。

〔実務コメント〕

実務上、利益に影響する取引を損益取引といいますが、直接、商売の売上および費用だけではなく、減価償却費の発生、貸倒れの発生等々、損益取引に絡む勘定には常に留意が必要です。

第7章

4 利益の発生と会計

■利益計算のしくみ

●試算表の分割と利益

簿記・会計の取引は、損益取引（利益が発生する取引）と振替取引（利益が発生しない取引）に区分されます。また、試算表を分割して貸借対照表および損益計算書に2分すると、差し引き概念により利益が発生します。

●「利益の発生と会計」について理解しよう！

Q 1 ・貸借対照表の利益と損益計算書の利益は理解できましたが、最後に利益が発生する損益取引ですね。

ここで断っておくが、企業は永続的に利益を追求する団体であり、利益の反対が損失であって、説明は同じことなので、あえて損失のことは触れず、利益を前提に説明する。よって、損失が生じる損益取引は、以下では一切省略する。その方が、損益取引や利益がの発生源泉が早く理解できるからだ。

Q 2 ・そうですね。利益の反対が損失ですから。また、損失を前提にする企業もないことですから。

損益取引を発生することは、貸借対照表と損益計算書の残高に増減に生じ、それぞれの借方・貸方を差し引くと利益が確認できるのだ。

Q 3 ・損益取引と利益に影響しない取引について、説明してください。

あとのページでそれぞれ詳しく説明するが、まず、取引は、利益を発生する損益取引と利益に関係ない取引を振替取引とに、大きく区分するんだよ。

Q 4 ・損益取引と振替取引ですか。

損益取引は、貸借対照表と損益計算書が関係し、直接利益に影響する取引だ。振替取引は、貸借対照表は貸借対照表同士、損益計算書は損益計算書同士の勘定科目の振替や訂正の取引だよ。

◆貸借対照表・損益計算書の利益の発生

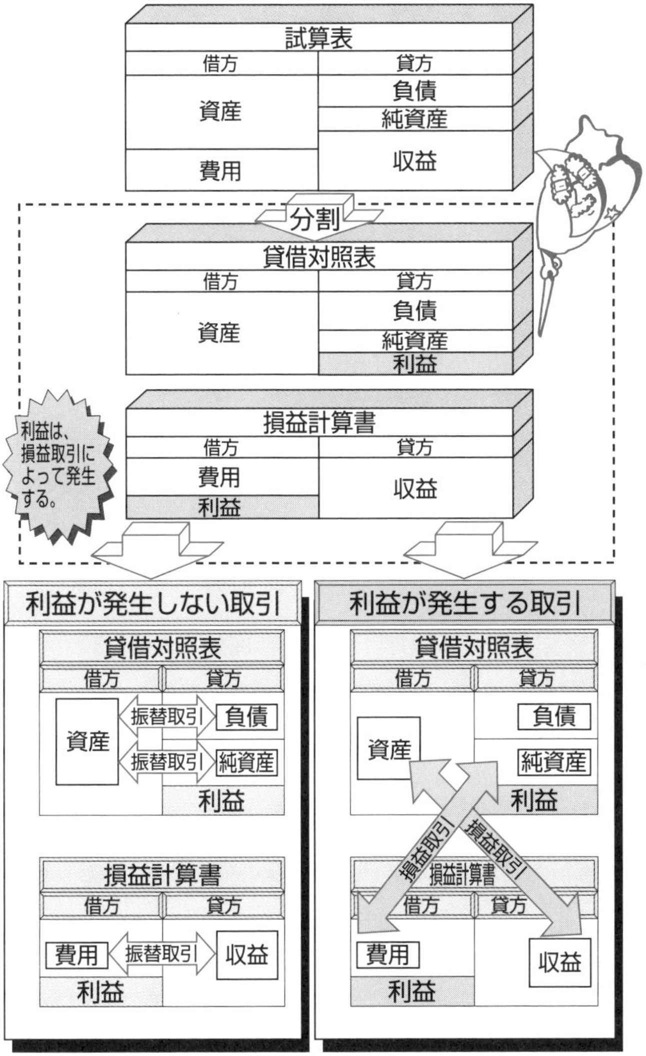

♣図解の解説

①この３次元立体図は、期間取引を勘定科目を介して試算表ができ、その試算表を分割することで貸借対照表、損益計算書が作成されるという、今までの簿記・会計の流れを総括したものです。

②そして、その貸借対照表、損益計算書の利益の発生する損益取引と利益が発生しない振替取引を表した３次元立体図です。

〔実務コメント〕

実務的には、損益取引と振替取引が多種多様に混在しますが、損益取引は重要であり、それは常に企業利益を意識することにつながります。

第７章

■利益計算のしくみ

5 利益が発生する取引

●損益取引では、貸借対照表と損益計算書が同時に影響する取引により利益が変動する

決算が組める必要最低限の仕訳で損益取引を理解することが、簿記・会計の基本原理を理解することにつながります。

取引があると、通常、貸借対照表および損益計算書の各勘定の増減が起こり、利益（あるいは損失）が発生します。

●「利益が発生する取引」について理解しよう！

Q１・損益取引の具体的例で説明してください。

代表的な取引は商品の販売取引だが、単純な例では現金で費用を支払う例だよ。貸借対照表の現金が減少し損益計算書の費用が増加する取引は、それだけで利益に影響することが確認できるよ。

Q２・たくさんの仕訳事例を習得するよりは、基本的原理をマスターすればよいのですね。

１部第５章に「１日の設立、１日の決算」を入れておいたので、その事例をしっかり理解すれば、後はゆっくりと実務で仕訳の種類や勘定科目の習得を理解すれば十分だよ。

Q３・損益取引での多種多様な仕訳も基本原理をマスターすればよいのですか。

そのとおり。１部第５章の代表的取引仕訳（72ページ参照）をマスターすればよいのだ。例えば、前の例のように、現金で費用を支払った場合、現金の減少と同じ額の反対勘定の費用が発生する。この取引例は費用の性質に応じた費用の勘定科目を変えればよいのだよ。

Q４・１部第５章の「１日の設立、１日の決算」の基本原理が、損益取引を理解する早道ということですね。

各章で説明してきたことを究極に圧縮したものが「１日の設立、１日の決算」だよ。

◆取引と貸借対照表・損益計算書の数値の増減

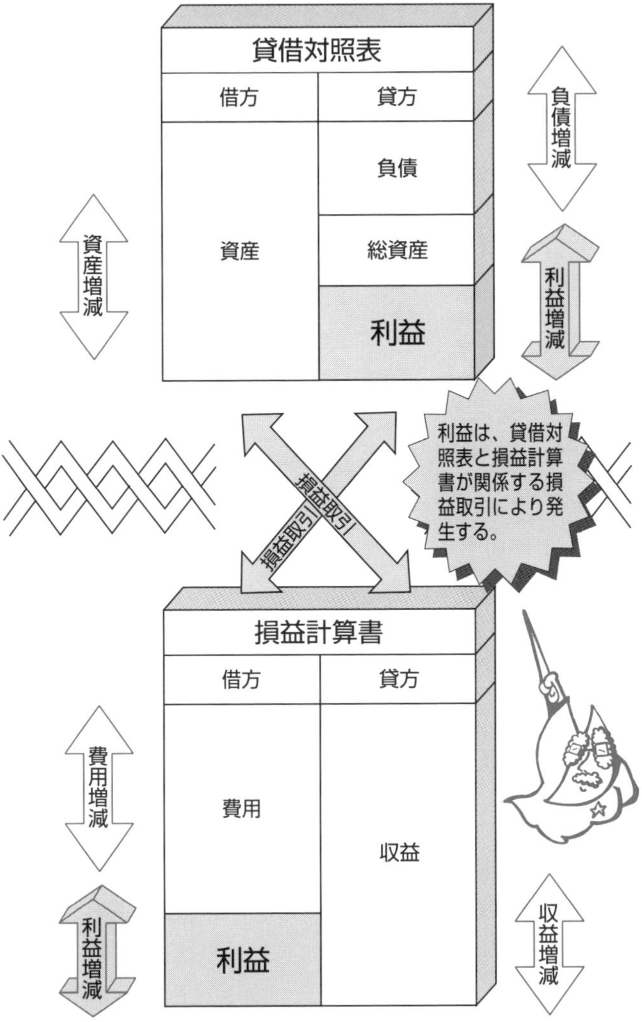

♣図解の解説

[1]この3次元立体図は、損益取引が利益の発生を表しているものです。すなわち、貸借対照表と損益計算書が同時に影響する取引はそれぞれの残高勘定に増減をもたらします。

[2]結果として、その増減した勘定の差額が利益の発生につながることになるのです。

〔実務コメント〕

簿記・会計の最終目標は適正な期間損益の算出であり、その結論は、決算を組むことにあります。取引開始から決算を組むことが、実務でも重視されます。したがって、貸借対照表や損益計算書の見方や分析方法をいくら学習しても、決算を組むという本質が分からなければ、実際の数値に手を打つことができないということです。

第7章

6

■利益計算のしくみ

利益が発生しない取引

●振替取引は一切利益に関与しない

企業は利益を追求し、かつ継続企業が前提なので、損益取引が中心で最も重要な取引となります。

利益が発生しない取引とは、貸借対照表同士の勘定科目の増減または損益計算書同士の勘定科目が増減する取引です。

●「利益が発生しない取引」について理解しよう！

Q１ ・利益に影響を及ぼさない取引のうち、代表的な取引を説明してください。

貸借対照表の例では、現金を銀行から借り入れる場合、借方の現金が増加し、貸方の借入金が増加する。これは貸借対照表の勘定科目同士の増減であり、一切利益に影響は生じない。また、損益計算書の例では、費用の修繕費勘定を消耗品勘定にした振り替えた場合には、貸方の修繕費が減少し、借方の消耗品費が増加するだけで、やはり損益計算書の勘定科目同士の増減であり、一切利益に影響を及ぼさないことになる。

Q２ ・貸借対照表では現金が借方で増加し、借入金も貸方で増加するので、まったく損益計算書への影響はないということですね。また、損益計算書への勘定科目の修繕費から消耗品への振替えなので、こちらは、一切貸借対照表に影響しないですね。

そのとおり。したがって、振替取引は利益が生じる損益取引と違い、単純取引なのだよ。

Q３ ・振替取引は、理解しやすいですね。

一部に重要な振替取引が発生するが、損益取引と比べれば重要性は乏しいということになる。

Q４ ・振替取引には、その他にどのような取引がありますか。

勘定科目の修正や、固定資産の取得、棚卸資産の購入、売掛金の回収などがある。

◆利益が発生しない取引もある

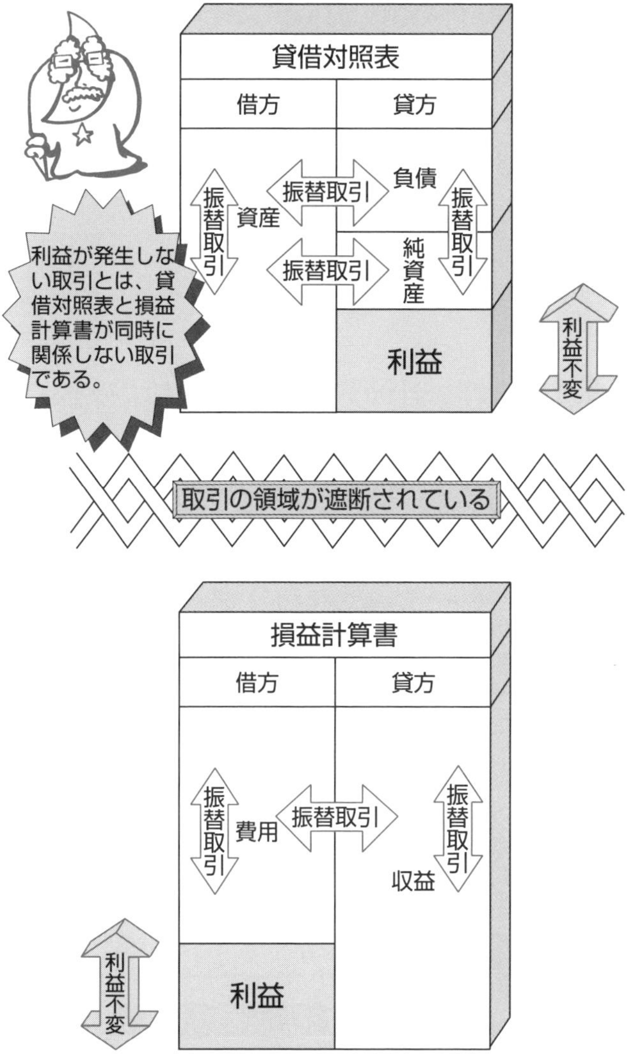

♣図解の解説

①損益取引は、利益を発生させる取引です。それに比べ、利益が発生しない取引は、3次元立体図のように振替取引の領域として、貸借対照表と損益計算書が遮断されているので、まったく、貸借対照表および損益計算書の増減が同時に影響を及ぼしません。

②したがって、振替取引は、一切利益に関与しない取引といえます。

〔実務コメント〕

実務で、損益取引と振替取引が日々混在して発生しますが、利益に影響する損益取引は企業業績に直接影響するので、その仕訳取引は会社の権限規程に加味することが必須です。すなわち、損益取引のような重要性の高い取引きは、経理部担当の単独決済で会計データが流れないようにすることが内部統制にもつながります。

◆損益取引と振替取引

☆利益が増減する取引が損益取引、利益の増減に関係しない取引が振替取引

利益の増減する取引は損益取引

取引

損益取引と振替取引を常時意識することが、簿記・会計を理解する上では、最も重要。

利益は損益取引から発生するんだね…。

●用語解説

（損益取引）　貸借対照表および損益計算書に利益（あるいは損失）が発生する取引。

（振替取引）　貸借対照表および損益計算書に利益が発生しない取引。伝票処理においては、1つの取引においてまったく現金の収入・支出を伴わないものを全部振替取引、一部現金の収入・支出を伴うものを一部振替取引といいます。

◆取引と各部の増減の関係

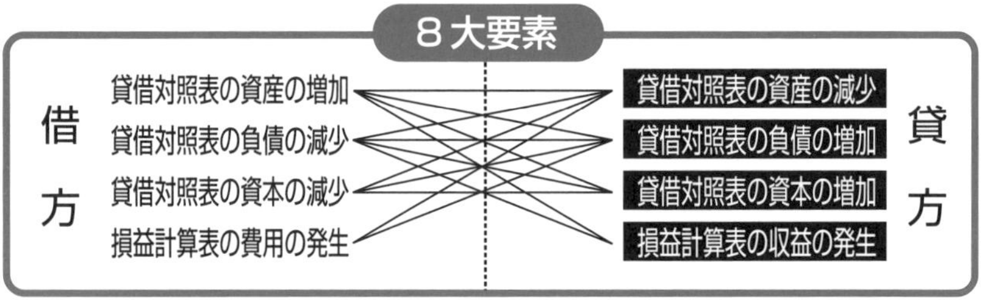

損益取引・振替取引と勘定科目のしくみ

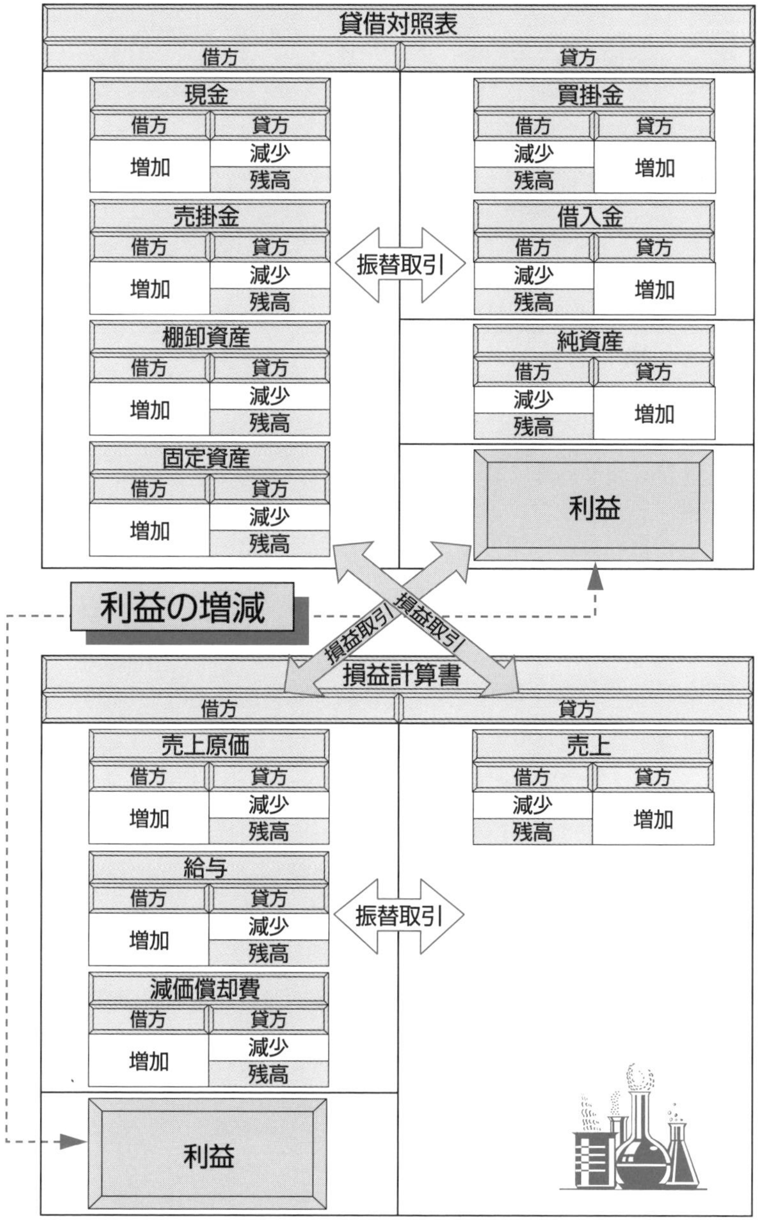

第8章

キャッシュフロー計算書

◆この章では、キャッシュフロー計算書をもっともやさしく（事例/1日開店1日閉店）解説します。

1「キャッシュ」とはなにか

キャッシュフロー計算書における、「キャッシュ」とは、現金及び当座預金、普通預金等の要求払預金並びに容易に換金可能であり、かつ、価値変動について僅少なリスクしか負わない短期投資（譲渡性預金、コマーシャルペーパー等）として定義されています。

2「キャッシュフロー」の実務上の内容とは

貸借対照表の現金預金残高の期末残高金額と期首残高金額の差額が、当期の事業年度のキャッシュフローです。

したがって、キャッシュフローの結論の金額は、貸借対照表でも認識できます。

3「キャッシュフロー計算書」とは

キャッシュフロー計算書（C／F）は、貸借対照表（B／S)、損益計算書（P／L）の財務３表として、2000年3月期決算より、上場会社に作成が義務づけられました。

しかし、一般企業としては従来から資金繰表や資金運用表等の資金管理のための内部資料としてキャッシュフロー管理は実施していました。

つまり一般企業としては経営管理上、キャッシュフローの管理は必須条件的管理なのです。

◆キャッシュフロー計算書の作成

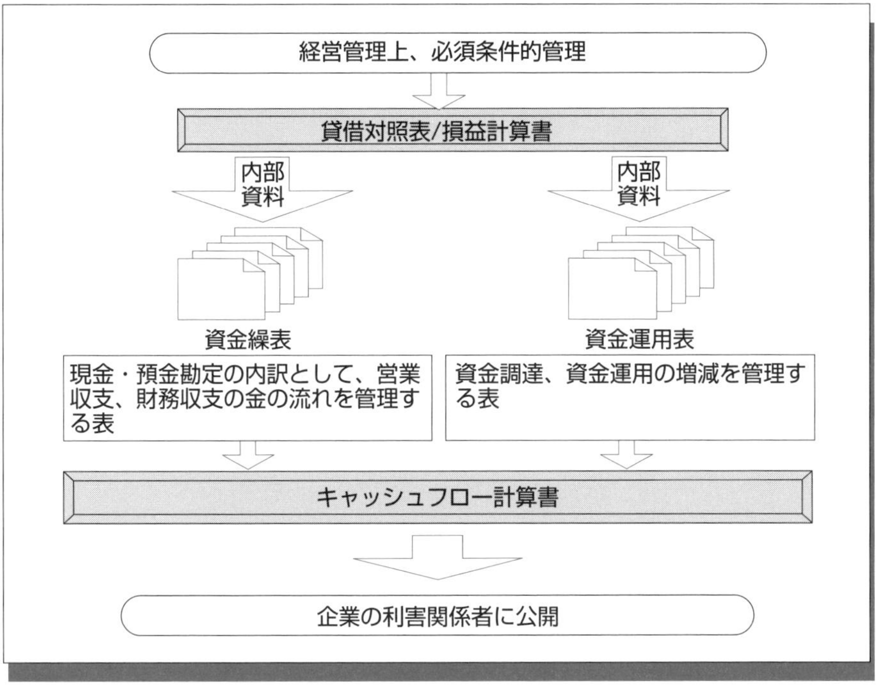

♣図解の解説

1企業経営で最も重要なことが、資金管理と言っても過言ではありません。それはたとえ、企業が損益計算上利益を計上していても、資金が切れれば即倒産です。また逆に損益計算上欠損でも、資金が運転資金として回っていれば企業は倒産しません。以上のことから、企業としての資金管理は企業経営の管理上、必須条件的管理なのです。

2キャッシュフロー計算書は、企業が従来より内部資料として資金繰表や資金運用表を企業独自に作成していたものを統一した形式により、企業の利害関係者に公開するために作成することとした計算書です。

キャッシュフロー計算書は、企業の資金の流れを営業活動、投資活動および財務活動の３つに区分して表示する計算書。

第８章
1

■キャッシュフロー計算書

キャッシュフロー計算書とは

●キャッシュフロー計算書は現金主義会計取引の決算書

簿記、会計上の取引は、いわゆる企業の経営活動の発生に伴い取引を認識する発生主義会計に従っています。その発生主義会計による取引をキャッシュフローに関係する取引に変えて作成されたものが、キャッシュフロー計算書なのです。

言い換えれば、発生主義会計取引を現金主義会計取引にしたということになります。

キャッシュフロー計算書には、間接法と直接法の２種類があります。

●キャッシュフロー計算書の作成について理解しよう！

Ｑ１・はじめにキャッシュフロー計算書「間接法」について説明してください。

間接法はほとんどの企業が採用している表だ。一言でいうと当期純利益をベースに期末貸借対照表と期首貸借対照表の増減額から間接的に作成する方法だよ。

Ｑ２・とても難しく感じますね。

ところが、他の財務諸表の貸借対照表や損益計算書よりもずっと簡単だよ。

Ｑ３・それはどうしてですか。

キャッシュフロー計算書の中身はともかく、キャッシュフロー計算書の作成に関しては、その全てが貸借対照表と損益計算書の数値を使用して作成する計算書だからだ。

Ｑ４・直接法のキャッシュフロー計算書について、説明してください。

直接法のキャッシュフロー計算書は企業の日々取引、つまり日々の仕訳伝票ベースから直接作成する方法だ。しかし、「間接法」「直接法」も次ページ以降の「１日商売」キャッシュフロー計算書の事例解説で、容易に原理が理解できるよ。

「1日商売」キャッシュフロー計算書

「開店」貸借対照表

借方	貸方
現金 1.000	純資産 1.000

1日経過

「閉店」貸借対照表

借方		貸方	
現金	1.100	買掛金	480
売掛金	200	純資産	1.000
棚卸資産	300	当日純利益	120
合計	1.600	合計	1.600

「開店」損益計算書

借方	貸方
0	0

1日経過

「閉店」損益計算書

借方		貸方	
売上原価	500	売上	1.000
販売管理費	300		
法人税等	80		
当日純利益	120		
合計	1.000	合計	1.000

『直接法』キャッシュフロー計算書

Ⅰ 営業活動によるキャッシュフロー	
営業収入	800
営業支出	△ 320
販売費一般管理費	△ 300
法人税等	△ 80
Ⅱ 投資活動によるキャッシュフロー	
Ⅲ 財務活動によるキャッシュフロー	
キャッシュの増減（Ⅰ＋Ⅱ＋Ⅲ）	100
キャッシュの開店残高	1.000
キャッシュの閉店残高	1.100

『間接法』キャッシュフロー計算書

Ⅰ 営業活動によるキャッシュフロー	
当日純利益	120
売掛金の増減	△ 200
棚卸資産の増減	△ 300
買掛金の増減	480
Ⅱ 投資活動によるキャッシュフロー	
Ⅲ財務活動によるキャッシュフロー	
キャッシュの増減（Ⅰ＋Ⅱ＋Ⅲ）	100
キャッシュの開店残高	1.000
キャッシュの閉店残高	1.100

♣図解の解説

1この図は「1日の商売」の事例で、キャッシュフロー計算書の「間接法」「直接法」を作成したものです。

2まず上段の点線の囲いは開店時の現金「1.000」の出資から始まります。よって開店時の貸借対照表には現金「1.000」が純資産として計上されます。一方、損益計算書は取引が発生していませんので「0」です。

3 1日経過で商売が終了し閉店です。その日の貸借対照表と損益計算書には、当日純利益として「120」が計上されます。

4そして、下段には「間接法」と「直接法」のキャッシュフロー計算書が作成されます。「間接法」と「直接法」の表示の違いは営業活動によるキャッシュフローだけで、他の投資活動および財務活動は同じです。

〔実務コメント〕

キャッシュフロー計算書は「間接法」と「直接法」がありますが、ほとんどの企業は「間接法」を採用しています。その理由のひとつは、簡単に作成でき、かつ、数値の検証も分かりやすいからです。

第8章 2

キャッシュフロー計算書「間接法」

●間接法による計算書の作成

「間接法」は、ほとんどの企業が採用している方法です。

次ページ図の例で解説すると、本日のキャッシュフローの現金増加 100 は、買掛金△ 480 と当日純利益△ 120 の合計△ 600 から売掛金 200 と棚卸資産 300 の合計 500 を差し引いた額の△ 100 と一致し、「合計欄」は差し引きゼロとなります。

●キャッシュフロー計算書の「間接法」について理解しよう！

Q 1 ・「間接法」の作成手順についいて説明してください。

この「1 日商売」キャッシュフロー計算書で原理を理解すれば、あとは勘定科目の中身なので、勘定科目毎に時間をかけてゆっくり学習すればよいのだ。

まず作成方法だが、最初に次ページ図の下段左の開店（期首）貸借対照表と閉店（期末）貸借対照表を縦に勘定科目別に並べる。「借方」はプラス、「貸方」はマイナスの△で表示し、当然、開店、閉店の貸借対照表の借方、貸方の合計は一致しているから、プラス、マイナスで差し引くと「合計欄」もゼロだ。

Q 2 ・ここは、良く理解できます。

次に開店、閉店の貸借対照表の勘定科目毎の増加（減少）を算出し、それもプラスとマイナスで差し引くと、「合計欄」もやはりゼロだ。

Q 3 ・この作成作業は開店、閉店の貸借対照表の増減額の算出ですか。

そのとおり、しかし大事なことは現金勘定の差額 100 が本日のキャッシュフローの結論ということだよ。そして、その 100 の構成内容の勘定科目が矢印で示した右の「間接法」キャッシュフロー計算書に転記されれば、計算書の完成だ。

Q 4 ・作成原理は簡単ですね。

原理を理解するのは簡単だ。キャッシュフロー計算書の見方としては本日の現金増加額 100 が、本日の利益 120 から出発し売掛金、棚卸資産の増加、そして負債の買掛金の増加を調整（増減表のプラス、マイナスがキャッシュフローでは逆に表示されている）すればキャッシュフロー 100 と一致するのだ。

「1 日商売」キャッシュフロー計算書「間接法」の全体像

「開店」貸借対照表　→ 1日経過 →

借方	貸方
現金 1.000	純資産 1.000

※

「閉店」貸借対照表

借方	貸方
現金 1.100	買掛金 480
売掛金 200	純資産 1.000
棚卸資産 300	当日純利益 120
合計 1.600	合計 1.600

「開店」損益計算書　→ 1日経過 →

借方	貸方
0	0

「閉店」損益計算書

借方	貸方
売上原価 500	売上 1.000
販売管理費 300	
法人税等 80	
当日純利益 120	
合計 1.000	合計 1.000

※

調整

	貸借対照表		
	開店	閉店	増加
現金	1.000	1.100	100
売掛金	0	200	200
棚卸資産	0	300	300
買掛金	0	△480	△480
純資産	△1.000	△1.000	0
当日純利益	0	△120	△120
「合計」	「0」	「0」	「0」

『間接法』キャッシュフロー計算書	
Ⅰ 営業活動によるキャッシュフロー	
当日純利益	120
売掛金の増減	△ 200
棚卸資産の増減	△ 300
買掛金の増減	480
Ⅱ 投資活動によるキャッシュフロー	
Ⅲ 財務活動によるキャッシュフロー	
キャッシュの増減額（Ⅰ＋Ⅱ＋Ⅲ）	100
キャッシュの開店残高	1.000
キャッシュの閉店残高	1.100

♣図解の解説

1この図は「1 日商売」の事例です。キャッシュフロー計算書「間接法」は貸借対照表の開店、閉店の増減額の算出から始めます。

2その後貸借対照表の勘定科目毎の増減額をキャッシュフロー計算書に転記します。

3キャッシュフロー計算書は、営業活動、投資活動、財務活動によるキャッシュフローの3 区部に区分表示されます。この図は、営業活動によるキャッシュフローのみの事例です。

4転記された貸借対照表の増加（減少）は、当日の純利益をベースに加減算され、キャッシュフローの増減額に100 となります。

5最後に、本日のキャッシュフロー100 に、開店現金資金 1.000 を加算すると、1.100 の閉店現金となります。

〔実務コメント〕

実務的には、営業活動、投資活動および財務活動によるキャッシュフロー調整項目がたくさん発生しますが、その算出源泉はすべて閉店（期末）貸借対照表と開店（期首）貸借対照表の増減差額から導き出された数値となります。

第８章
3

■キャッシュフロー計算書

キャッシュフロー計算書「直接法」

●直接法による計算書の作成

「直接法」は、キャッシュフロー計算書に伴う取引だけを集計した日々の仕訳伝票ベースで作成されます。

発生主義取引を現金主義取引に置き換えるために、損益計算書や貸借対照表の数値とは一致しません。

●キャッシュフロー計算書の「直接法」について理解しよう！

Q１・「直接法」は「間接法」に比べて事務的に手間がかかりそうですね。

「直接法」は、日々の仕訳伝票ベースが基本となり集計されているから、「間接法」と違って財務諸表との数値が一致しないのだよ。

Q２・「直接法」の作成方法を説明してください。

まず、次ページの図の下段の営業収入だが、作業としては営業収入を現金収入に置き換える調整作業をするのだよ。その具体的調整は、発生主義で捉えた掛け金売上 200（売掛金）は、キャッシュフローに直接関係ない取引であるため、売上 1.000 からマイナスすることになるのだ。マイナスすることによって現金収入の 800 が残ることになり、キャッシュフロー計算書へ転記される。

Q３・営業支出も、説明してください。

営業支出は、少しややこしい調整だが、原理は単純だ。棚卸資産 300 と売上原価 500（売上 1.000 に対応する原価）の合計 800 は、発生主義による仕入れ合計だ。それに掛けで仕入れた 480 を差し引くと現金支出 320 が残り、それがキャッシュフロー計算書にマイナスとして転記されたのだよ。

Q４・販売管理費および法人税等は、損益計算書の金額が直接キャッシュフロー計算書に転記されていますね。

これは、全てが現金の支出として支払ったからだ。

「1日商売」キャッシュフロー計算書の「直接法」の全体像

「開店」貸借対照表（1日経過 →「閉店」貸借対照表）

借方	貸方
現金 1.000	純資産 1.000

「閉店」貸借対照表

借方	貸方
現金 1.100	買掛金 480
売掛金 200	純資産 1.000
棚卸資産 300	当日純利益 120
合計 1.600	合計 1.600

「開店」損益計算書（1日経過 →「閉店」損益計算書）

借方	貸方
0	0

「閉店」損益計算書

借方	貸方
売上原価 500	売上 1.000
販売管理費 300	
法人税等 80	
当日純利益 120	
合計 1.000	合計 1.000

発生主義取引を現金取引に置き換えることがポイントだ。

調整

営業収入

売掛金 200	売上 1.000
現金収入 800	
合計 1.000	合計 1.000

営業支出

売上原価 500	買掛金 480
棚卸資産 300	現金支出 320
合計 800	合計 800

『直接法』キャッシュフロー計算書

Ⅰ 営業活動によるキャッシュフロー	
営業収入	800
営業支出	△ 320
販売費一般管理費	△ 300
法人税等	△ 80
Ⅱ 投資活動によるキャッシュフロー	
Ⅲ 財務活動によるキャッシュフロー	
キャッシュの増減額（Ⅰ+Ⅱ+Ⅲ）	100
キャッシュの開店残高	1.000
キャッシュの閉店残高	1.100

♣図解の解説

1この図は「1日商売」の事例です。キャッシュフロー計算書「直接法」は、発生主義を捉えた仕訳取引を現金主義取引に置き換えることになります。

2まず売上には掛け売上と現金売上が混在しているため、掛け売りした200（売掛金）を売上から控除することにより、現金売上のみの800が残る。これを営業収入としてキャッシュフロー計算書に転記します。

3一方、営業支出は発生した仕入合計の棚卸資産300と売上原価500の合計額800から、掛け仕入の480を控除した320を現金支出としてキャッシュフロー計算書に転記します。

4最後に、現金で支出した販売管理費300と法人税等80を損益計算書からキャッシュフロー計算書へ直接転記します。後は、「間接法」と全く同じ表示となります。

〔実務コメント〕

「直接法」は、実務的ではなく、また事務手続きも煩雑であり、分析数値としても不完全さが残り、活用としては実務的ではない。

◆財務諸表関連立体図「3表」

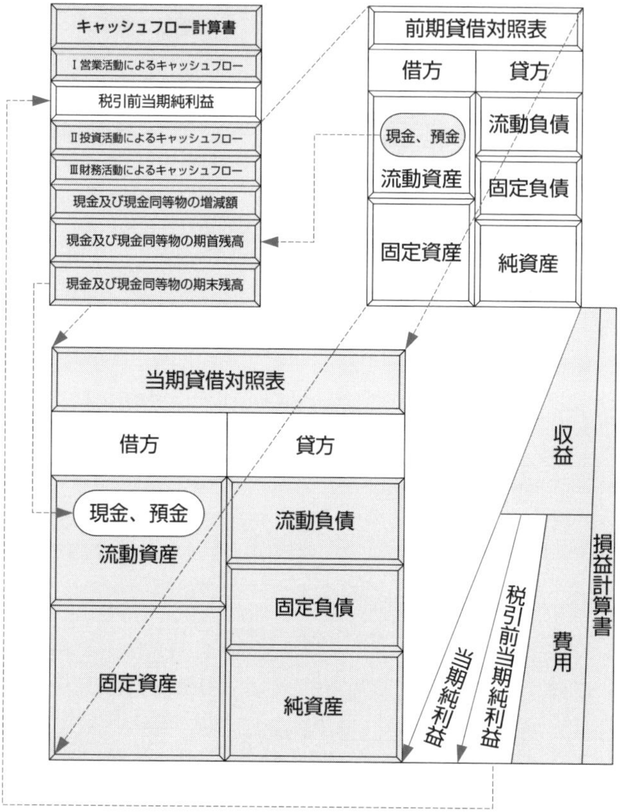

♣図解の解説

①この3次元立体図はキャッシュフロー計算書が貸借対照表の現金・預金勘定の内容を補完していることを示しています。

②またキャッシュフロー計算書は損益計算書の税引前当期純利益をベースに営業活動によるキャッシュフローを展開することも見えてきます。

③3表の財務諸表の役割は全く異なりますが、キャッシュフロー計算書が貸借対照表と損益計算書の関連的位置付けである存在をも意味しています。

④実務的には、財務諸表の3表は同時進行し同時に作成されますが、各財務諸表の内容はそれぞれ3表の全てが整い、関連の整合性がなされているからこそ企業実態が明らかにできるのです。

【財務諸表3表】財務諸表3表とは、貸借対照表、損益計算書、キャッシュフロー計算書のことをいいます。財務諸表3表は、2次元の報告書ですが、人間の生活空間の目線はすべてにおいて縦、横、深さあるいは高さで構成されている3次元の世界で、この3次元の世界で財務諸表3表の関連を表すと上図のようになります。

【キャッシュフロー計算書と他の財務諸表の関連】上図を見れば、キャッシュフロー計算書は、貸借対照表の現金、預金勘定の補完的存在の財務諸表であることが認識できます。また、適正な期間損益を表した損益計算書も税引前当期純利益としてキャッシュフロー計算書にからんでいることがわかるはずです。

● 第３部 ●

企業と税務のしくみ

第１章●企業と税金

第２章●企業決算と法人税・消費税の概要

第１部で簿記・会計のしくみ、第２部で決算書のしくみを解説したが、この第３部では、企業と税金が一体化されたしくみとして、簿記・会計から法人税法への流れなどについて解説しよう。

企業をとりまく税金にはさまざまなものがありますが、法人税のしくみでは、益金の額と損金の額の差が課税所得を構成します。

第1章

企業と税金

◆この章では、決算書から税務への流れを解説するとともに、企業を取り巻く主な税金である法人税・消費税について、概要を解説します。

1「納税」とはなにか

国民は憲法によって納税の義務を負い、同時に法律によらなければ課税されないことも保証されています。これを租税法律主義といいます。したがって、国、地方自治体といった行政機関が勝手に課税することはできないのです。

2税金の法律には法人税法などがある

税に関する法律は、国税の共通として国税通則法、国税徴収法、国税犯罪取締法があります。そして、税目別の個別には、企業との関係がある法人税、消費税、個人としては所得税、相続税といった税がそれぞれ設けられています。

3税金の簿記の関係

納税には、納税者が申告期限までに申告書を提出し納付する「申告納税方式」と課税庁がその納付税額を具体的に納税者に賦課する「賦課課税方式」とがあります。「申告納税方式」の税金は法人税、消費税（消費者が負担し事業者が納税）等が、「賦課課税方式」の税金には、固定資産税、不動産取得税等があります。

税金と簿記の関係では、青色申告制度があり、申告納税の円滑を目的にいろいろな納税者有利の特典を与えています。しかし条件があり、特に複式簿記での帳簿書類の備え付け、会計取引の記録、かつ、7年間帳簿の保存義務が必要です。なお、平成26年1月から記帳・帳簿等の保存制度の対象者が拡大され、事業所得等を生ずべき事業を行なっているすべての人に対して義務づけられました。

◆決算書から税務への流れ

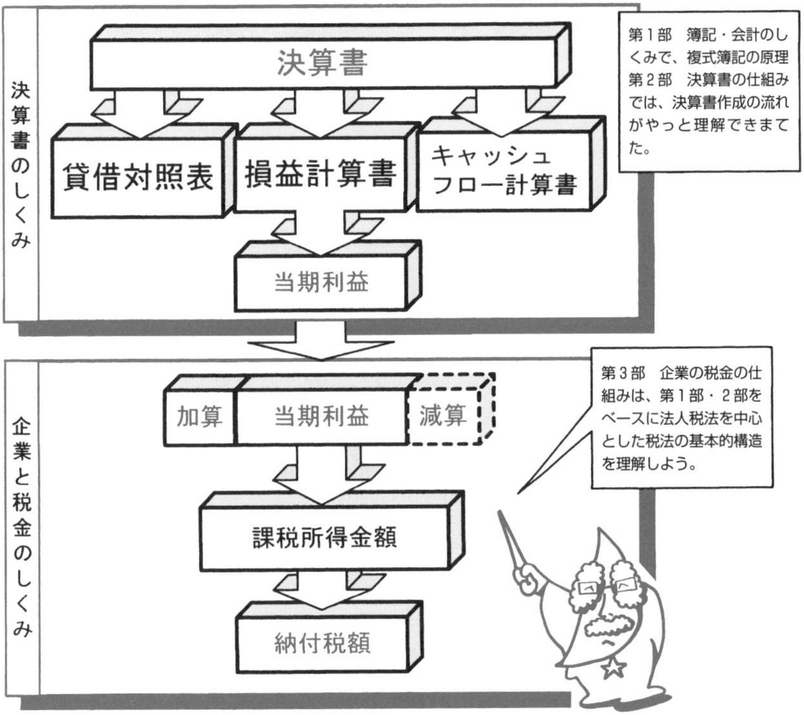

企業と税金の関係

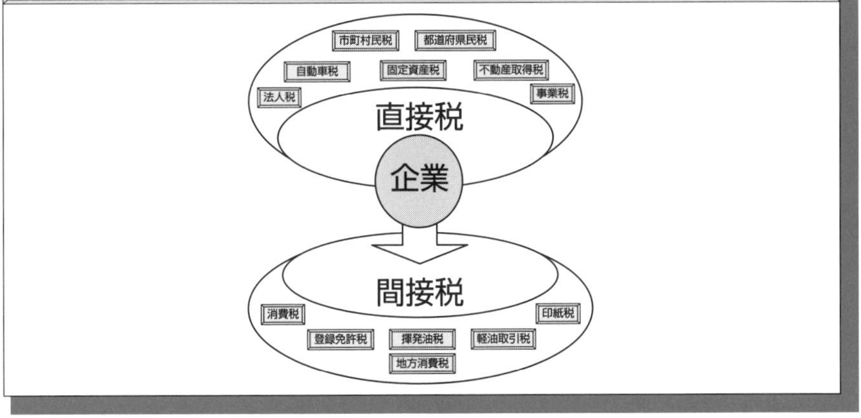

第1章

1 企業と法人税

■企業と税金

●法人は法人税、事業主は事業者本人による所得税の確定申告

企業の利益計算は、企業の経営が前提であり、法人税の所得計算は納税の平等の立場が規定されています。法人税は会社の法人税法上の所得に対して課税される国税で、同趣旨の地方税として法人事業税、法人住民税があります。

●「法人税」について理解しよう！

Q 1 ・なぜ、企業の利益計算と法人税の所得計算は一致しないのですか。

一言でいえば、企業の利益計算と法人税の所得計算を一致させると、各企業間の納税状況に不平等が生じるからだよ。

Q 2 ・納税状況に不平等とは、具体的にはどのようなことですか。

原則として、納税は各企業がすべて平等でなければならないが、すべての簿記・会計の処理を各企業が勝手に決めて行なうと、各企業間の法人税の所得計算が異なる結果になってしまうのだよ。各企業間の法人税の所得計算が異なる結果となると、必然的に納税状況が不平等になってしまうのだ。

Q 3 ・なかなか、難しいですね。具体的な事例で説明してください。

代表的な事例として、減価償却費の計算だ。減価償却費は各企業がそれぞれ固定資産の耐用年数を定め、費用配分によって損益計算書の費用として減価償却費で処理することはすでに説明したが、法人税法上では、これを放置すると減価償却費が異なるために、あらかじめ、固定資産の耐用年数を定め、強制的に法定耐用年数での償却計算を適用することにしているのだよ。

Q 4 ・つまり、固定資産の耐用年数は各企業かそれぞれ決定するもので、当然、減価償却費の費用の金額が異なり、結果として、法人税法上の法人税の所得計算も異なるということですか。そこで、定めた法定耐用年数を強制的に適用させることにしたのですか。

そのとおり。企業の利益計算は、企業の経営を前提に、簿記・会計の原則を遵守した利益だが、法人税法上は納税の平等の立場で法人税の所得計算で規定しているのだよ。

◆法人税の税額計算の流れ

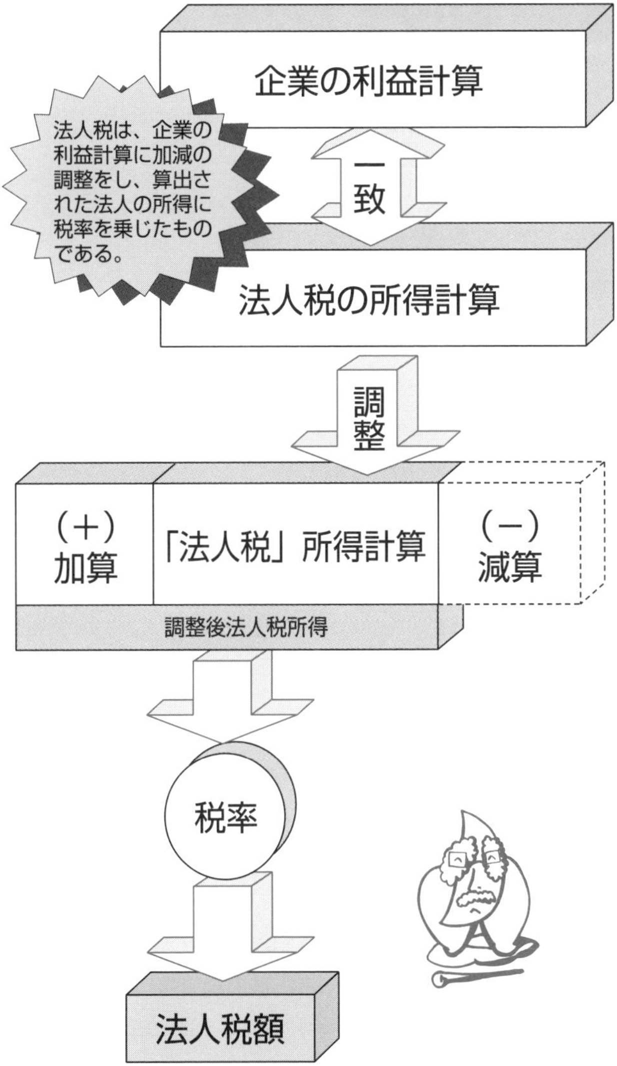

♣図解の解説

[1]この3次元立体図は、企業の利益計算から法人税額を導くプロセスを表した図です。本来は、企業の利益計算と法人税が定めた利益（所得計算）は一致するのですが、徴税上の都合によって一致しない場合があります。その一致しない部分を調整する税法が法人税法であり、この法人税法の規定によって、調整後に、法人税額が決定します。

[2]法人に対する課税には、法人税（国税）、地方法人特別税（国税）、法人事業税（地方税）、都民税・市長村民税、事業所税（一定の都市のみ）があります。

〔実務コメント〕

中小企業等々では、法人税を中心に、簿記・会計上の事務処理が展開されていますが、本来は、企業経営を前提に、適正な期間損益計算を追求し、その後、法人税法の調整対策を打つべきです。

■企業と税金

第1章 2 企業利益と法人所得

●法人所得に一定の税率をかけて納付

企業経営の基本は、簿記・会計で企業の運営が行われ、課税されることにあります。

法人所得は簿記・会計上の企業利益を法人税法の規定により、加減して算出します。

●「法人税法上の所得」について理解しよう！

Q１ ・簿記・会計の企業利益計算後に、法人税の規定によって調整計算を行うのですか。

そのとおり。しかし、法人税の所得計算は簿記・会計とはまったく別の計算をするのではなく、あくまで簿記・会計が前提になっているのだよ。

Q２ ・すると、ほとんどの簿記・会計と法人税法の規定は同じと考えてよいのですね。

法人税法の徴税上の問題が生じる以外は、概ね同じと考えて結構だよ。

Q３ ・法人税法の調整計算だけが、法人税法の規定による特殊な項目ですか。

法人税法は、その調整計算を定めた税法だが、調整計算を始める前のスタートである利益は、簿記・会計の利益だよ。

Q４ ・すべてが簿記・会計が基本にあって、その後に法人税の規定があり、法人税の所得が確定し、法人税が算出されるのですね。

そのとおり。しかし、重要なことは、企業が事業を運営するときに法人税の規定を意識する以前に、簿記・会計を原理とした正規の取引で事業を運営することが大切なのだよ。

◆法人所得の流れ

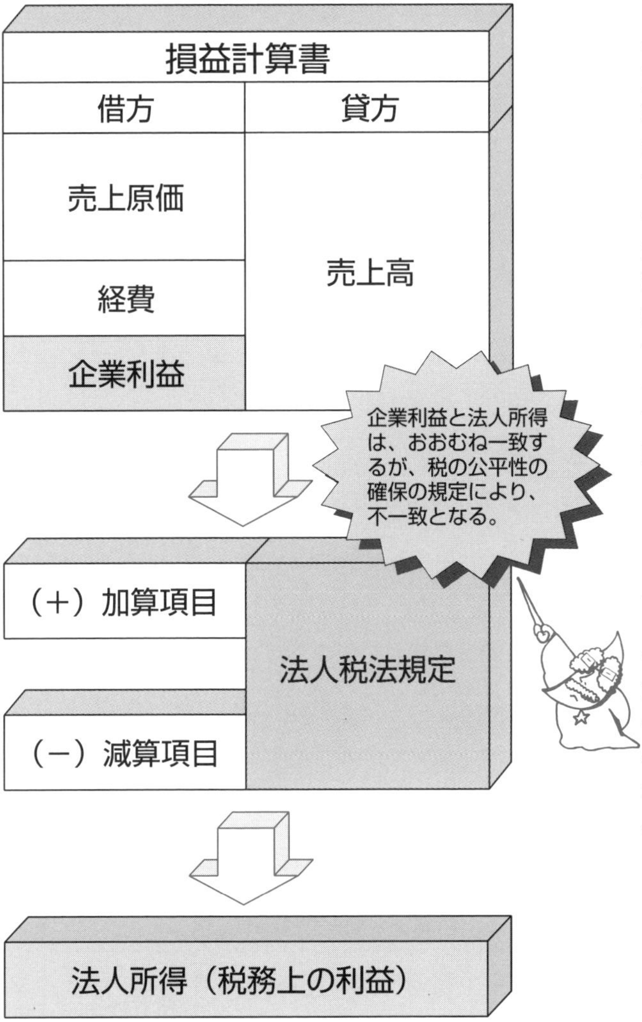

♣図解の解説

1簿記・会計の当期純利益は貸借対照表と損益計算書によって確認することができるが、その延長上にあるのが法人税法であり、法人税法の規定により調整計算することによって、法人税の利益である法人所得が確定します。

2税務申告は、原則として、新事業年度開始日から２カ月以内にしなければなりません。したがって、この２カ月以内に取締役会での計算書類の承認、監査役による監査報告書の提出（監査役等の機関がある場合）、株主総会での承認などの手続きが必要です。

〔実務コメント〕

本書では触れませんが、法人税の申告では、損益計算書は「別表４」であり、貸借対照表が「別表５」です。これらの法人税法でいう別表は、法人税法により簿記・会計との調整計算をするために存在します。

第2章

企業決算と法人税・消費税の概要

◆この章では、簿記・会計の取引原理によって期間損益計算か確定した後の法人税を具体的に解説します。また、消費税についても概要を掲げます。

1 法人税の課税標準とはなにか

各事業年度（各企業によって事業年度は異なる）の所得の金額が法人税の課税標準となります。

2 課税所得金額の計算

所得金額は、益金の額から損金の額を控除することによって求められます。

◆益金の額と損金の額一覧表

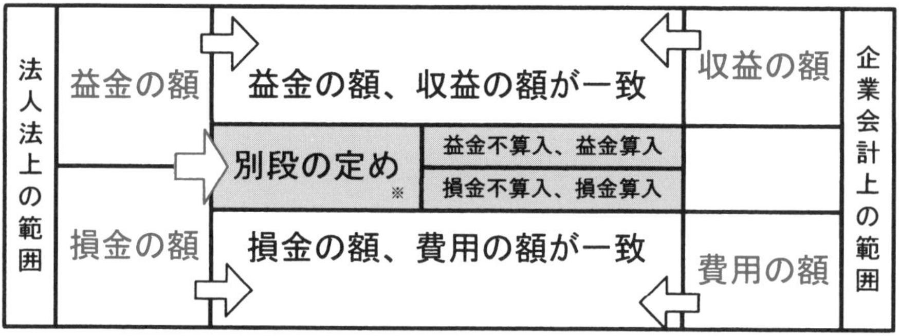

※別段の定めとは、法人税法上の独自規定

♧法人税の確定申告は、申告書および別表（必要なものを選ぶ）を作成して、原則として事業年度終了の翌日から2カ月以内に申告・納税を行います。

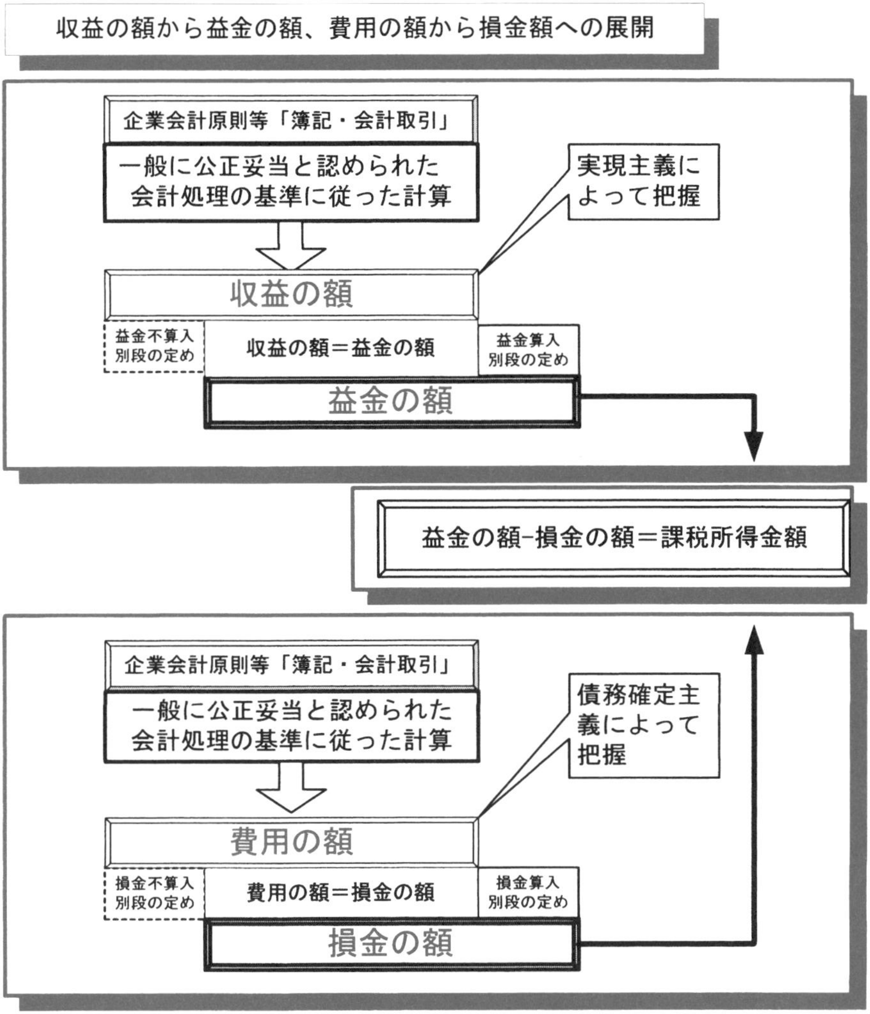

◆法人税法では、益金の額を独自に規定せず、益金の額と収益の額の差異について「別段の定め」として規定している。

《例示と主な理由》●益金算入「外国税額…法人税額から控除する外国子会社の外国税額」

●益金不算入「受取配当等…個人株主と法人との二重課税調整」

◆同じく損金の額についても独自に規定せず、損金の額と費用の額の差異について「別段の定め」として規定している。

《例示と主な理由》●損金不算入「交際費…健全な企業取引慣行の確立を図る」

●損金算入「欠損金繰越控除…制度上の調整」

第2章

1

■企業決算と法人税・消費税の概要

企業決算と法人税申告

●企業会計原則等の会計上の当期利益から法人税法上の所得金額が導きだされる

経済活動取引を簿記・会計の仕訳によって集計された結果は、企業会計原則等の会計上当期利益となります。一方、法人税法上の所得金額は、会計上の当期利益に税法上の独自規定による申告調整により導かれた結果となります。

●法人税法上の「益金」「損金」について理解しよう！

Q 1 ・「益金の額」を説明してください。

「益金の額」は、会計上の収益の額と、ほぼ同様のものだ。

収益の額は、企業会計原則等によって一般に公正妥当と認られる会計処理基準に従って計算されるものだよ。

Q 2 ・具体的な収益の額の計算は、どのように把握するのですか。

それは、実現主義によって認識され、数値が測定されたものだ。つまり、収益の額が確実的であり、客観性があるものだよ。

Q 3 ・「益金の額」と「収益の額」との関係を説明してください。

企業会計原則等の実現主義によって把握された収益の額は、税法上の独自の規定である益金算入項目を加算し、益金不算入項目を減算ることにより決まるのだよ。

Q 4 ・「損金の額」と会計上の費用の額との関係を説明してください。

「損金の額」も、会計上の費用の額とほぼ同じであり、費用の額は企業会計原則等によって一般に公正妥当と認められる会計処理基準に従って計算されたものだよ。

さらに税務上として、債務確定主義を明記していることだ。

Q 5 ・「債務確定主義」とはなんですか。

債務確定主義とは、その事業年度の終了の日までに債務が確定しているものが基本的に損金となることだよ。したがって、費用の見積り計上や予算計上はできないことになっているのだよ。

Q 6 ・「損金の額」と費用の額との関係を説明してください。

「損金の額」は、会計上の費用の額に税法上の独自の規定の損金算入項目を加算し、損金不算入項目を減算することにより把握されるのだよ。

結論としては、課税の公平性の調整計算といえるのだ。

◆企業決算から法人税申告へ

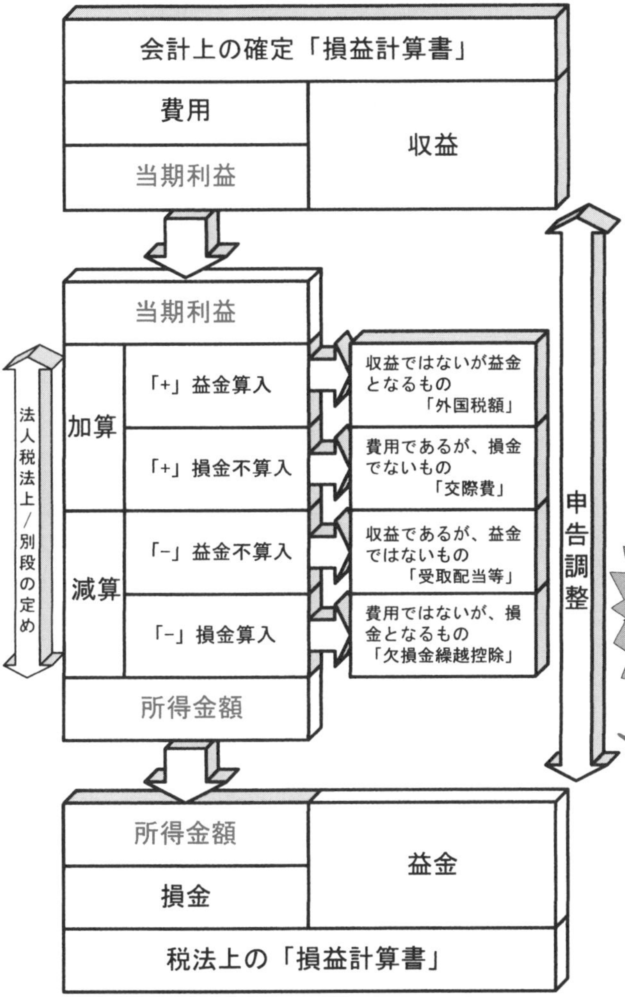

♣図解の解説

1会計上の当期利益と税法上の所得金額は、ほぼ一致します。

2完全に一致しない理由は、会計上の利益は適正な期間損益計算が目的であることに対して、税法上は課税の公平性が目的なのです。また、その一致しない部分を税法は「別段の定め」として独自の規定があります。

〔実務コメント〕

収益の現実主義とは、収益の計上時期に確実性があり、かつ、客観性が認識されることが条件となります。例えば、売上を計上したが、後日、売上取引が安易に取り消されたり、また、その売上金額の測定が不確実なものは、収益が実現したものとはいえず、結果として未実現利益を計上ることになります。

第２章

2

■企業決算と法人税・消費税の概要

法人税・法人事業税・法人住民税の計算

●法人税の計算は、税法上の独自規定により調整される

簿記・会計をベースに算出された企業会計上の当期利益（損失）は、法人税法上の独自規定である「別段の定め」によって、加算されたり減算したりする申告調整によって課税所得金額が導かれます。その課税所得金額に法人税率を乗じて、同族会社特有の留保金課税や税額控除の調整をした後が、法人税額となります。また、地方法人税（国税）が新たに課税されることとなりました。

●各税金計算の特徴を理解しよう！

Q１　・法人税の計算の特徴を教えてください。

法人税の計算は、会計上の当期利益（または当期損失）に法人税法上の独自規定の「別段の定め」によって、「加算」または「減算」の申告調整により課税所得金額が決まるのだよ。したがって、「別段の定め」以外は、すべて簿記・会計取引である企業会計原則等の範囲だ。

Q２　・すると法人税の取引内容は、「別段の定め」だけですか。

結論としては、課税所得金額を算出するための「別段の定め」が法人税法上の重要な部分といってよい。

Q３　・当期損失（赤字）が出たときの法人税について教えてください。

企業会計上、当期損失が発生した場合に、法人税法上とても重要な調整となる。例えば、当期損失（赤字）が生じても、「別段の定め」の申告調整によっては課税所得金額が出て法人税がかかる場合もあるのだよ。

Q４　・法人事業税の特徴はなんですか。

法人事業税は、法人税および法人住民税とは異なり損金算入の科目だが、損金算入の時期に特徴がある。法人事業税の当期中間納付分は当期の損金で、当期確定納付分は翌期の損金となる。すなわち、中間申告書および確定申告書が提出された日に属する事業年度が損金算入の時期だ。

Q５　・最後に法人住民税の特徴はなんですか。

法人住民税は、均等割と法人税割に区分され、均等割は資本金等の額と従業員数、つまり企業規模によって負担額に差をつけている。適用する税率は自治体ごとに定められており、企業が自治体のサービス提供をうけていくかぎり「赤字」でも一定額を納める必要がある。一方、法人税割は法人税額に標準税率と制限税率を乗じて算出されるのだよ。

◆各税金計算のプロセス

法人税の計算

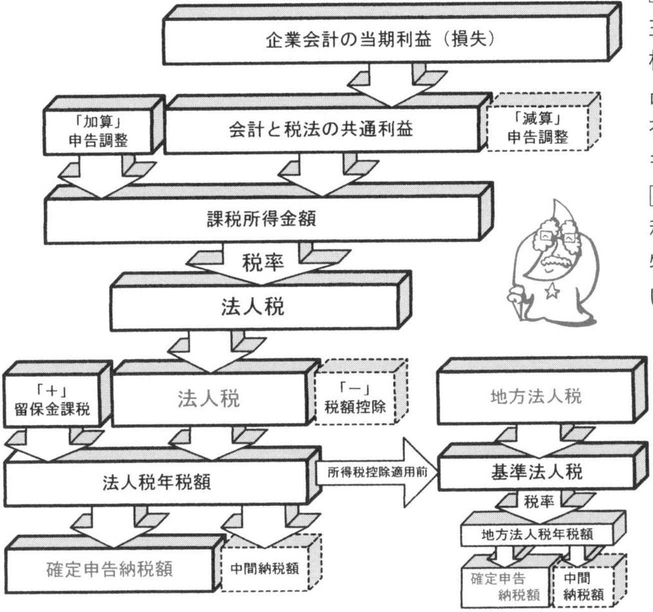

♣**図解の解説**

1留保金課税とは、株主の上位グループの持株割合が 50 ％超を占めている特定同族会社に対して課税されるものです。

2税額控除とは、所得税額、外国税額、復興特別所得税額控除等をいいます。

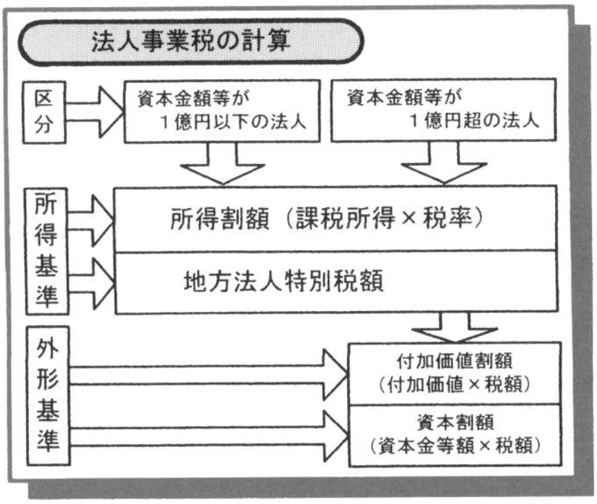

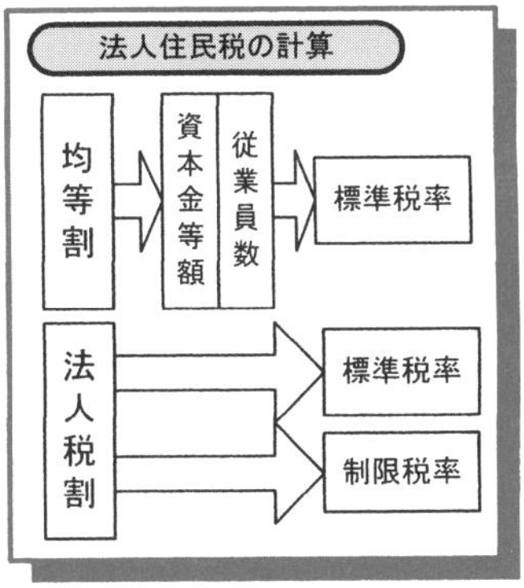

〔実務コメント〕

復興特別税とは、東日本大震災の復興財源として徴収されるものです。

①復興特別法人税は、平成 26 年 3 月 31 日に廃止。

②復興特別所得税は、平成 25 年 1 月から令和 18 年 3 月 31 日までの 25 年間。源泉所得税 2.1 ％。

③復興住民税は、平成 26 年から令和 4 年のまでの 10 年間、均等割として 4,000 円～ 5,000 円。

第2章

■企業決算と法人税・消費税の概要

3 法人税法上の誤りやすい勘定科目

●法人税法上の交際費は他の勘定科目と誤りやすい

法人税法上、最も特徴が表れていて、かつ、他の勘定科目と誤りやすいのが交際費です。たとえ交際費勘定でなく寄付金や広告宣伝費、福利厚生費等々にまぎれこみ、その実態が明かに交際費の場合は、損金不算入の申告調整を行います。

●誤りやすい勘定科目を理解しよう！

Q１・なぜ、交際費とその他の勘定科目が誤りやすいのですか。

交際費の発生は、時代の流れの変化や多種多様な業種、そして多面的な経済取引の中で人為的な判断により発生してしまうからだ。つまり、交際費は利益を追求する経済取引の中で、企業が事業拡大のための目論見によって発生するために、その範囲と解釈は拡大されるからだよ。

Q２・すると交際費を定義することは、なかなか難しいですね。

しかし、交際費の定義範囲は法人税法上定められているので、その規定をベースに、他の誤りやすい勘定科目の性質をおさえることで、交際費が見えてくるのたよ。

Q３・他の勘定科目との事例比較以外に、交際費の認識はできますか。

交際費は主に企業の取引先等を対象に発生することか多いので、その取引先等で収益に計上されている場合には、原則として交際費とはならないのだよ。すなわち、取引先等で収益に計上していることは取引先の利益として課税されているからだ。逆に取引先等で収益に計上されていない場合には、交際費となる可能性がある。

Q４・社員給与と交際費の関係を教えてください。

確かに社員も交際費の相手先として、事業に関係する者に含まれるので、誤りやすい勘定科目かもしれないね。しかし、個人の所得として課税するときは損金不算入の交際費課税の対象外としているんだよ。

Q５・個人の所得として課税する事例を教えてください。

例えば、社員食堂の現物給与や自社製品の安価な販売の経済的利益の供与は一定額以上は給与所得として課税されるのだよ。

しかし、社員全員を対象にしていない、特定の一部役員や社員を対象としたものは交際費として認定されることになるから留意が必要となる。

◆法人税法上の交際費を中心とした誤りやすい勘定科目

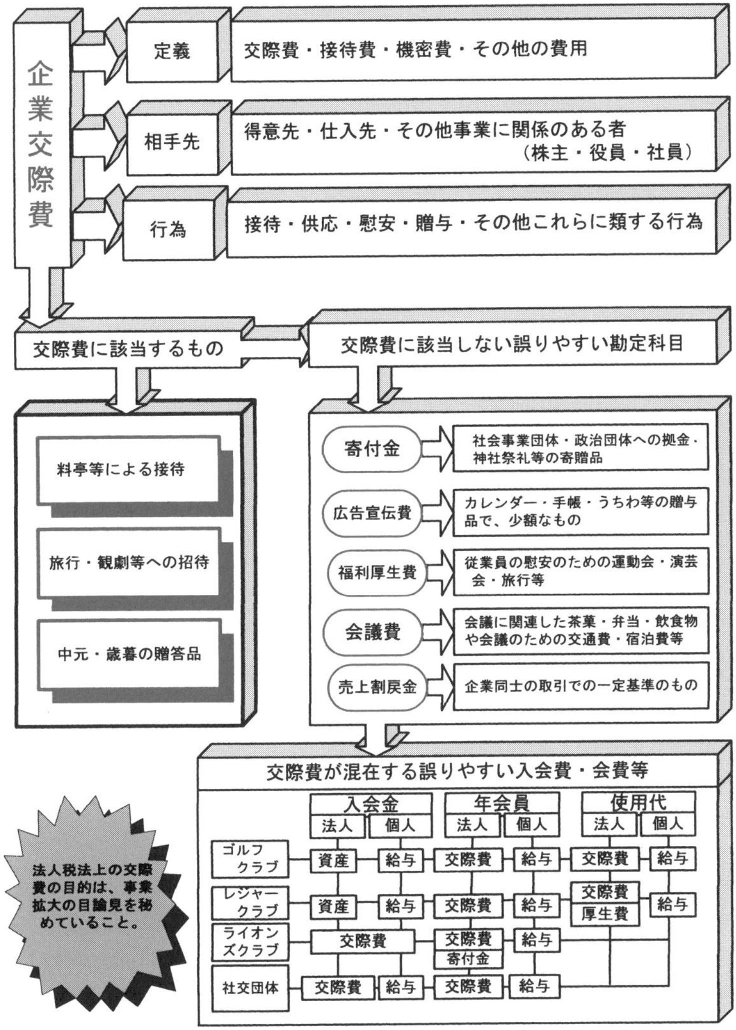

♣図解の解説

1寄付金と広告宣伝費の区分は、寄付金は相手先が確定されているが、広告宣伝費は不特定多数が対象となることです。

2福利厚生費と会議費の区分は、福利厚生費は全社員に対して一律に提供されるサービスであり、会議費は主に取引先の商談等の費用です。

〔実務コメント〕

法人税法上の交際費の判断は、単なる会計上の勘定科目だけで判断するのではなく、内容の実態によって判断する。

■企業の決算と法人税・消費税

消費税の発生と納付額

●消費税の税率は10％

消費税を負担するのは消費者ですが、納税義務者は事業者である企業や個人事業者です。

このように消費税は、消費者が納税者ですが、取引に税が含まれている以上は、一時的には、企業が消費税を負担している状態になっているのです。

●「消費税の発生と納付額」について理解しよう！

Q1 ・法人税と消費税の違いはなんですか。

法人税は直接税であって、課税対象は法人の利益に対してだが、消費税は間接税であるために企業の取引に内在して課税される税だよ。間接税は、税の徴収のしくみを取引に内在させているため、納税者である消費者は物品等に含まれている消費税を物品等の支払いと一緒に徴収されることになるのだよ。

Q2 ・取引に内在された消費税は、企業が消費者に代わって徴収し、そして、納付するということですか。

そのとおり。企業が消費税を取引（商品）に含ませて徴収し、消費者に代わって国に納めるのだよ。したがって、その企業は消費税を消費者から預かっていることになる。しかし、企業の取引に消費税が内在していることは、一時的にでも企業が消費税を負担していることにもなるのだ。

Q3 ・消費税の勘定科目も、借方と貸方の双方の両建で捉えるのですね。

そのとおり。例えば、固定資産の取得や仕入や経費に含まれる消費税（借方に発生）を仮払消費税と呼び、売上に含まれる消費税（貸方に発生）は仮受消費税と呼び、これらを集計するのだよ。

Q4 ・仮払消費税と仮受消費税ですか。

固定資産の取得や仕入や経費に含まれる消費税は仮に支払ったという意味であり、また、売上に含まれている消費税は仮に受け取ったという意味だよ。消費税は、厳密には企業のお金ではなく国に納めるために、一時的に企業が預かっている状態なのだよ。

◆消費税額の計算の方法

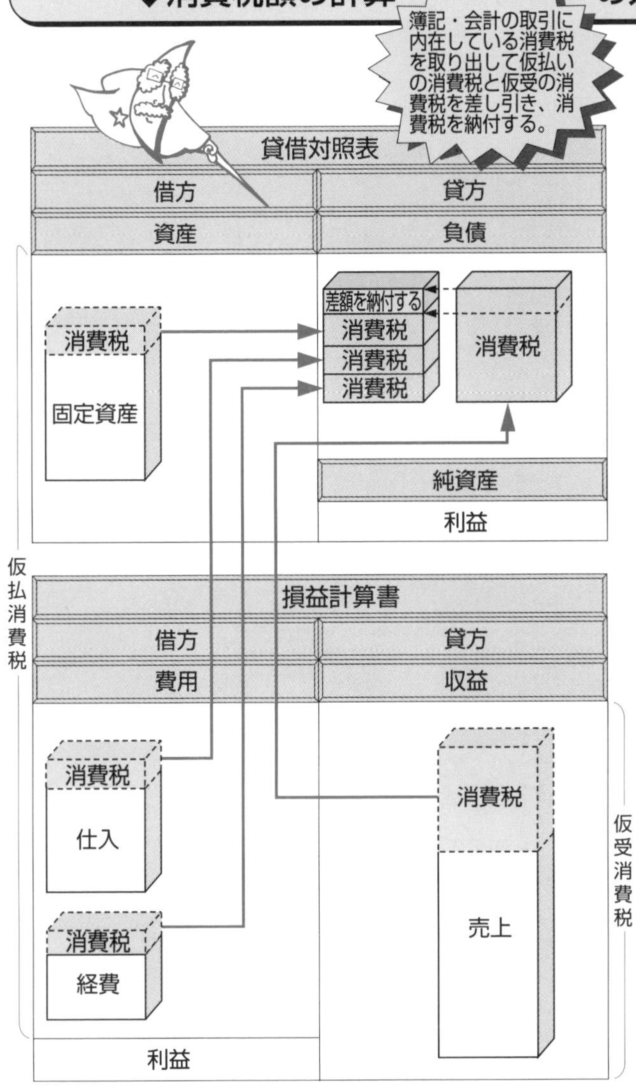

♣図解の解説

1 消費税は、収益および費用の取引時の発生、または固定資産を取得する場合の取引時に発生します。

2 消費税の納付は、企業が自ら計算して納めるため、各勘定科目に含まれている消費税を抜き出す作業が発生します。勘定科目を税抜きにすることです。

3 この図は、各勘定科目にそれぞれ含まれている消費税を抜き出して、簿記・会計の差し引き概念である差額を算出したものです。算出した差額が消費税の納付額を意味します。

4 「免税事業者」とは、事業期間（2年前）の課税売上高が1000万円以下の場合。ただし、前事業年度（1年前）開始日から6カ月の間に課税売上高と給与支払額が共に1000万円を超えと課税事業者となります。

〔実務コメント〕

消費税は、一時的に企業が預かり国に納付するものですが、預かった消費税と企業のお金の混同が生じる恐れがあります。企業は、資金繰り等々の資金管理では、預かった消費税を別枠で管理することが重要です。

主な企業税法の分類一覧表

企業を取り巻く税金は多種存在し、その管理と納付期間も多様化されています。重要な税目としては、企業の目的である利益に課税される法人税等を中心に、企業の経済取引全般に発生する消費税は、資金管理として重要な領域となっている。

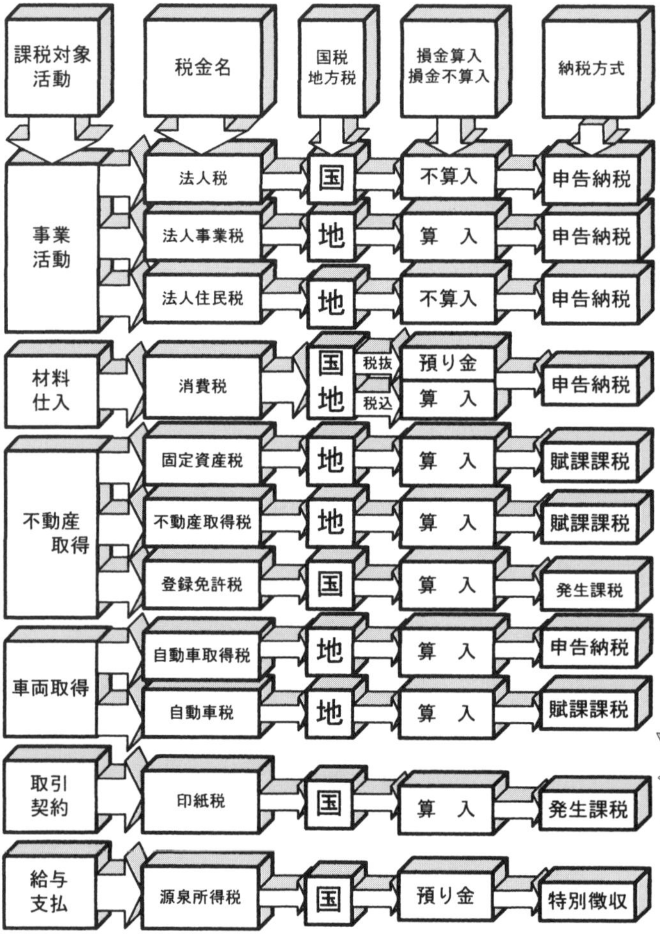

♣図解の解説

①申告納税は、企業が自ら課税標準、納税額を計算、申告して納税する制度です。

②賦課課税は、納付税額が税務署長等の処分により確定する税額です。

③特別徴収は、担税者ではなく特別徴収義務者の申告により確定する税額です。

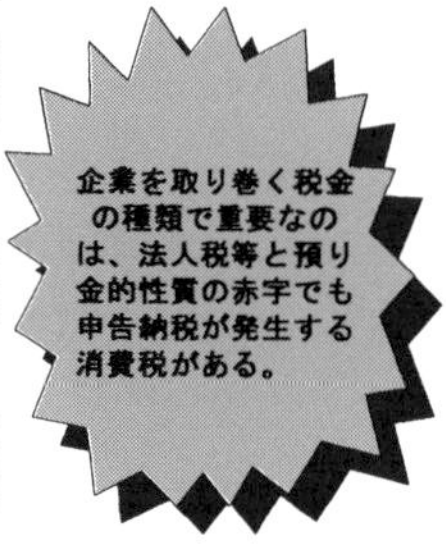

■税金関連で損金となるもの・ならないもの

〔損金不算入〕 法人税・法人事業税・法人住民税の延滞税・延滞金・加算税。加算税には、過少申告加算税、無申告加算税、不納付加算税、重加算税がある。また、印紙税関係の過怠税、交通関係の反則金や罰金、過料、科料、独占禁止法関係課徴金等々。

〔損金算入〕 法人税の利子税や法人事業税および法人住民税の納期限延長に係る延滞金。この他、軽自動車税、軽油取引税、ゴルフ場利用税、都市計画税等々。

●第４部●

財務のしくみと実務

第１章●財務とはなにか
第２章●資本の調達
第３章●資本の運用
第４章●資金と資金繰りのしくみ

第４部では、簿記、会計を踏まえて財務と財務管理を解説しよう。

企業は永続的に営利を追求するために、資本の調達から資本の運用までを健全性を確保しながら企業経営を推進します。

第1章

財務とはなにか

◆この章では、財務の定義から財務の範囲と財務管理の体系について概要を解説します。

国家にも「財務省」というのがあり、国家の財産を管理・運用していますが、企業においても財務が必要です。

ここでは、まず、簿記・会計・財務とは何か、から説明します。

1 簿記とはなにか

簿記とは、企業の日々の経営活動から発生する取引を仕訳という手法により、帳簿に記録し、計算し、集計し、管理しておくことが簿記です。

2 会計とはなにか

会計とは、簿記によって勘定科目別に集計、整理された数値を人為的に区切り(これを決算期間という)、適正な期間の損益計算をすることが会計です。

3 財務とはなにか

財務とは、簿記、会計と通じて集計、管理された数値を資本の調達と資本の運用の視点から、その効率性、実在性並びに状態性をもとに管理することです。

具体的な財務関係の仕事としては、開発投資への予算の作成、および投資・資産の運用、管理、資金繰りなどがあります。

近時、簿記・会計ソフトの開発・普及により、経理部等の仕事も帳簿への記帳などから財務的な仕事へと拡大シフトしています。

◆資本の調達・運用・利益・資本の循環

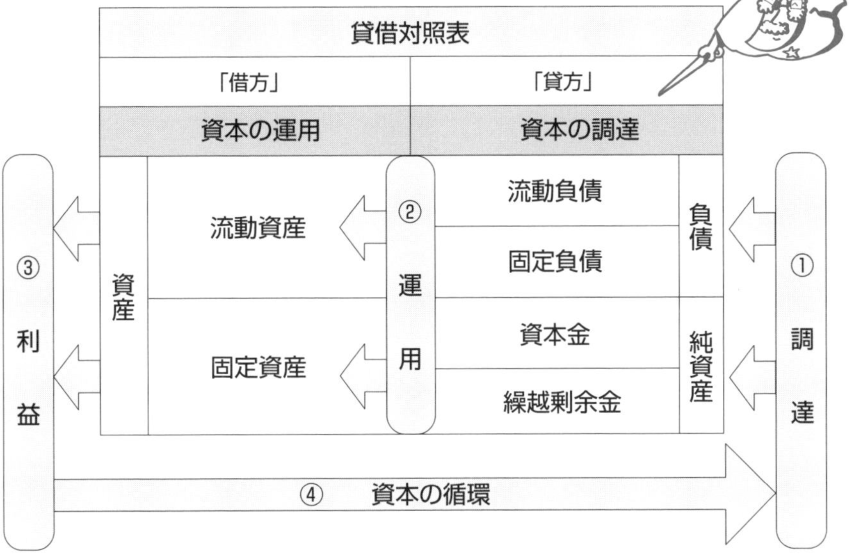

♣図解の解説

上図①〜④についての説明は下記のとおりです。

①最初は外部より資本の調達が行われる。

②その資本を効率性と健全性を重視しながら経営資源である、人、金、物、情報に資本を運用する。

③資本の運用が企業に利益をもたらす。

④利益は企業の発展、拡大のために、さらに資本の調達と資本の運用が繰り返されます。

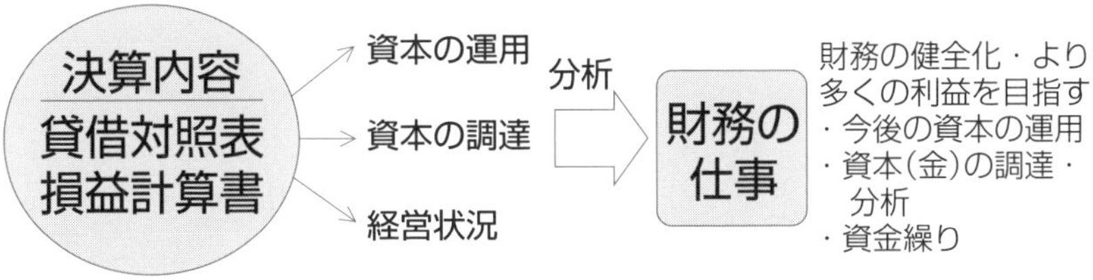

簿記、会計の延長線にあるのが、財務であり、そして
その財務の健全性を図る手法が財務管理である。

第１章

■財務とはなにか

1 財務と資本の調達・運用

●財務の会計上の定義

財務とは会計の領域上、資本の調達と資本の運用をいいます。

貸借対照表の「貸方」の資本の調達は、別の呼び方で、「他人資本」と「自己資本」と呼び、広義の資本の範囲を意味しています。そして、両者の資本を運用した結果が、貸借対照表の「借方」に資本の運用として表現されています。

●「財務」について理解しよう！

Q１ ・財務の定義を具体的に説明してください。

財務の定義は実務的には範囲が広く、かつ、取り扱いによっては、さまざまな意味をもち、また異なった解釈がされているのが実状だ。

従って、この章では会計上の領域に絞り財務の定義を解説しよう。

Q２ ・では、会計上の領域での財務の定義とその範囲をどのようにとらえるのですか。

会計上の領域での財務とは、資本の調達と資本の運用としてとらえるのが、簿記、会計の一連の流れからすると理論的であり、理解しやすい。

また、資本の調達と資本の運用という表現も貸借対照表上から見ても容易に理解できるのだ。

Q３ ・最初に資本の調達について説明してください。

次ページの図のように、貸借対照表の「貸方」に表現されている勘定科目は、財務的には全て資本の調達を意味しているのだよ。従って、資本の調達というと、純資産だけではなく、流動負債や固定負債を含めた範囲を指すこととなるのだ。つまり、外部からの借り入れ資金も、広義の資本として考えるのだよ。

Q４ ・次に、財務上の資本の運用について説明してください。

調達された資本は、継続企業の利益獲得のために、それぞれ事業目的に則り、あるいは資本の運用計画によって運用されることとなるのだよ。そして、その結果が貸借対照表上のある時点の勘定科目として表現されているのだ。当然ながら、これらの資本の運用の形態は各企業全て異なってくる。

◆資本の調達・運用

♣図解の解説

[1]財務とは英語に訳すると「ファイナンス(finance)」です。

英語でのファイナンスは、本来的には資本の調達の意味とされていますが、今日の企業の会計領域では、貸借対照表「貸方」の資本の調達と「借方」の資本の運用も含まれています。よって、第４部の財務の定義もそれに沿って解説します。

[2]この図は貸借対照表を財務という視点で表した３次元立体図です。そして「貸方」の資本の調達は「借方」の資本の運用に充てられ、企業が継続する限り資本の循環が繰り返されることを上と下の矢印が表現しています。

〔実務コメント〕

実務的には、資本の調達を狭義に「資金の調達」として呼びますが、「資金の調達」はすなわち、直接の「お金」だけに限定されますが、「資本の調達」は、直接的調達も間接的調達も含み、また取引間での調達も含みます。また、資本の運用も実務的には狭義に「資金の運用」として呼ばれていますが、やはり資本の運用は「資金の運用」も含めた全ての資産の運用ととらえています。

第1章

■財務とはなにか

2 財務の流れ「製造業」

●財務は資本を調達することから始まる

財務の流れは、資本の調達から始まり、資本の運用を展開し、それらを循環させることをいます。

貸借対照表の健全性とは、単に数値の比較分析だけでなく、現状の財務状況から将来を予測し、資本の調達と資本の運用を経営戦略に活かすことなのです。

●「財務の流れ」について理解しよう！

Q１ ・財務の流れは、資本の調達から始まり、資本を運用し、循環させることですか。

そのとおり。すなわち、企業が営利を追求する以上は調達した資金を内外に循環させることによって企業に利益が生まれるのだ。

人間の体でいうと血液のようなものだよ。

Q２ ・財務とは、または財務の流れは、いかにして資本の調達をし、それらを企業の利益に貢献させるために、資本を運用させることですか。

企業は資本の調達をしたままでは、企業の利益を上げることはできない。企業の目的でもある利益を上げるためには、その調達した資本をいかに効率よく、かつ、効果的に運用するかだよ。

Q３ ・すると資本の調達と資本の運用関係は、企業経営そのものですか。

まったく、そのとおりだ。後で詳しく資本の運用と管理を各項目ごとに説明するのだが、企業が、たとえば売れない商品、すなわち滞留の棚卸資産を抱えたり、稼動していない遊休設備を放置したり、また貢献できない従業員が存在することは企業経営を直接圧迫することとなるのだ。

Q４ ・財務が効率よく流れ、そして安定することが結果として経営も安定することですか。

結論としては、貸借対照表の健全性を維持するための、財務管理の充実がとっても企業経営には大切なことになるのだよ。

◆財務の流れ「製造業」（例）

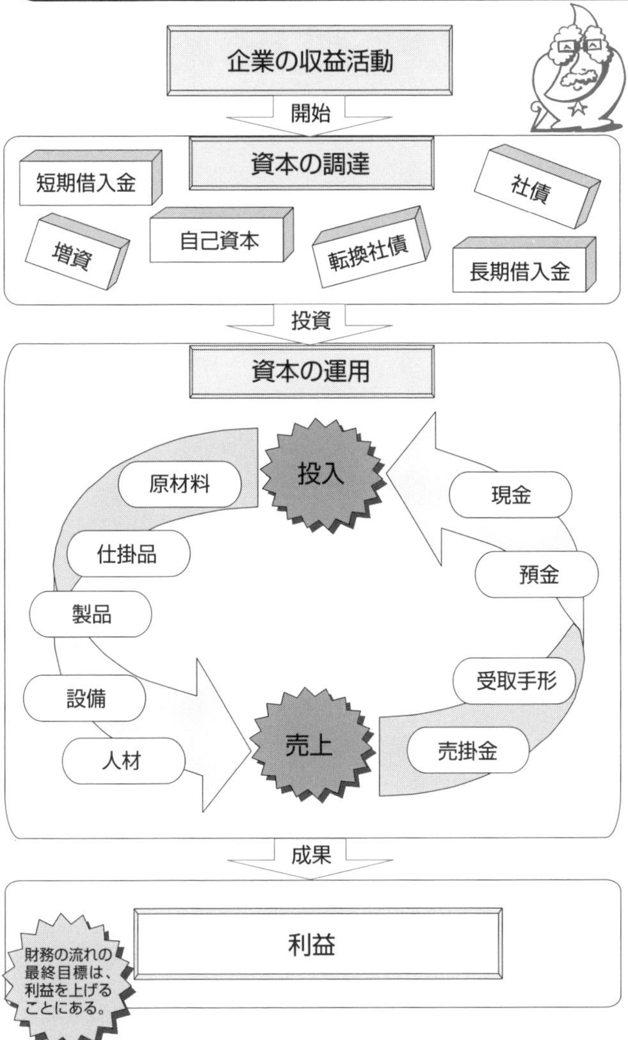

♣図解の解説

1 この３次元立体図は財務の流れを「製造業」を事例に表したものです。

2 初めに企業が収益活動するためには、多様な形態の資本の調達をしなければなりません。次に、「製造業」の場合は、製品を完成するためには、原材料を仕入れて加工し、仕掛品、製品という工程を経ますが、その過程には、設備や労務費である人材も必要です。

3 その後、完成品は売上げられ、成果として企業に利益がもたらされます。また、売上は売掛債権として形を変え、やがて現金、預金として回収されますが、回収された現金、預金は、さらに資本として運用されます。

〔実務コメント〕

貸借対照表は、期末における静止した財政状態を表示しています。したがって、財務の流れをつかむためには、各期、各月の貸借対照表の各勘定科目の増減数値を比較分析し、かつ、財務の状態の質を管理分析しながら、将来を予測することが、実務上、最も重要なことといえます。

第1章

3 財務管理とはなにか

■財務とはなにか

●財務管理の定義

財務管理とは、貸借対照表の資本の調達と資本の運用を各勘定科目毎に増減を管理し、過去の財務実績から未来の財務の健全性を確保することにあります。

財務管理は未来のあるべき数値管理や統制管理だけではなく、現在の財務の実在性管理にも重点をおく事が必須です。現在の財務管理が正常に管理されていなければ未来の企業経営もないことになります。

●「財務管理」について理解しよう！

Q１ ・財務管理について、説明してください。

財務管理は、いかにして過去の財務から未来の財務を予測し、それに基づき資本の調達と資本の運用の健全性を確保することだよ。ここでいう健全性は、経営方針に則った将来を予測した健全性だ。

Q２ ・財務管理の健全性について、具体的に解説をお願いします。

企業は資本の調達と資本の運用を繰り返しながら永続的に発展していくことが前提だが、そのために企業は正常な財務を維持管理することが必要不可欠なのだ。

したがって、財務の状態に異常が生じない様、しっかりとした管理体制を企業内に敷くことが、企業の永続と安定にもつながるのだよ。

Q３ ・財務管理は、過去財務と現在財務を踏まえて未来財務を予測するのですか。

財務の過去の実績と現在の財務状況を踏まえて、将来の資本の調達とその調達した資本の運用を予め予測することが、企業の経営としてとっても重要は役割だよ。

Q４ ・なかなか経営を予測するのは難しいですね。

まさに、財務管理は企業経営そのものだよ。資本を調達し、資本を運用し、そしてそれぞれの資本のバランスと健全性を確保することが企業の生命線になるのだからね。

◆財務管理の役割

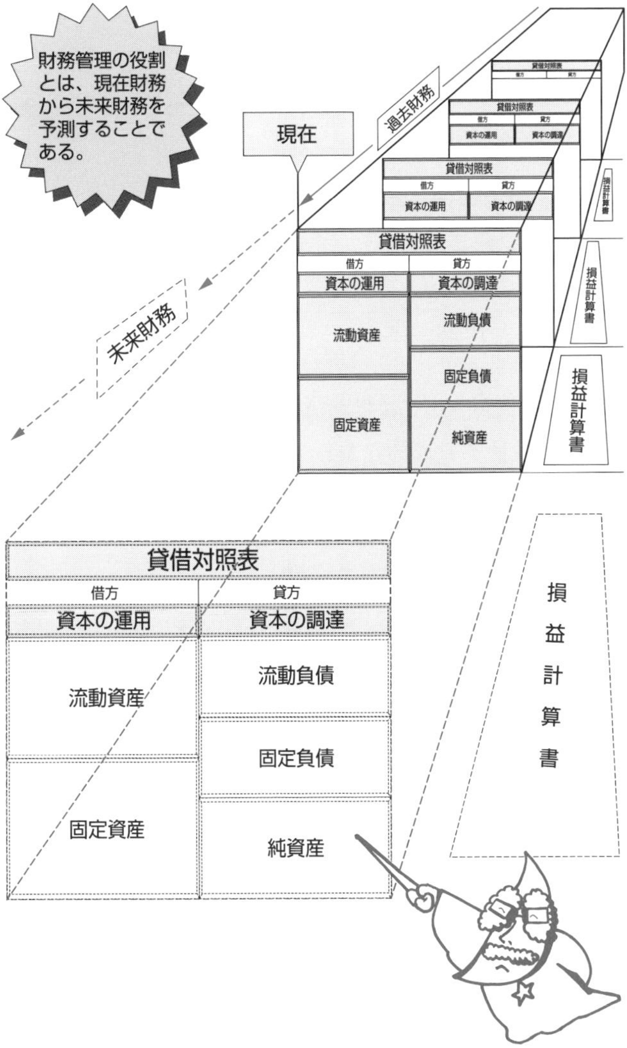

♣図解の解説

①この3次元立体図は各事業年度の決算期末時（現在）における貸借対照表として企業の財務状態を表しています。しかも、過去財務の経緯から未来財務への予測の効果を通過点とした位置づけです。また、損益計算書は各事業期間の数値として各期毎に集計されてから毎期毎に切り離されます。

②財務状態は資本の調達と資本の運用を貸借対照表を介して各勘定科目として表しており、期首と期末の各勘定科目の増減が結果として企業利益として集計され反映されます。

③財務管理とは、そうした個々の財務の各勘定科目の期首と期末の増減や過去の財務から未来の財務の予測を管理し、その健全性を確保することです。

〔実務コメント〕

実務的には、個々の財務管理は充実しても、一括した財務管理は難しいのが現実です。財務の棚卸資産を例にすると、正常在庫管理と異常在庫管理、保守部品在庫管理と金型管理等々を一括連動管理すること等々です。

しかし､この一括した財務管理をしなければ､未来の財務の予測は難しいのです。

■財務とはなにか

第1章 4 財務管理の体系

●貸借対照表上における財産管理

資本の調達と資本の運用は企業の生命線であり、経営計画において一体管理されています。

貸借対照表上の資本の調達と資本の運用を各勘定科目毎に可視化管理します。

●「財務管理の体系」について理解しよう！

Q 1 ・財務管理の体系について、説明してください。

財務管理は単に企業の数値を表面的に分析することではなく、財務の実態に着眼した管理が要求されるのだよ。すなわち、簡単にいえば現物管理だ。また、その現物管理こそが資本の調達から資本の運用の信頼性を確保する有力な手段なのだよ。

そして、その管理を企業独自に体系化したものが財務管理の体系だ。

Q 2 ・最初に「資本の調達」の管理について説明してください。

資本の調達は、負債の部の借入金や社債などの「他人資本」と純資産の部の「自己資本」で構成されている。前者は外部からの調達先で後者も資本金は外部からの調達だが、剰余金は内部留保の内部調達となる。体系的にも調達の目的を明確にした上で、多様な資本の調達を展開することが企業経営にはとっても重要なことなんだよ。

Q 3 ・「資本の運用」について説明してください。

資本の運用というのは、既に資本の調達時には、各運用形態項目（勘定科目）別に確定しているものだよ。つまり、調達した資本を何のためにどのくらい運用させるかを、概ね最初から決定してしまうのだ。また、それは経営方針に従っておこなうことだよ。

Q 4 ・経営方針ですか。

そのとおり、企業はあらかじめ経営計画を立てて、それに沿った資本の調達と資本の運用が実行されるのだ。すなわち、資本の調達と資本の運用は経営計画の中で、立案されたものであって、それが結果として財務管理の体系として貸借対照表上に表示されているのだよ。

貸借対照表の充実と健全性を確保する為の主な財務管理

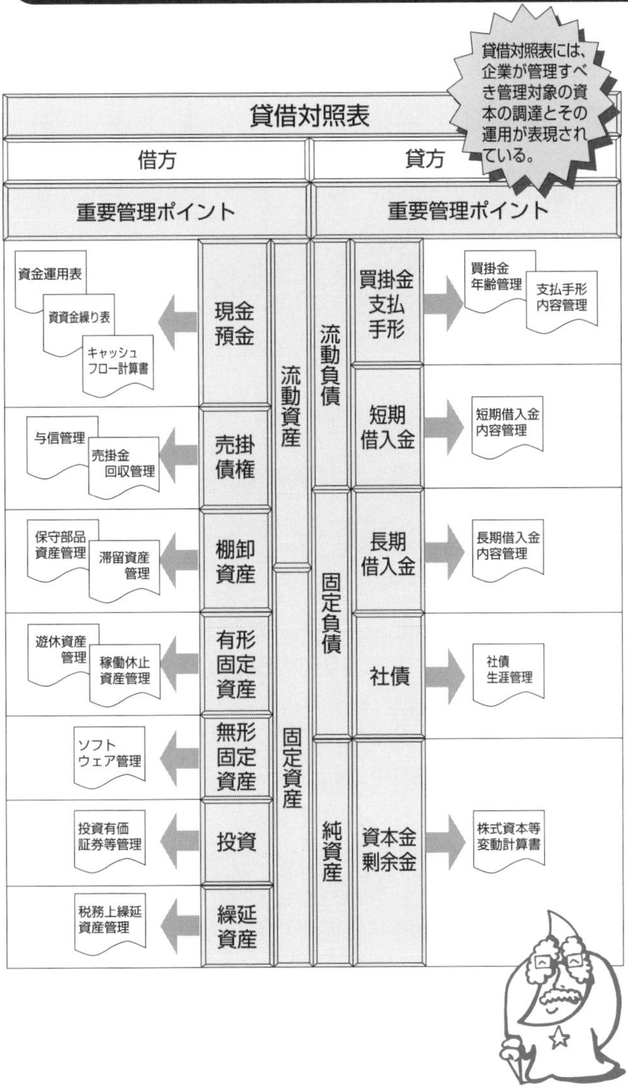

♣図解の解説

1この図は貸借対照表の「貸方」が資本の調達形態項目(勘定科目)を表し、「借方」が資本の運営形態項目（勘定科目）を表しています。また、各形態項目毎に財務管理上において主な重要管理ポイントを体系的に表示したものです。

2貸借対照表上の財務の健全性の確保は、単に数値上の分析等々の表面的な管理だけでなく、むしろ財務内容の実在性や財務の質の実態性を可視化し、管理することが、本来の正常な資本の調達と正常な資本の運用として捉えられています。

こうした可視化された財務管理は、各企業が独自にその管理の手法を開発し取り組むことが望ましいのです。

〔実務コメント〕

資本の調達と資本の運用は、一体となって経営計画されるのですが、実務時には時の経過とともに乖離してしまうことがあります。特に設備の投資等には長期財務の管理体制を企業内に有することが必須です。

第2章

資本の調達

◆この章では、資本の調達を他人資本の調達と自己資本の調達に区分して、経営的視点から解説します。

1 資本の調達とは

企業の資本の調達には、貸借対照表「貸方」の負債の部の他人資本の調達と純資産の部の自己資本の調達とがあります。

企業は永続的に利益を追求するためには企業の経営資源である「人」、「金」、「物」、そして「情報」に投資をしなければなりません。

そのためには資本の調達をして、それらを経営の資源に投資しながらその資本を効率的に運用し、かつ、結果として、事業損益から利益を計上することを目標とします。

2 他人資本の調達とは

他人資本の調達とは、主に金融機関等からの資本の調達です。調達した資本の元本と利息は、いつかは返済しなければなりません。

そのため企業での財務管理上、利益管理はもちろん、目的使途を明確にした他人資本の調達の選別とその調達した資本と経営資源との連動した投資である資本の運用管理が必要不可欠なものとなります。

3 自己資本の調達とは

自己資本の調達とは、主に株主から調達したものであり、他人資本の調達が利息を支払うのと同じく、株主配当金として還元しなければなりません。

もちろん株主配当金も、企業利益の中から支払いが行われるため、他人資本の調達と同じく利益管理が重要になってきます。

すなわち資本の調達と資本の運用は、その目的使途調達と経営資源への運用目的が連動管理されたことで、初めて企業経営目的である利益管理が合致することになり、バランスのとれた効率化した資本が循環することとなる。

◆貸借対照表と資本の調達

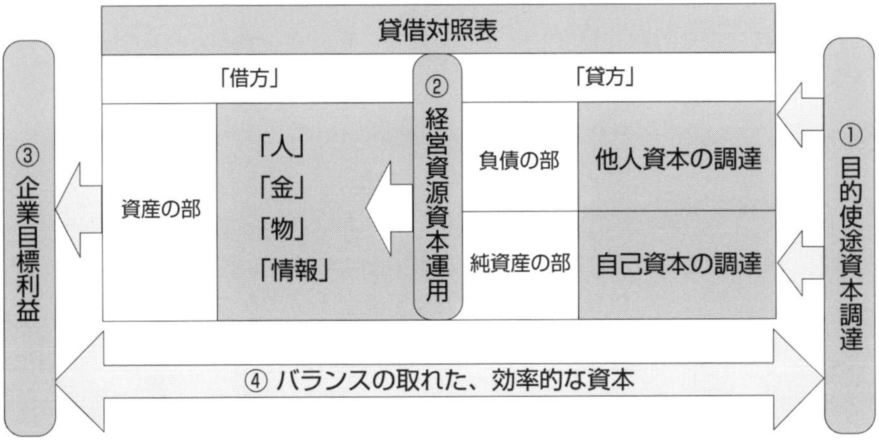

♣図解の解説

上記図の①〜④の説明は下記のとおりです。

①外部よりの資本の調達は目的使途を明確化して行われる。

②その調達した資本を経営資源である、人、金、物、情報に資本を運用する。

③資本の運用が企業に利益をもたらし、その利益によって他人資本の元本返済および利息の支払い並びに自己資本の株主配当金の還元の一部にあてられる。

④目的使途の資本の調達と、その調達された資本が経営資源に運用され利益をもたらすことによって、バランスよく効率化された資本の運用がなされる。

企業の活動開始は、まず財務の充実を図るために資本の調達から始められる。

第２章 1 資本の調達の分類

●企業の事業拡大では資金の調達が必要となる

企業が事業を拡大するためには、資本の調達の継続は必要不可欠な要素です。すなわち、企業にとって経営運営の必要資金が資本の調達活動なのです。

資本の調達の分類は、貸借対照表の「貸方」を広義の資本と捉えて、他人資本と自己資本に区分します。

●「資本の調達の分類」について理解しよう！

Q１ ・間接調達について、説明してください。

間接調達は、主に銀行等の金融機関からの資本の調達を意味するのだよ。企業は必ず銀行等の金融機関との取引が必須なため、その銀行等の金融機関からの間接調達が発生することになるのだ。

Q２ ・銀行等の金融機関との直接取引なのに、なぜ間接調達という表現なのですか。

資本の調達は直接金融機関でも、その資本の実際の出し手は銀行等の金融機関ではなく、預金者の預金を銀行等の金融機関が介在して資本の調達をしているからだよ。よって、企業側からみれば間接的な資本の調達ということになるのだ。

Q３ ・では次に、直接調達について、説明してください。

これは簡単だ。資本の直接調達は資本の出し手と企業としての資本の使い手が直接つながっている資本の調達方法だよ。

Q４ ・もう少し、具体的に説明してください。

たとえば、分類の中の社債だが、社債は一般大衆に対して直接社債券を発行することによる資本の直接調達方法だ。また、株式は株式会社が株券を発行し市場から直接資本を調達する方法だよ。

◆資本の調達の分類

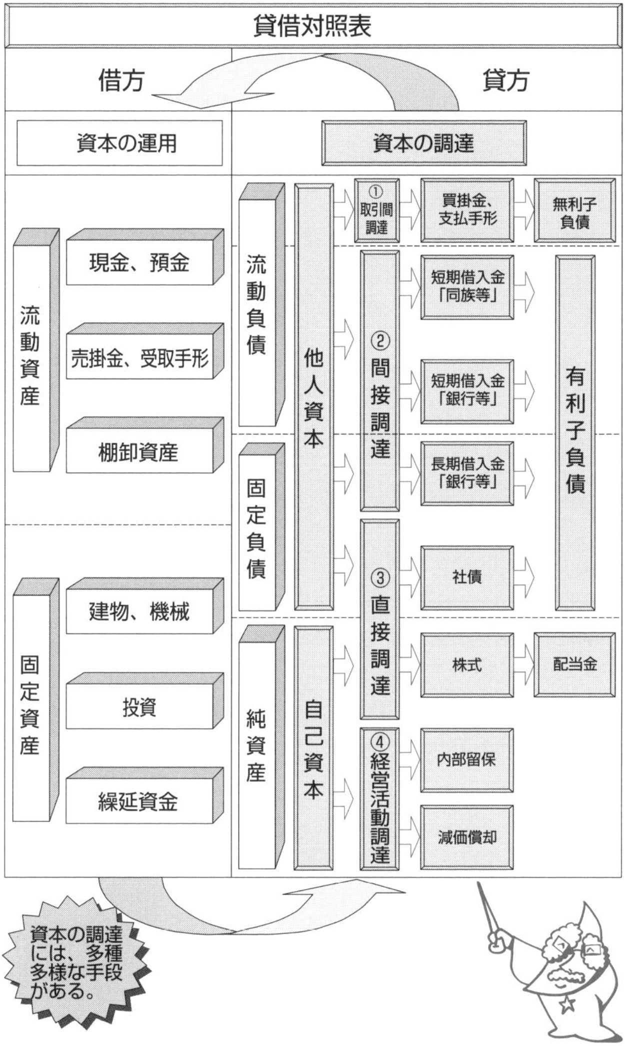

♣図解の解説

1 企業は事業を拡大し利益を上げるためには、資本の調達が十分でなければなりません。

資本の調達は、他人資本と自己資本から構成され、他人資本は①取引間調達、②間接調達、③直接調達の3つの資本の調達に類型できます。

2 他人資本の調達に関するコストは、①の企業取引間調達は無利子であることから無利子負債と呼び、②と③の資本の調達には有利の利子がコストとして生ずることから有利子負債と呼んでいます。

一方、自己資本は、③直接調達、④経営活動調達の2つの資本の調達の類型に区分できます。③は株主配当金としての資本の調達コストが生じますが、④には資本の調達コストが生じません。

〔実務コメント〕

他人資本の調達には、金利のコストが生じます。これを有利子負債といい、有利子負債の支払い利息は会計上必要経費となるため、税務上節税効果があります。したがって、企業は税務対策上としてある程度の有利子負債を持つことになります。

第２章

■資本の調達

2　他人資本の調達

●他人資本の調達には、取引間調達、間接調達・直接調達がある

他人資本は、資本の広義の意味の資本のことです。

他人資本の調達は、その調達目的を明確化し必要調達額を決定することです。また長期の他人資本の調達は、財務管理上その資本の運用との効果の測定の連動管理が必要不可欠となる。

●「他人資本の調達」について理解しよう！

Ｑ１・取引間調達について、説明してください。

今日、企業間取引は信用取引が前提になっているために、直接の現金支払い決済は稀である（飲食等々業種によっては慣習として現金支払いが常識もある）。ここでいう買掛金や支払手形はその一定の期間、現金の支払い決済を延期しているための通過勘定的性格から、現金支払い決済までの支払い猶予期間は、現金の出金がない。そのためにその他に資本の融通がきき、一種の資本の調達になるのだ。

Ｑ２・資本の間接調達には、短期借入金と長期借入金がありますね。

資本の調達は調達目的によって、たとえば短期借入金は企業のいわゆる日々の運転資金とか、長期借入金は固定資産の取得のための運用としての設備投資に充てるかを予め明確にしなければ、最終的に企業全体の資金繰りに影響を与えることになってしまうのだよ。

Ｑ３・社債による資本の直接調達について、説明してください。

主に社債の発行による資本の直接調達は、企業が社債券を発行し、証券市場を通じて投資家から資本の調達をする方法だ。社債は社債発行時には金利の支払いや元本支払いが契約書上で予め確定しているために、企業はその義務を最初から負うことになるのだよ。したがって、企業側も社債発行の目的を明確にして発行することとなるのだ。

Ｑ４・同じ資本の直接調達の株式と社債の違いはなんですか。

社債と株式は同じ資本の直接調達である点は類似しているが、株式は原則元本の返還をしない自己資本であり、かつ、利益留保としての剰余金がある場合には株式配当金の支払いが株主より要求されるのだよ。

◆他人資本の調達と分類

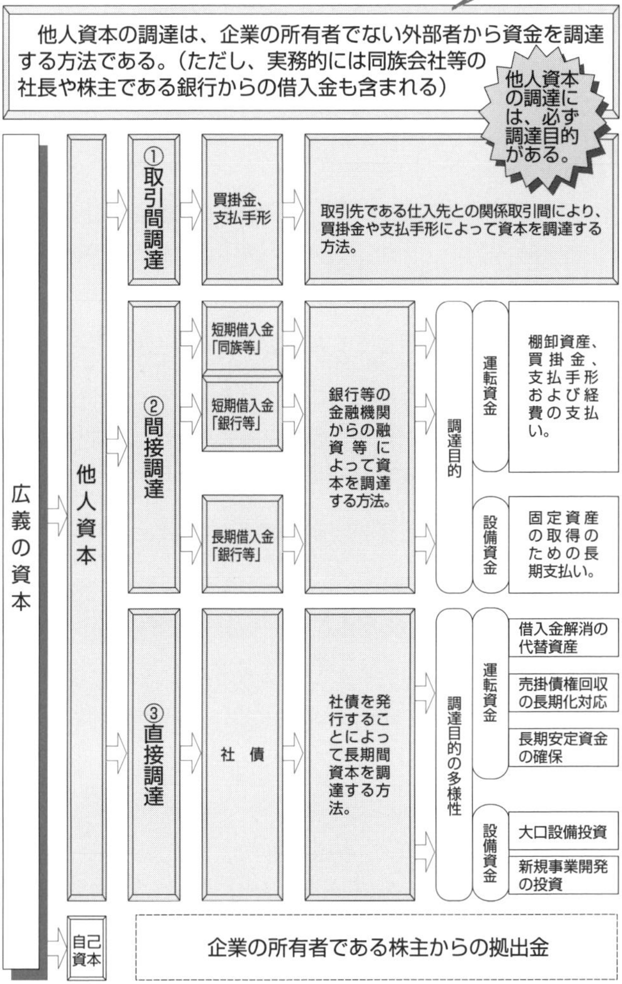

♣図解の解説

[1]この図は広義の意味の資本として、貸借対照表の負債の部を他人資本として捉え、他人資本の資本の調達を3つの類型に分類しています。

[2]①取引間調達は、企業の日々の取引が現金支払いではなく、買掛金や支払手形による取引が決済されたことによる資本の調達方法です。

[3]②間接調達は、主に銀行等の金融機関から資本の調達であり、その資本の調達目的は、短期的は運転資金と比較的長期の設備資金に区分されます。

[4]③直接調達は、社債の発行による資本の調達であり、調達の目的も資本の運用により多様性があります。

〔実務コメント〕

実務上、長期大口固定資産投資のための他人資本の調達は、財務上その管理も長期に及ぶために時の経過とともに管理が散漫になります。たとえば、既に生産能力が陳腐化している生産設備にもかかわらず粛々と定められた耐用年数で減価償却費を計上してしまうことなどです。したがって、資本の調達とその調達した資本の運用のてん末を連動管理することが実務的にも要求されます。

第2章

3 自己資本の調達

●株式による資本の調達

自己資本は、企業の基盤の資本です。
自己資本は、会社の所有者である株主のものですから、「株主資本」と呼ばれています。

●「自己資本の調達」について理解しよう！

Q 1 ・株式による資本の調達について説明してください。

株式による資本の調達は、株式財産を原則として企業にとっては返却不要な資本として取り扱い、責任をもってその資本を運用し、利益を上げた場合には、株主に対して株主配当金として還元するというものだよ。

Q 2 ・基本的な事ですが、企業と株主の関係を説明してください。

企業はその資本の調達元である株主のものだよ。したがって、企業の目的は株主への貢献であり、その貢献の具現化が継続的に利益を計上しながら企業価値を高め、かつ、株主に対して配当金として利益の一部を還元することにあるのだ。

Q 3 ・利益留保について、具体的に説明してください。

企業は株主のために貢献する義務がある。そのため利益を計上する努力がなされ、配当が行われる。しかし、その利益は、全てが株主への配当や役員の賞与という社外流出に充てるのではなく、社内に留めて次期以降あるいは近未来のための投資に一定の額を留保する。これを利益留保または社内留保というのだよ。

Q 4 ・減価償却がなぜ資本の調達になるのですか。

費用配分によって、設備や期間の取得価額は一定の耐用年数のもと減価償却として会計上費用処理するが、減価償却は既に過去において現金支出によって資本の運用がなされているものだ。したがって、その減価償却期間の費用は利益によって賄われるために、資本の調達が不要になることから、一種の資本の調達として捉えているのだよ。

◆自己資本の調達と分類

自己資本の調達は、企業の所有者である株主からの拠出額等である。

- 広義の資本
  - 他人資本 ⇒ 他人資本の調達は、企業の所有者でない外部者から資金を調達する方法である。
  - 自己資本
    - ①直接調達 ⇒ 株式 ⇒ 株式による資本の調達は、企業の所有者である株主からの拠出金であり、企業が解散若しくは清算の場合以外は、拠出金である元本を株主に返却しない長期資本を調達する
      - 株式の種類：普通株／優先株
      - 株式発行相手：第三者割当増資／公募増資／株主割当増資
    - ②経営活動調達
      - 利益留保 ⇒ 税引き後利益のうち、社外に支出した配当金や役員賞与を除く、内部留保の残余財務による資本の調達による方法。
      - 減価償却 ⇒ 費用配分の費用であり、収益によって回収されるものであるが、現金支出でない費用であることから、そのまま社内留保される資本の調達方法。

♣図解の解説

①広義の資本のうちの自己資本は、①直接調達と②経営活動調達に類型できます。

②①の直接調達は、株式による資本の調達であり、企業の根幹的存在の資本です。資本の調達手法は、株式の種類としては普通株によるものと、普通株に優先する権利が認められる優先株があります。また、株式の発行方法には第三者割当、公募、株主割当による増資があります。

③②の経営活動調達は、企業が利益を確保した後、企業内に利益留保としたものを資本の調達と捉え、また、減価償却は、現金支出でない費用であり、結果として資本の源泉を構成することから資本の調達と捉えます。

〔実務コメント〕

中小企業などは、株主と企業経営者である社長や同族人が同一人であることが多く、会社は社長のものという風潮が極めて強いようです。また、大企業においては、資本の調達は「資金部」の役割であり、資本の運用管理は「経理部」の役割とした権限の分散型が散見されますが、これについては資本の効率化や資本コストを考慮したうえでの組織の一本化が望ましいようです。

第2章

4

■資本の調達

自己資本と株主資本等変動計算書

●当期繰越剰余金が出れば株式の価値は増加する

株主の最大の関心は、自己資本である純資産の増減です。

企業が通常の収益活動を継続していると、前期末の資本の調達の自己資本と当期末の資本の調達の自己資本を比較して、増加している部分が当期純利益として表示されています。出資者である株主にとっては、自己資本が増加は株式の価値の増加を意味します。

●「株主資本等の変動」について理解しよう！

Q１　・株主の最大関心の自己資本である純資産の増減について説明してください。

その増減要因は企業が事業損益計算において、当期純利益を計上したり逆に損失が生じると、その影響は全て繰越利益剰余金の増減となり、結果として株主が出資した自己資本である純資産の価値の増減に直接影響を及ぼすこととなるからだよ。

Q２　・そのほかに自己資本である純資産の増減に影響することがありますか。

企業が事業損益計算で当期純利益を計上し、株主へ配当金として分配することは、繰越利益剰余金の減少となり、やはり自己資本である純利益の変動となるのだよ。

Q３　・新株発行について、説明してください。

新株発行の増資は、直接的に資本金および資本準備金の増加となる。しかし、株主からの側面では自分の財産を会社に払い込んだだけであり、株主自身だけの財産トータルは変化しないことになる。

Q４　・それから自己株式について、説明してください。

企業が自己の株式を取得することは、株主の側面としては企業からの株主への還元として捉え、株主配当金と同等の効果を生み出す結果になるが、自己資本としての純資産は減少となるのだ。

◆株主資本等変動計算書のしくみ

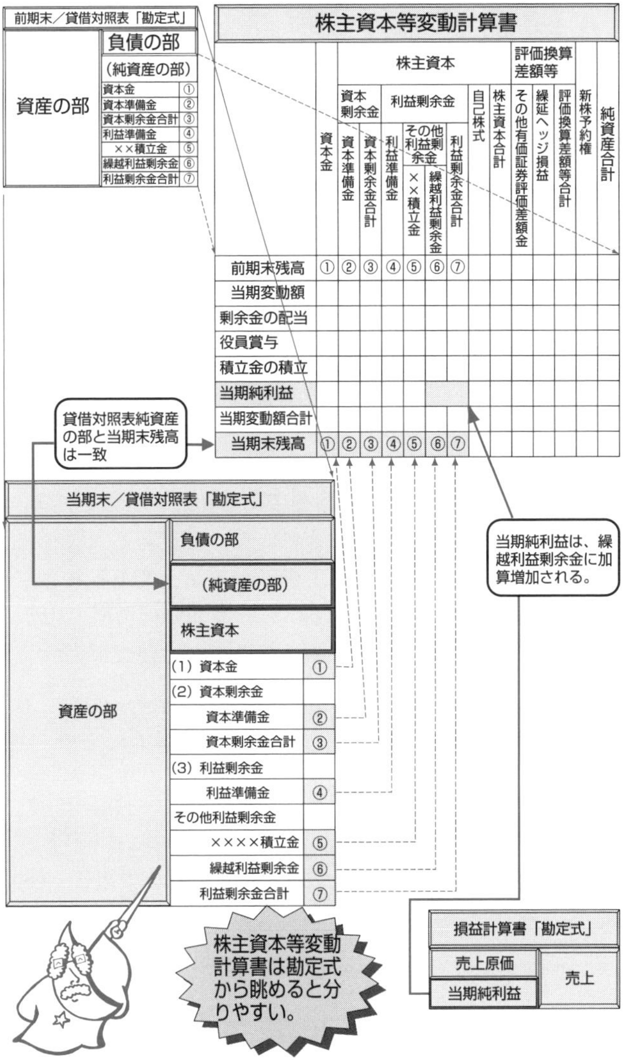

♣図解の解説

1 この3次元立体図は株主資本等変動計算書を中心とした各財表の関係が表現されているものです。

株主の最大の関心は自己資本である純資産の増減であり、またその純資産の増減の要因を知らなくてはなりません。

2 株主資本等変動計算書の横軸は自己資本の調達である純資産の内訳を資本金、資本剰余金、利益剰余金と記載しています。

3 また、縦軸は自己資本の調達である純資産項目の期中の変動要因が記載されています。まず上より前期末残高を前期末の株主資本等変動計算書より記入し、次に当期変動額をどのような要因で変動したかを記載していきます。

〔実務コメント〕

株主資本等変動計算書は、自己資本である純資産の増減を示す計算書です。したがって、株主はこの株主資本等変動計算書によって企業の収益活動の結果を一目することができます。特に、当期変動額がどのように純資産科目に表示されているのかが重要です。

第２章

5

■資本の調達

他人資本と自己資本の経営分析

●債権者と株主とは立場が違う

他人資本は債権者の立場で、自己資本は株主の立場での経営分析が必須です。

企業への他人資本の貸付者である債権者と企業への自己資本の出資者の株主とでは、企業側からでは資本の調達という観点では同一でも、企業への資金の提供意図により経営分析指標を見る側面が全く違ってくるのです。

●「他人資本と自己資本の経営分析」について理解しよう！

Q１ ・資本の調達に関しての経営分析を説明してください。

経営分析の重要性は､誰のための経営分析指標であるかということだよ。すなわち、貸借対照表や損益計算書の財務諸表は企業の利害関係人に有益な財務数値等々を提供している。その有益な財務数値等を企業を取り巻く企業内の経営者や社外の利害関係者がたくさんある経営分析指標の中から、どの指標が最も自己の立場に重要かを見極めることが必須だよ。

Q２ ・他人資本の貸付者である債権者としての立場の経営分析指標を説明してください。

その経営分析指標は自己資本比率だよ。自己資本比率は、総資本（総資産）のうちに自己資本割合を示す指標であって、これが高いほど良好であり、逆に低いほど債権者としては自分が企業に貸し付けた資金の回収の危険性が高いと考えるのだ。

Q３ ・自己資本の出資者である株主が重視する経営分析指標はなんですか。

企業は永続的に利益を追求することが前提になっている。したがって、株主は事業損益計算上の当期純利益の増殖に一番関心があり、それは自己資本の増加であり、それを示す経営分析指標が自己資本利益率だ。

Q４ ・自己資本利益率が高ければ株主に対してどのような影響があるのですか。

当期純利益によって増加する自己資本はその出資に対する還元の株主配当金も多く、かつ、企業の純資産である株価価値が上昇することとなるのだよ。

経営分析の見方は、その立場によって見る角度が異な

自己資本比率と自己資本利益率

◆自己資本比率

債権者は、企業に資金を貸し出す場合、自己資本比率によって経営分析をする。自己資本比率が高い企業ほど、安定感があり、逆に自己資本が低い場合には債権回収の危険性がある。

「算式」

$$\text{自己資本比率} = \frac{\text{自己資本}}{\text{(総資産)総資本}} \times 100$$

自己資本比率

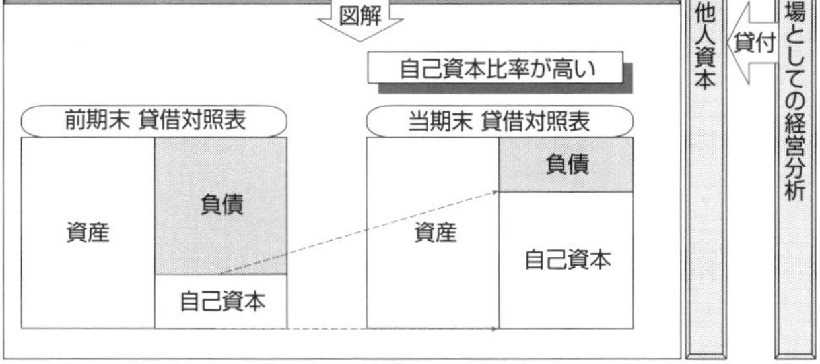

◆自己資本利益率

株主は、企業に出資し株主配当金を受け取るほか、出資した企業の株式価値に注目し、期間損益計算によって当期純利益が計上されれば、その当期純利益によって自己資本が増加し株主の財産である株価が上昇することになる。

「算式」

$$\text{自己資本利益率} = \frac{\text{当期純利益}}{\text{自己資本}} \times 100$$

自己資本利益率

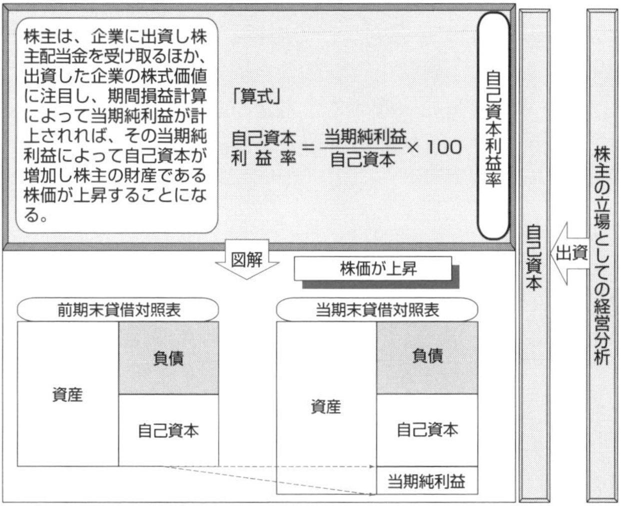

♣図解の解説

1この図は、資本の調達の側面からの経営分析を示したものです。経営分析数値は、誰が関心をもつ経営分析なのかが重要です。

2上段の自己資本比率は、他人資本の企業への貸付者である債権者の立場としての経営分析です。すなわち、他人資本の当事者である債権者は、自己資本が高いほど、その企業に安定感があります。

3下段の自己資本利益率は、自己資本の出資者である株主の立場での経営分析です。株主の出資の目的は、企業の当期純利益に関心があり、当期純利益によって得られる株主配当金とその利益によって高まる企業価値です。したがって、算式も自己資本の増殖である当期純利益の上昇比にあります。

〔実務コメント〕

単年決算数値の経営分析指標は、ある一定の静止した財務状態を示している分析であるために、単年決算数値だけの経営分析指標よりも複数年の決算数値を比較検討および検証することが実務的には重要です。

第3章

資本の運用

◆この章では、調達された資本がどのように運用されるのかを、その資本の運用形態別に解説します。

1 資本の運用とは

調達した資本は、その調達先により他人資本と自己資本に区分された後、企業の事業計画に則り、すべて資本の運用がなされます。したがって、調達段階では他人資本と自己資本として明確に区分されますが、資本運用時には両者は区分されません。**資本の運用とは、調達した資金を何らかの財務としてすべて運用されること**をいいます。

結果として、資本の調達と資本の運用は一致することとなるのです。

すなわち、貸借対照表、借方「資産の部」の合計と貸方「負債の部」プラス「純資産の部」の合計は一致します。

2 製造業の場合の資本の運用

具体的に資本の運用事例として製造業の場合では、まず生産に必要な原材料を仕入れ、必要な設備や機械を取得し、また、生産には人件費等の製造経費が発生します。

その後、生産された完成品を販売費をかけて売り上げられ、一定の利益を獲得します。

次にその獲得した利益の一部から、資本の調達先である他人資本の借入金の返済や利息の支払いにあてたり、あるいは、自己資本の株主に対しては株主配当金として還元します。

この一連の資本の循環を資本の運用といいます。

3 資本の運用と貸借対照表

このようにして、企業の事業活動によって運用された資本の結果が、貸借対照表に一定の時期の資本の運用形態として勘定科目により表現されているのです。

◆資本の運用のフロー

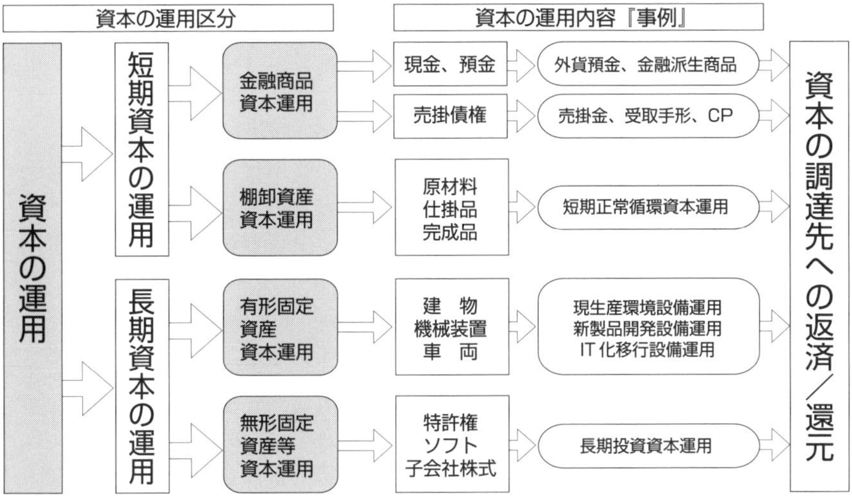

♣図解の解説

1資本の運用は、原則 1 年以内の資本の運用を「短期資本の運用」、原則 1 年超の資本の運用を「長期資本の運用」に区分されます。また、前者は大きく「金融商品」と「棚卸資産」に、後者も「有形固定資産」と「無形固定資産等」にさらに区分されます。

2資本の運用の内容は、事例のとおり業種、業態によってさまざまに展開し運用され、最終的には、その獲得利益の一部は、資本の調達先への返済や還元に充てられます。

資本の調達から企業の活動は開始され、その調達された資本を企業は経営資源として、効率的運用をしながら利益を獲得することになる。

第３章
1

■資本の運用

資本の運用の分類

●資本の運用の分類には流動資産と固定資産とがある

調達された資本は、経営計画に則り運用形態別に、より効率的に運用されます。資本の運用の分類には流動資産と固定資産があり、資本の調達と連動しています。

●「資本の運用の分類」について理解しよう！

Q１　・財務としての資本の運用について説明してください。

他人資本および自己資本として調達された資本は、概ね現金、預金として資金が入金されるが、その資金はその資本の運用形態によってさまざまに変化するのだ。その資本の運用形態が貸借対照表の借方として一定の時期の静止した状態で示されているのだよ。

Q２　・製造業と事例に具体的に説明してください。

概ね現金、預金で資本が資金として入金されると、企業は事業によって利益を獲得するために活動を開始する。製造業を事例にとれば、生産設備を取得し、原材料を仕入れ、労務費を投入し完成品を製造するのだ。そして、その完成品を販売することによって利益を含んだ売掛金や受取手形として売掛債権が発生する。それを後日、現金、預金として回収するのだ。この一巡の取引が調達した資本の運用の流れだよ。

Q３　・そうすると資本の運用は、企業の経営そのものですね。

そのとおり。しかし、資本の運用は経営運営そのものだが、財務としての資本の調達と資本の運用のバランスも経営全体としては企業の生命線であり、経営運営の根幹をなす重要な役割だよ。

Q４　・なぜ、資本の運用には、１年基準が採用されるのですか。

資本の運用には、その用途によって異なり設備の取得等のための長期的運用と原材料の仕入れのような短期的運用があるのだ。したがって、その資本の運用方法によって実は資本の調達がなされているのだよ。つまり、資本の調達も長期的目的と短期目的があるのだよ。すなわち、目的別や用途別に資本が調達されているので、その資本の運用も目的別や用途別になされているのだ。そして、その結果が概ね１年基準として長期と短期、あるいは流動と固定に区分されているのだ。

◆調達した資本の運用

♣図解の解説

1 この図の貸借対照表の「借方」が一定の時期の資本の運用形態を表現しています。

1年以内の資本の運用が流動資産区分であり、1年を超えての資本の運用の区分には、固定資産および無形固定資産並びに投資や繰延資産が入ります。

2 固定資産の資本の運用としては、その取得時期に現金支出として資金の流出となりますが、毎期の決算期においては、費用配分によりそれぞれの耐用年数に従って減価償却費として経費処理されます。

3 無形固定資産等の資本の運用は、企業の業種業態により多種多様で、それぞれの勘定科目によっても費用処理は異なります。

〔実務コメント〕

実務的に財務としての資本の運用の管理は、正常管理より異常管理に力点を置くことが重要です。たとえば、売掛債権では不良売掛金や棚卸資産の滞留棚卸資産、そして稼動していない遊休固定資産等など。それらが全て資本の調達と資本の運用のバランスを狂わせ、やがて資金繰りが鈍化する結果となります。

第３章
2

■資本の運用

現金、預金の資本の運用とキャッシュフロー計算書

●現金、預金の流れが把握できる

現金、預金の資本の運用は、キャッシュフロー計算書により表現されています。

企業は通常、収益活動によって利益を獲得するのであり、キャッシュフロー計算書としての健全性は営業活動によるキャッシュフローがプラスになっていることです。また投資活動によるキャッシュフローは企業は成長を前提としていますからマイナスに、そして財務活動によるキャッシュフローは資本の調達の最終調整が残るのでプラスとマイナスが発生します。

●「キャッシュフロー計算書」について理解しよう！

Q１　・資本の運用とキャッシュフロー計算書の関係について説明してください。

資本の運用は、その運用の形態によって流動性のある短期の運用と固定性のある長期の運用に大きく区分される。また、その代表的なものが前者の現金、預金や売掛債権、棚卸資産で、後者の代表的なものが有形固定資産、無形固定資産、投資、繰延資金だよ。そして、それらの運用の内容が現金、預金ベースで示されているのがキャッシュフロー計算書なのだ。

Q２　・キャッシュフロー計算書について説明してください。

キャッシュフロー計算書は、貸借対照表、損益計算書と同様に企業にとってはとても重要な財務諸表だ。企業が１年間に事業によって獲得した現金、預金がキャッシュフロー計算書に表現されているのだ。そして、その内容として事業の本業で稼いだものが「営業活動」区分に、固定資産の売却等が「投資活動」区分に、また他人資本の借入金の入金等は「財務活動」の区分に示されているのだよ。

Q３　・現金および現金同等物について説明してください。

企業活動により現金、預金が期中に増減したのが、３区分によるキャッシュフローだ。それに期首残高をプラスしたものが期末残高となるのだよ。

現金は、手許現金と要求払現金としての当座預金、普通預金、通知預金が該当し、現金同等物とは、容易に換金可能であり、かつ、価値の変動について僅少なリスクしか負わない短期投資だ。たとえば定期預金、譲渡性預金が該当する。

◆現金・預金の資本の運用とキャッシュフロー

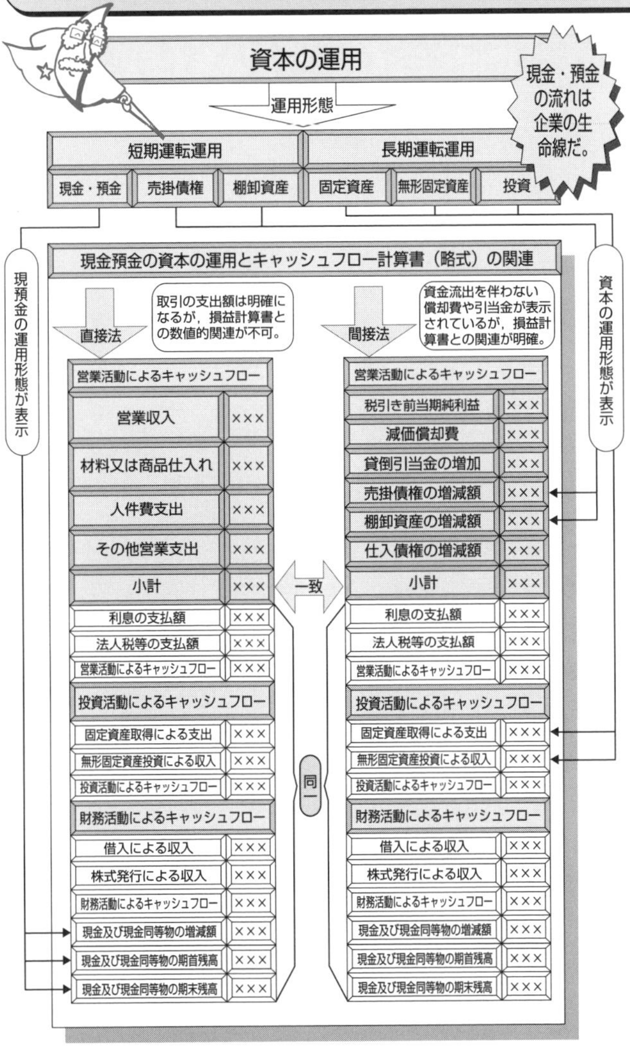

♣図解の解説

①現金、預金の資本の運用の内容は、財務諸表であるキャッシュフロー計算書によって表現されています。キャッシュフロー計算書には、図のように「直接法」と「間接法」の２種類があります。

②「直接法」は、取引の収入額および支出額が明確に表示されますが、損益計算書との直接的数値の関連が不明となります。

③一方「間接法」は、減価償却費や貸倒引当金等の現金の流出を伴わない勘定科目がありますが、損益計算書との数値の直接的関連は明確です。

〔実務コメント〕

実務的には貸借対照表や損益計算書以上に、キャッシュフロー計算書は重要な財務諸表です。なぜならば、例え損益計算書が赤字続きでも、キャッシュフローによる現金、預金が運用上回転していれば企業は倒産しません。それは資金によって取引が継続できるからです。逆に損益計算書がいくら黒字でも資本の運用である資金が止まればと取引は停止し、俗に言う黒字倒産に陥ります。

第３章

■資本の運用

3 売掛債権の資本の運用

●売掛債権の財務管理の対象は発生から回収まで

売掛債権の管理は、営業部門の取引開始からその売掛債権の回収までが財務の管理の対象となります。

売掛債権は得意先別、取引単位別、営業マン個人回収責任別等で管理し、滞留情報を適宜把握する仕組みを社内全体に確立しておくことが求められます。

●「売掛債権の資本の運用」について理解しよう！

Q１ ・売掛債権の財務管理として開始時の信用調査は分りますが、まず与信管理について説明してください。

与信管理とは、文字どおり「信用」を「与える」ことだよ。商談取引上、得意先に信用を与えるとは、たとえば、今日の取引を今日現金で受け取らず後日後払いとすることだよ。すなわち、得意先を信用し支払いを掛取引とすることだ。これは今日の取引上の習慣であり広く普及しているのだよ。

Q２ ・企業もその得意先から入金がなく、もしも回収不可能となると大変ですね。

企業は取引の習慣を配慮した上で、売掛債権の安全回収管理にこころがけながら資本の運用をすることが求められている。そして、万が一、売掛債権が回収不能になった場合にも対処できるような財務の管理が必須となるのだよ。

Q３ ・売掛債権の財務の管理について、具体的に教えてください。

売掛債権回収管理は、企業が資本の運用をスムーズに進める上で最も重要な財務の管理だ。売掛債権は常にその回収期日を１カ月、２カ月、３カ月、半年、１年先まで把握し回収の入金管理するのだ。それが売掛債権の年齢管理といわれているのだよ。現金、預金としていつ入金され、再度その資金を次の資本として運用展開するか、短期的あるいは長期的に、かつ、計画的に管理されるのだよ。

Q４ ・貸し倒れについて、説明してください。

売掛債権は安全回収を確認しながら得意先と取引を継続するのだが、その回収が長期間に及ぶとやがて滞留債権となり、最後は貸倒債権となって回収不能に陥ることになる。それが貸し倒れだ。しかし、企業は滞留債権が貸し倒れとなった場合に備えて、会計上の引当として貸し倒れの実績等々を踏まえて「貸倒引当金」を設定し、そのリスクの回避をしているのだよ。そうすることが、資本の運用上重要な会計の手続きなのだ。

◆売掛債権の管理のしくみ

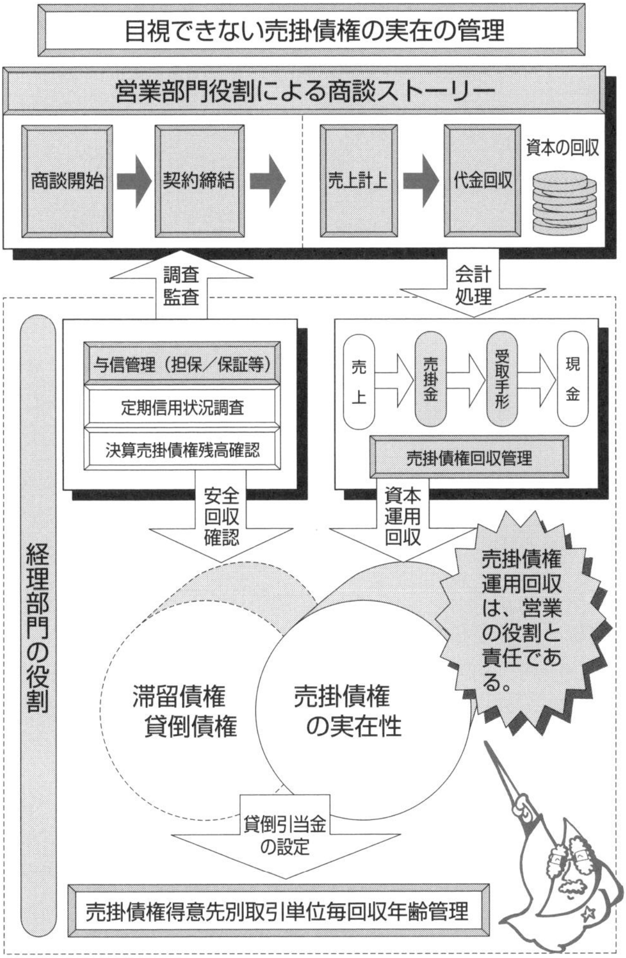

♣図解の解説

1売掛債権の資本の運用の難しさは、慣習である信用取引（現金入金が後日）が目視できないために、その実在性の管理が多岐にわたるからです。売掛債権である資本の運用の全てが目視できる管理の構築がなされないと、滞留債権や貸倒債権が発生していても見過ごすことになります。

2会計処理の流れからは、売上の計上から売掛金や受取手形の売掛債権が確定、そして現金、預金の回収が終了するまでの一連の回収管理が必須となります。

3売掛債権とそうでない滞留債権や貸倒債権を明確に区分することにより、リスクのない目視できる管理体制となるのです。

〔実務コメント〕

売掛債権の財務の管理責任は営業部門です。営業部門は売上計上責任は勿論、売掛債権回収責任も担っています。また、得意先との直接折衝をしているために、売掛債権の回収不能の危険性を一番早く知る立場にいます。

実務的には売掛債権の数値管理は経理部門であり、得意先の回収実態管理は営業部門となります。そして、双方部門が得意先の情報を共有し、連携することが当然の仕組みとして社内に存在しなければなりません。

第3章

4

■資本の運用

棚卸資産の資本の運用

●棚卸資産の管理は企業を命運を制す

棚卸資産は、企業が最も困難な財務の管理です。

棚卸資産の管理は資本の運用として経営の最重要課題であり、正常回転の維持管理には企業全体の命運がかかっているといっても過言ではありません。

●「棚卸資産（資本）の運用」について理解しよう！

Q１・棚卸資産の財務について、説明してください。

企業の資本の運用形態の中で、最もその財務としての管理が難しいのが棚卸資産だ。製造業でいう棚卸資産は原材料、仕掛品、製品そして保守部品等、企業にとっては必要不可欠なものだ。その棚卸資産が正常に回転している状況が企業にとって最も理想的な事業運営だが、一歩その財務の管理を誤ると過剰な在庫となり資本の運用がピンチとなるのだよ。

Q２・棚卸資産が過剰になった場合の企業への影響を説明してください。

棚卸資産が社内に滞留し過剰になることは、売上が停滞し利益が計上できないことを意味しているのだ。また、その棚卸資産の保管費や他人資本による資本の調達の場合は金利負担も発生してくるのだよ。

Q３・過剰になる滞留棚卸資産の発生原因は何ですか。

これは企業によって様々だが、たとえば営業部門の販売計画のミスによる場合や各部署がリスク回避のために余分な棚卸資産を抱え込んだりした場合も滞留資産は発生するが、最悪なのは経営トップの意思決定の判断ミスだ。これは企業の経営上も資産の運営上も重要な影響を及ぼすこととなるのだよ。

Q４・発生した滞留棚卸資産の管理とその処分について、説明してください。

滞留棚卸資産は放置すると品質の低下を招き、やがて陳腐化や劣化等々により販売が不可能になってしまうのだ。この状況は資本の運用としては資本の回収が滞り、やがては倒産へとつながるのだよ。企業はいち早く滞留棚卸資産情報を知り、その処分を検討することになるのだ。その処分の一つとして定価を下げての販売や組合せによるセット販売等、また棚卸資産の原価の評価替えや廃棄処分による会計上、財務の体質の改善を早急に図ることになるのだよ。

◆棚卸資産の管理のしくみ

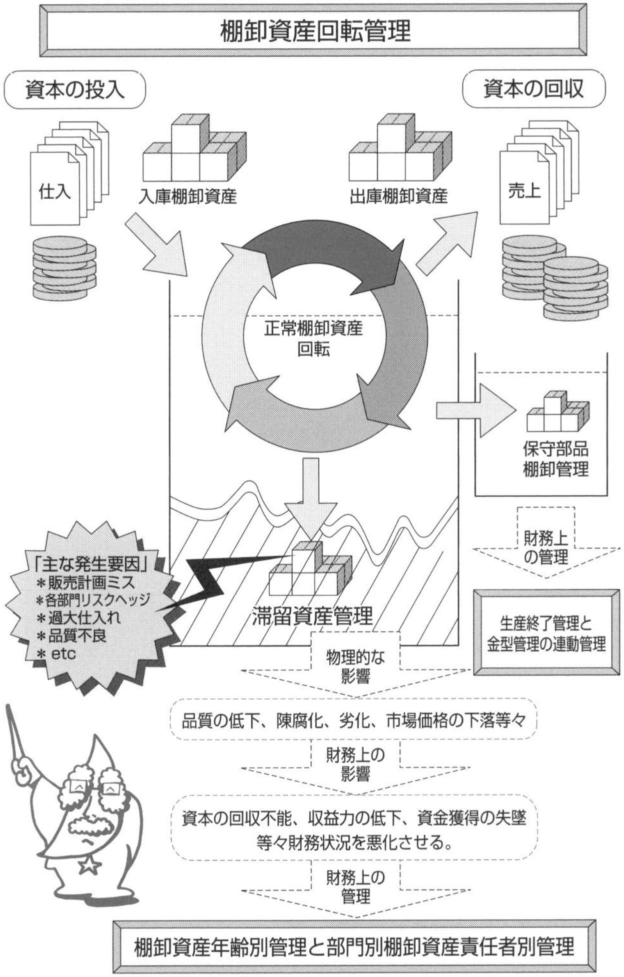

♣図解の解説

[1]この図は棚卸資産である財務の資本の投入から資本の回収を示したものです。製造業、販売業、建設業、また労務提供のソフト開発業も、仕掛としての在庫が発生します。

[2]図のように、棚卸資産としての在庫が発生することは、資本が事業に貢献していない状態を意味しています。したがって、企業にとって棚卸資産としての在庫は必要最低量を確保することが望まれます。

[3]在庫の必要最低量とは、正常に在庫が回転することをいいます。具体的には、滞留在庫が存在しない状態です。企業はこの滞留在庫の発生を食い止めることが最重要課題となるのです。

〔実務コメント〕

実務上、棚卸資産の管理はとかく現場サイドになりがちですが、これは間違いであり、資本の運用が停滞していると解すれば、当然経営トップの責任管理が必要です。誰もが売れる物には注目しますが、経理あるいは財務としての見地からすれば、売れずに残る棚卸資産の管理ほど企業にとって重要なのです。なぜなら、その滞留の分析を怠ると更なる滞留棚卸資産の発生を招くからです。

第３章

5

■資本の運用

固定資産の資本の運用

●固定資産の稼働状況が業績に影響する

固定資産の稼働状況の影響は､全て企業の資本の運用と損益計算に影響を及ぼします。

固定資産の資本の運用形態は、長期的財務の管理体制とその現物の状態管理を併用させます。

●「固定資産（資本）の管理」についての理解しよう！

Q１ ・固定資産の財務管理について、説明してください。

固定資産はその投資から資本の回収までの期間が長期に及ぶため、企業内にしっかりとした管理体制を構築することになる。

Q２ ・どのような管理の体制を構築するのですか。

一般的には固定資産は、その投資から回収までの期間が長期間に及ぶために、その投資する資本の調達も当然、長期間の借入等によって対応するのだよ。また、管理も理論値の費用配分である減価償却費の計算から現物管理としての実態稼働管理にまで及ぶことになるのだよ。そして、企業が外注による生産体制を行っている時は、その外注管理まで視野にいれた財務の管理体制が必要となるのだ。そういう意味で企業内に全てを管理する組織としての専門部隊が不可欠となるのだよ。

Q３ ・理論値としての費用配分について、説明してください。

固定資産は一定の耐用年数のもと、減価償却によって取得価額を費用化する。これを各事業年度に費用として配分し、理論値によって固定資産が減ったことにしているのだ。しかし、この理論値と現在とに乖離があれば、理論値を現実実態に合わせて修正することが必須となるのだ。そうしないと稼働が終了した時に、その乖離した差によって廃棄損が多額に発生する可能性が生じるのだよ。また、これは資本の運用上も損益計算上も大変な問題となってくるのだ。

Q４ ・固定資産の現物管理について、説明してください。

固定資産の管理の要は現物の稼働状況管理だ。それは、当初固定資産に資本を投入する時に測定した稼働状況と現実の稼働状況のギャップを適宜確認することだよ。その稼働状況にやはり差が生じるならば、資本の運用上、または資本の回収に問題が残ることになるのだよ。

◆固定資産の資本の運用

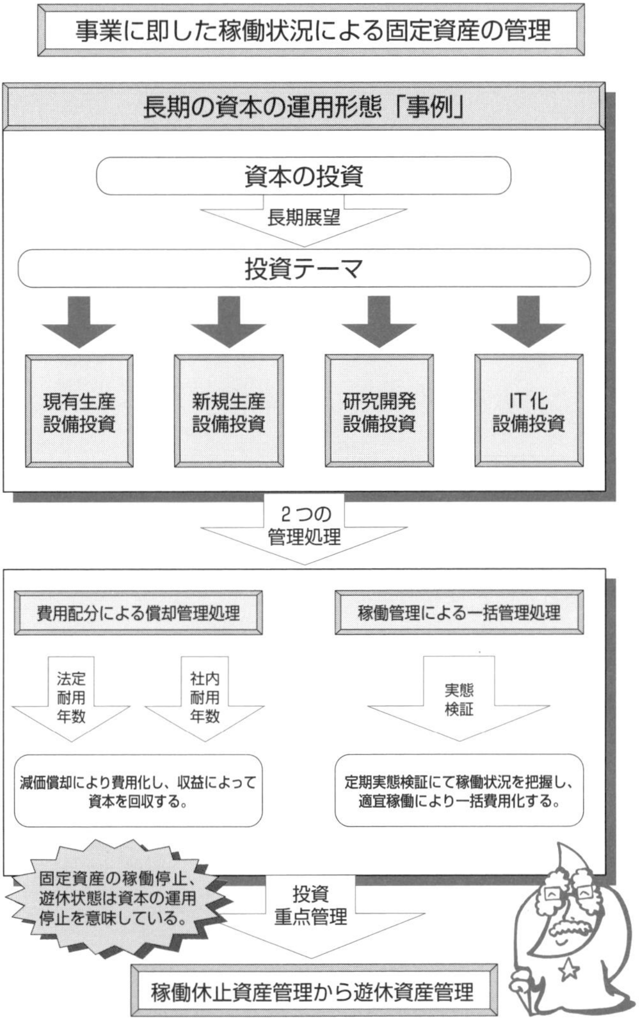

♣図解の解説

1 企業は利益を上げるために資本を設備等々に投資します。しかし、固定資産は資本の回収が長期に及ぶためにときどき稼働休止資産や遊休資産が発生します。このための管理処理には 2 つのものがあります。

2 一つは、費用配分による減価償却費の管理です。固定資産は一定の耐用年数によって償却費を費用として計上します。固定資産耐用年数は、税法で定められていますが、実態を反映した社内耐用年数を設定することが必須です。

3 二つは、稼働管理による一括管理処理です。もしも、固定資産の稼働状況が実態から乖離していれば、廃棄処分や一括した償却による費用処理化が求められます。

〔実務コメント〕

固定資産の実務的問題は、その管理が長期的であるために、取得した時の状況の耐用年数によって管理を継続していることと、現物管理としての稼働状況の調査を怠っていることにあります。この 2 つの管理は、全て資本の運用にも直接影響を与えることとなるのです。

第３章

6

■資本の運用

無形固定資産、投資、繰延資産の資本運用

●無形固定資産等の資本回収は時間を要する

無形固定資産、投資、繰延資産は、資本の運用からみると、その資本回収にはそれぞれ時間を要する類型です。

無形固定資産、投資、そして繰延資金も可視化できない財産であるため、その管理のポイントは契約書や社内計画書および経営の意思決定の稟議書等々の管理を明確にすることが肝要です。

●「無形固定資産などの資本運用」について理解しよう！

Q１ ・無形固定資産の財務の管理について、説明してください。

無形固定資産は可視化管理のできない資本の運用形態であって、その管理も契約書等々の証憑による場合がある。しかし、企業にとっては法的権利等であり経営運営上、重要な財務であるのだ。

Q２ ・では、投資の管理はどうですか。

投資の発生としての資本の運用は、企業間取引の習慣等やむを得ず発生する投資も含まれている。したがって、資本の運用とその資本の回収は必然的に長期、短期あるいは、ケース・バイ・ケースになる。しかし、そのまま放置してしまい財務としての価値が著しく下落している場合は、価値の下落相当分や投資額全額を費用処理することも、資本の運用の側面からは必要となってくるのだよ。

Q３ ・最後の繰延資産は、どのような財務の管理ですか。

繰延資産は、資産価値といってもその実態は存在しない会計上の資産である。したがって、単に会計上の期間損益計算の見地からの資産なので、資産に計上するよりも資産の運用上、または財務的には早期一括費用処理が望ましいのだよ。

Q４ ・資産価値のない繰延資産が、なぜ貸借対照表に計上されているのですか。

確かに資産上価値を有しないが、その投資の効果が次期以降に影響を及ぼすため、また適正な期間損益計算上も各期間に償却費を費用配分することが会計上必要となる。しかし、財務としては早期の資本の回収を前提にするので、早期一括費用処理が有効な会計処理となるのだよ。

◆無形固定資産、投資、繰延資産の価値の見直し

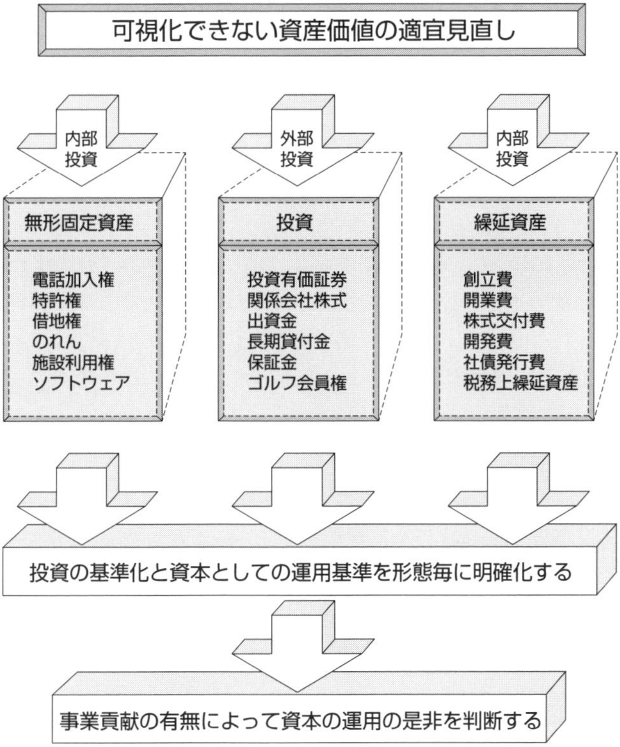

資本の運用からして、徹底した効率を追求する管理強化勘定項目である。

♣図解の解説

[1]この図は、無形固定資産、投資、会計上の資産である繰延資産を資本の運用形態から示したものです。

[2]無形固定資産は、可視化できない法律上の権利を有するものです。また、企業は他の企業との競争上、経済的に優位性等々を保つために無形固定資産に資本を投入します。

[3]投資は、その資本の運用形態が認識できるように、勘定科目で細かく分類されています。しかし、資本の運用という観点からの投資はかなり長期展望による実践的な資本の運用といえます。

[4]繰延資産は会計上の資産であり、全く可視化できず、かつ、実態資産性の乏しいものです。よって、早期の償却が資本の回収に貢献することとなります。

〔実務コメント〕

上図の３つの資本の運用形態は、実務的には経理部門で一括すべきものですが、やはり適宜内容の見直しと、資産価値の検証は実施すべきです。そして、できれば資本の運用としてのその効果も測定することです。

第3章

■資本の運用

7 資本の運用と経営分析

●資本の運用形態に分けて経営分析をする

資本の運用上の経営分析指標は、個々の経営分析指標を理解した上で、他の経営分析指標とを関連付けて捉えることが重要です。

経営分析指標は、業種形態によって異なりますが、少なくとも単年だけではなく複数年度にわたって計測することが必要であり、また他企業との指標比較も忘れてはならないことです。そして、個々の経営分析指標と他の経営分析分析指標とを関連付けた指標管理も重要です。

●「資本の運用と経営分析」について理解しよう！

Q 1 ・最初に個々の経営分析として税金、預金について説明してください。

財務の安全性の経営分析指標は、流動比率（流動資産÷流動負債×100％）と当座比率が最も重要な指標比率だ。当座比率はその数値が100を超えると短期の資金としては良好といえる。数値が100を超えることは、流動負債に対しての支払に対処する現金・預金を保有していることになるからだ。

Q 2 ・次に、売掛債権回転比率について、説明してください。

売掛債権回転比率は、年間売上を売掛債権（期首売掛債権と期末売掛債権の平均額）によって除して計算するのだ。また、業種によっては、比率ではなく回転期間によって管理する場合もある。その回転期間とは、売上の何カ月の売掛債権を有していることを示すものだ。算式は、（期首売掛債権と期末売掛債権の平均額）÷年間売上高×12カ月で計算されるのだよ。

Q 3 ・棚卸資産回転率について、説明してください。

棚卸資産回転比率も、売掛債権回転比率と同じく業種によっては回転期間でも管理できるのだよ。算式は、（期首棚卸資産と期末棚卸資産の平均額）÷年間売上高×12カ月だ。結論として、売上の何カ月の棚卸資産を保有しているかを示すのだ。

Q 4 ・最後に、固定資産回転比率を説明してください。

固定資産は資本の運用が長期間に及ぶため、固定資産回転比率を勘定科目別や管理部門別に細分した測定を工夫して導入することが必須だよ。とくに遊休や稼働状況は、比率数値だけによらず実態調査を平行した可視化管理が重要だよ。

◆資本の運用と経営分析のしくみ

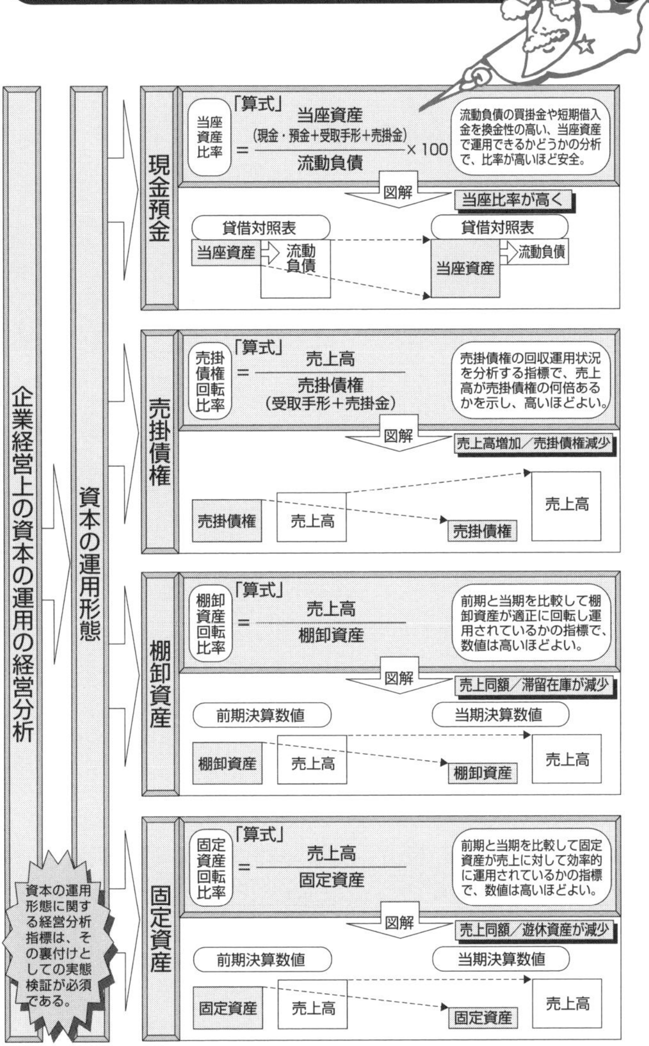

♣図解の解説

1この図は、企業が資本の調達として他人資本と自己資本によって調達した資金等々を企業経営上、如何に効率的に運用をしているかの経営分析を示しています。

2資本の効率的運用の重要性は、個々の資本の運用形態の経営分析だけではなく、全て一体とした関連で捉えることが重要です。なぜならば、現預金、売掛債権、棚卸資産そして固定資産も企業が利益を獲得するための一体となった手段であるからです。

3そして、一体となった関連で経営分析をする前提として、それぞれ個々に資本の運用の効率をさらに掘り下げた経営分析をすることが重要です。

〔実務コメント〕

経営分析指標は数値の現象であり、実務としてはその経営分析指標の改善が行われることが必要です。そのためには、その経営分析の指標が何のための経営分析指標かを十分認識し、直ちに現場に対してその経営分析指標の改善に手を打てる財務の管理態勢が要求されます。

第４章

資金と資金繰りのしくみ

◆この章では、企業がいかにして資金を介して事業を上手に運営するかについて解説します。

1「資金」とはなにか

「資金」という用語は、決算書である貸借対照表にも損益計算書にも出てきません。国語辞典によれば、「事業の元手となる金銭」となっています。この意味では、貸借対照表の勘定科目である「現金」そのものを意味することになります。

ところが、企業活動においては、必ずしも現金だけが資金とは限りません。預貯金など一時的に投資している場合もあるでしょう。こうしたものも、すぐに現金に変えて資金化することができることから、資金と考えられています。

2キャッシュフロー

資金に関して、キャッシュフローという用語があます。これは、お金の流れを意味し、主に、企業活動によって実際に得られる収入資金から外部への支出資金を差し引いて、手元に残る資金の流れのことを言います。現金の収支を原則とし、したがって将来的に入る予定の収入（売掛金など）は含まれません。

3キャッシュフロー会計と計算書

キャッシュフロー会計は、企業の経営成績を現金・預金の増減を元に明らかにするという会計手法の１つです。日本では2000年度から、上場企業は財務諸表の１つとして、キャッシュフロー計算書の作成が義務付けられています。

キャッシュフロー計算書が義務付けられ理由は、損益計算書とは別の観点から企業の資金状況を開示し、資金獲得する能力、債務の支払い能力、資金調達の必要性等に関して評価するために広く情報を提供するためとされています。

このキャッシュフロー計算書の作成義務は上場企業に限られていますが、営業活動に直結している資金繰り（キャッシュフロー）は、中小企業や小企業において「経営の診断書」として特に重要と考えられます。

また、将来のキャッシュフローを予測することにより、資金繰表としての活用も可能です。

◆現金と資金繰り表『雛型例』の関係

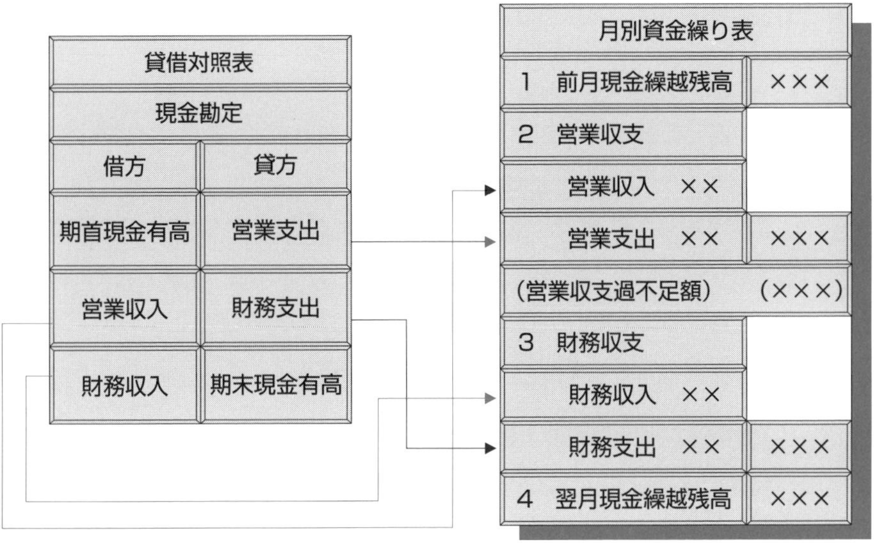

♣図解の解説

①資金繰り表は、一定の期間（日、週、月等）での資金収入と資金支出を集計し、資金の過不足を管理する表です。

②特に、営業収支の過不足管理は、短期運転資金との関係で流動資産残高および流動負債残高との兼ね合いを常に意識しながらの管理が必須となります。

「資金」とは、現金そのもののことである。

■資金と資金繰りのしくみ

第４章 1 資金の流れ(キャッシュフロー)

●資金の流れの把握

企業の資金管理は、やはり複式簿記が基本です。

企業が成長していくために資金が必要です。したがって、資金の流れを把握し、調整する資金管理が重要です。

●「資金の流れ」について理解しよう！

Q１ ・前部までの解説で、企業の全体の取引から貸借対照表および損益計算書の作成までは概ね理解できました。

全体が理解できれば、後は勘定科目の性質や仕訳パターンを類型的に分類し理解すればよいのだよ。

Q２ ・資金管理のことについて、説明してください。

資金管理を理解する前に、企業の資金の流れをつかむことが重要だよ。

Q３ ・資金の流れについては、やはり現金である貸借対照表が基本ですか。

そのとおり。本書の第１部や第２部で理解したことを前提に、資金を考えることが重要だよ。ともかく、資金管理は貸借対照表の財産である資産と負の財産である負債と純資産の全部が影響するといってよいのだよ。

Q４ ・個人も企業も資金を管理するということは同じということですが、資金の流れはどうですか。

資金の管理は同じでも、資金の流れはかなり違うのだよ。個人は給与や家計簿を想像すればよいのだが、企業の場合はやはり複式簿記の基本的な取引をつかみ、その取引が資金に関しているものはすべて現金勘定を介していることになるので、資金の流れの複雑さ、資金情報の多さは比ではないのだ。

◆個人と法人の資金の流れの違い

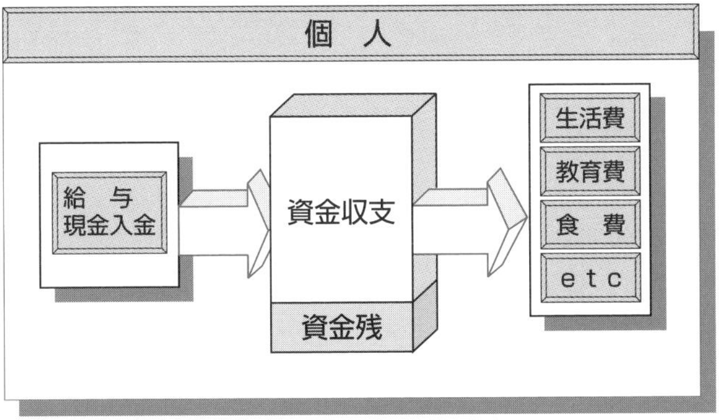

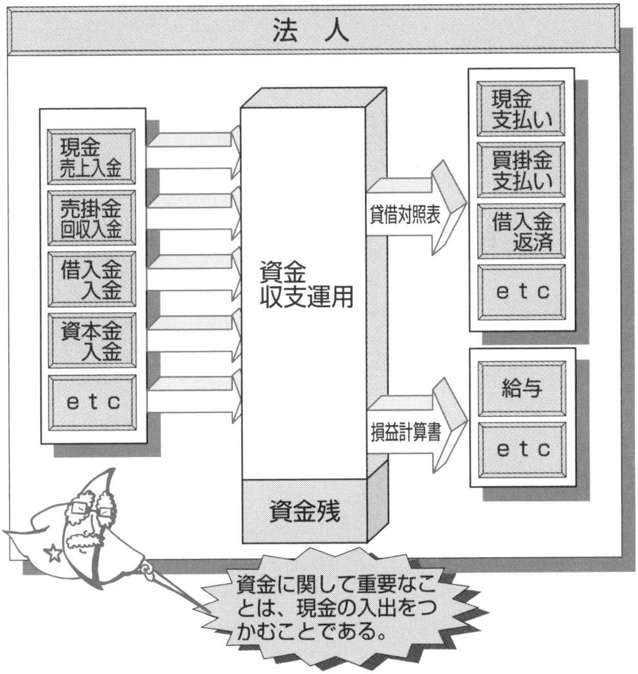

♣図解の解説

①この図は、個人の資金管理と企業の資金管理をそれぞれ表したものです。

②企業の図の方は、取引の項目がやや多くなりますが、資金管理を理解する上では、基本的には個人の資金管理と同じです。

〔実務コメント〕

企業の生命線は資金管理であり、いくら各事業年度で利益を計上しても、資金繰りや資金運用がしっかりしない企業には、当然、現金は残らず、倒産を招くのは必定です。

■資金と資金繰りのしくみ

第4章 2 資金管理と資金繰り表

●現金の流れをすべて把握

資金管理は、現金の流れに関するすべての勘定科目を網羅し、かつ、実績数値を踏まえて将来の数値も予測します。

資金管理の目的は、資金不足が生じないようにする資金繰りにつきます。資金繰りに失敗すると倒産という憂き目にあわないとも限りません。

●「資金管理と資金繰り」について理解しよう！

Q１ ・資金管理とは、貸借対照表の現金勘定の管理なのですね。

資金管理とは、現金勘定を並べ替えた資金繰り表を作成し管理することだよ。特に、将来の現金の動きを過去の実績資料をもとに予測し作成することが重要だ。

Q２ ・実績から将来の現金の動きを予測し、毎月単位で作成するのですか。

個人が毎月給料の入金と生活費として出金を管理するのと同じだよ。しかし、企業の場合は現金の取引が複雑なことと、将来の資金の流れの予測の把握が難しいのだよ。

Q３ ・つまり、現金の流れを中心に、現在と将来の予測を踏まえて資金繰り表を作成することですか。

そのとおり。現金の流れを勘定科目で追うことは、現金の入出金に関するすべての勘定科目を複式簿記で追うことになるのだ。

Q４ ・複式簿記での、現金に関する勘定科目を具体的に説明してください。

直接現金の入出金に関する勘定科目の取引仕訳は容易に理解できるが、間接的に時の経過を経て現金化する勘定科目の管理が大変なんだよ。例えば、債権の売掛金や債務の買掛金、そして手形を発行しているとその出金管理が資金管理のポイントになるのだよ。

◆貸借対照表の現金科目と資金繰り表

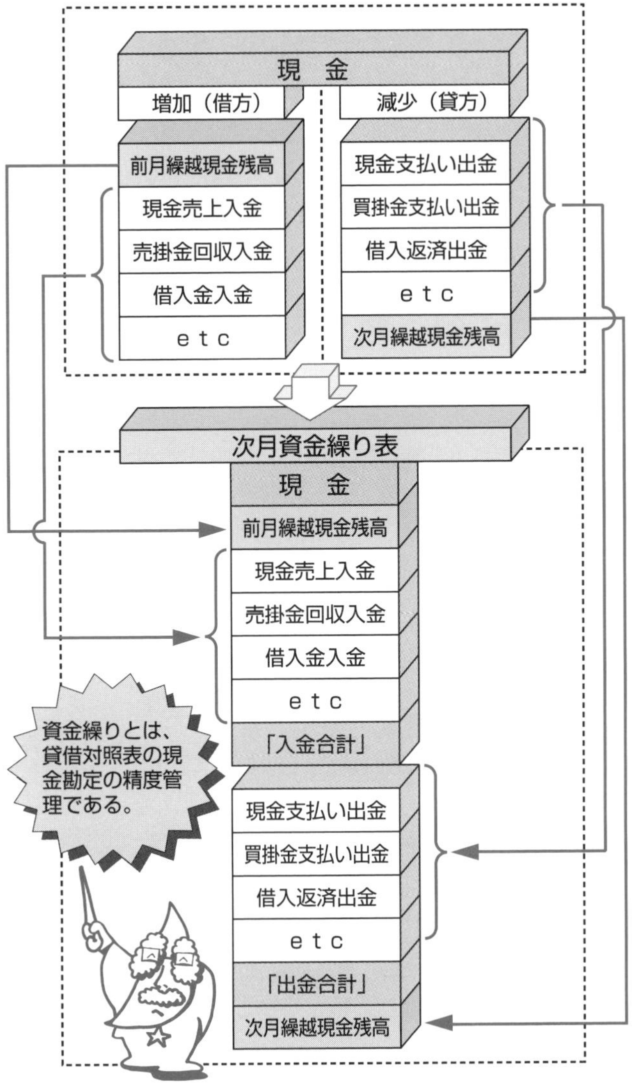

♣図解の解説

①資金管理は、貸借対照表の現金勘定の管理を克明に管理することです。この図は、現金勘定の借方の増加と貸方の減少を資金管理のために作成する資金繰り表に並べ替えるものです。

②この3次元立体図を見て分かるように、貸借対照表の現金勘定が資金繰り表と同一であることが理解できるでしょう。

〔実務コメント〕

資金管理は、日々の簿記・会計の実務で最も重要な業務です。特に、売掛金や受取手形などの入金の管理は、予測せぬ回収遅延や貸し倒れが発生した時の対処を考慮することが、資金繰りでは必須となります。

■資金と資金繰りのしくみ

第4章 3 良好な資金繰り

●資金不足に陥らないための管理

資金管理は、基本的には資金の期限の管理であり、特に、現金化される前の債権債務の管理が重要です。

資金不足に陥らないためには、現金収入が支出を上回るようにし調整することです。一時的な借入れで調整する場合もあります。

●「良好な資金繰り」について理解しよう！

Q１ ・現金化される前の、売掛金の入金管理について、説明してください。

売掛金は、棚卸資産を販売した時に売上計上と同時に発生する債権である。売掛金の発生時は、取引先よりいつ債権が入金されるかが約定などで予定されているので、その債権ごとに入金の期限管理をすることが必須だ。

Q２ ・つまり、得意先ごとに、かつ、取引ごとに、入金の期限を管理することですか。

そのとおり。債権の入金期限管理は取引ごとに多くの管理データが発生するので、管理はかなり大がかりで大変だ。中堅企業以上では、債権管理の専門の部署が設けられているよ。

Q３ ・現金支払い前の買掛金の出金期限管理は、債権である売掛金と管理は逆ですね。

買掛金は、棚卸資産を仕入れた時に発生する債務だ。しかし、債務もいつ出金期限が到来するかの管理は売掛金と同じで、仕入先ごとに、かつ、取引ごとに、出金期限を管理することになるのだよ。

Q４ ・買掛金も債務として、発生時には仕入先への出金の期限が定められているのですか。

企業の取引は、現金化のサイクルの中で成立しているので、現金の出金期限を把握することは、企業の信用問題にからむのでとても重要だ。買掛金の出金期限管理は、前もってやはり約定によって定められている。

◆良好な資金繰りのパターン

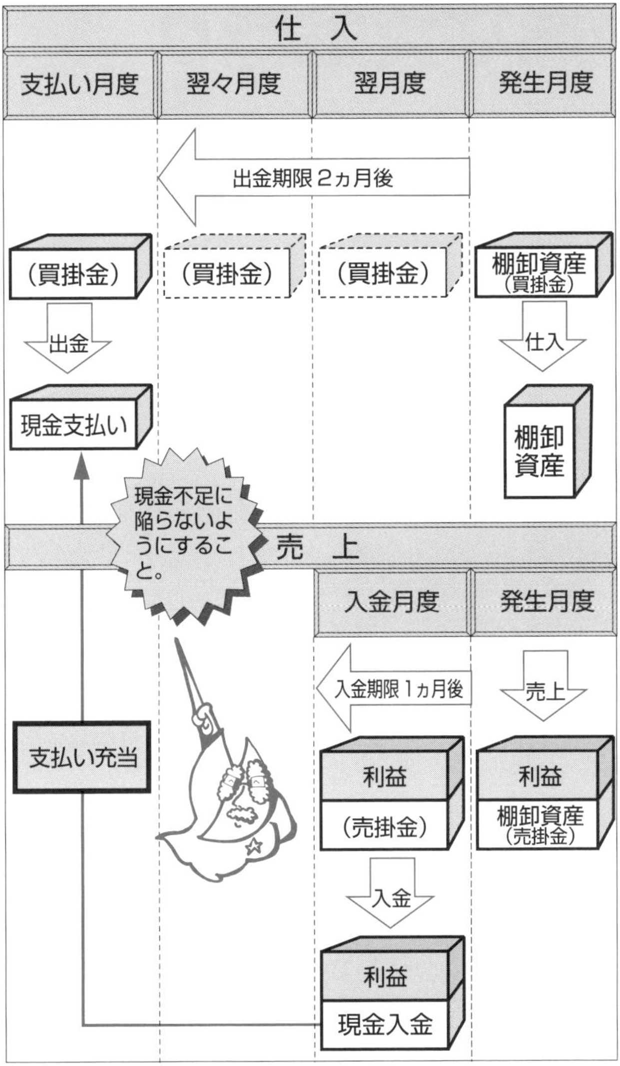

♣図解の解説

①資金管理は、貸借対照表の現金の流れの管理です。現金の流れの管理のポイントは、現金化される前の勘定科目の売掛金の入金期限管理と現金で支払う前の買掛金の勘定科目の出金管理です。

②それぞれ売掛金の入金期限管理と買掛金の出金期限管理をすることが、企業の運営に重要な役割を果たすことになります。

〔実務コメント〕

実務では、売掛金の入金期限管理は営業部が責任を負い、買掛金の債務は製造業などでは資材部や購買部が出金期限責任を負いますが、いずれの場合も総合的には経理の補助簿として一体管理することになります。

■資金と資金繰りのしくみ

第4章 4 最悪な資金繰り

●資金不足で資金調達が必要

資金管理は、現金の入出管理と共に、貸借対照表の各勘定の状態管理も重要です。

現金不足が生じると銀行からの借入れなどの資金調達が必要となります。それと合わせて現金不足の原因（収益・費用など）の詳細な分析が急務となります。

●「最悪な資金繰り」について理解しよう！

Q１ ・現金以外の債権債務の入金期限管理と出金期限管理は、どのようにしているのですか。

簿記・会計では、売掛金は得意先別に管理する補助簿を備えて、債権の発生から入金までの個々の取引ごとに管理しているのだよ。

Q２ ・債務の買掛金も、同じような管理をしているのですか。

そのとおり。買掛金は仕入先別にやはり補助簿を備えて、債務の発生から出金までを個々の取引で管理しているのだ。

Q３ ・資金管理で、その他の重要なことがあります。

例えば、棚卸資産はいつでも販売可能な在庫を整えていること、あるいは固定資産も稼働していない遊休状態のものがないことなど、状態管理をすることが重要だ。そのことが後々には、資金回転に大きく影響を与えることになる。すなわち、資金管理では、現金を滞留させないことが大切だ。

Q４ ・資金管理には、貸借対照表の勘定科目が重要なようですね。

企業の経営は現金を介して成長するので、財産である貸借対照表の状態管理が資金管理の原点だ。

◆資金繰りの最悪なパターン

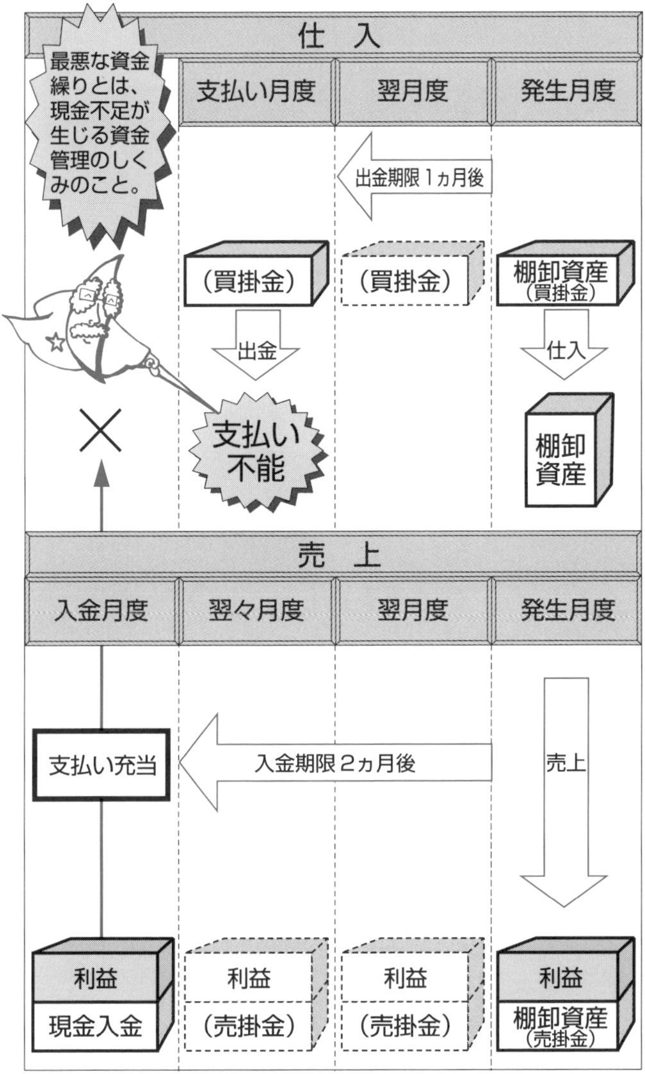

♣**図解の解説**

1この図は、買掛金の出金期限が売掛金の入金期限の前に到来するために、買掛金の支払い不能に陥った資金管理の最悪なケースです。

〔実務コメント〕

企業経営の生命線は資金管理であり、常に現金の流れの確認と財産の状態管理を徹定することが不可欠であり、滞留の棚卸資産、遊休の固定資産、回収遅延の売掛金等々は、日々の管理を強化し、遅くとも月次単位で経営判断をいれて対処すべきことがらです。

第5部
30分で業績が把握できる
会社の決算書の逆読み・速読

■会社の経営者等や会社に投資しようとする投資家は、その会社が本当にきちんと利益をあげ、投資家にも配当として利益を還元してくれるのかどうかを、調べないといけません。会社の側では、その要求にこたえるため、一定期間内に決算を行ない、決算書類を作成することになっています（会社法などの法律によって1年に1回以上）。すなわち、決算とは、ある決まった期間内に会社がどれだけ利益をあげたか（あるいは損をしたか）を示すための計算作業です。そして決算書は、その計算の結果を、一定のルールに従って記した報告書類です。

◎複数の決算書が連関して会社の状態を示している

決算書は、「この期間にこれだけ会社は儲けた」ということを示すだけのものではありません。これまでに投資家が投資したお金を会社はどのようなことに使い、現在はどういうかたちの資産となっているのか。銀行などからの借金はどれほどあるか。どれほどのお金を、どういうふうに動かして利益をあげたのか……。

このような投資家のための判断材料を、さまざまな書類によって、よくわかるように示します。つまり、決算書とは1つだけではなく、いくつもの種類があるのです。そこで、それらの書類を、まとめて「財務諸表」と呼んでいます（なお、会社法では財務諸表のことを「計算書類」と呼びます）。

財務諸表の主なものに、**「貸借対照表」**(Balance Sheet：略してB/S)、**「損益計算書」**(Profit and Loss Statement：略してP/L)、**「キャッシュフロー計算書」**(Cash Flow Statement：略してC/S）の3つがあり、財務3表とも呼ばれています。そのほかに「株主資本等変動計算書」、「注記表」、「事業報告書」があります。

これらの書類は、互いに連関し、会社が事業を行なう様子や、利益をあげる効率などを示しています。投資家や経営者であれば、列挙された数字や言葉から判断に役立つ意味・内容を的確に読み取る力をもっていなければなりません。

▶速読のポイント

決算書は経営者や投資家にとって最も関心のある**利益を中心にすばやく読み取る**ようにするとよいでしょう。そのためには、どの財務諸表のどこに、どのように利益のことが記載されているかを知っておくことが重要です。また、利益額について問題と思われる点があれば、該当科目のチェックを行うとよいでしょう。

◆決算書の読み方

決算書の読み方

決算書とは、主に貸借対照表及び損益計算書並びにキャッシュ・フロー計算書をいいます。貸借対照表は企業の財政状態を表し、損益計算書は企業の経営成績を表しています。そして、キャッシュ・フロー計算書は資金の流れを表しています。この３表は有機的に連携し、会社の決算日に同時作成されます。したがって、決算書を読むときは、常に３表の連携を頭に入れて読むことがポイントになります。

決算書の逆読み・速読

会社の決算書は、会社の決算日の財政状態並びに事業年度の経営成績と資金の流れを表した計算書類です。言い換えれば、会社業績の結果の書類です。
決算書の逆読みとは、決算書をポイントを絞り、かつ、素早く読み解き、会社の実情を正確に把握することをいいます。
会社の計数は生きものです。その会社の計数を瞬時に捉え、将来を素早く予測することこそが、今後事業を経営する上で最も求められる重要な課題です。

貸借対照表、損益計算書、キャッシュフロー計算書、３表連携図

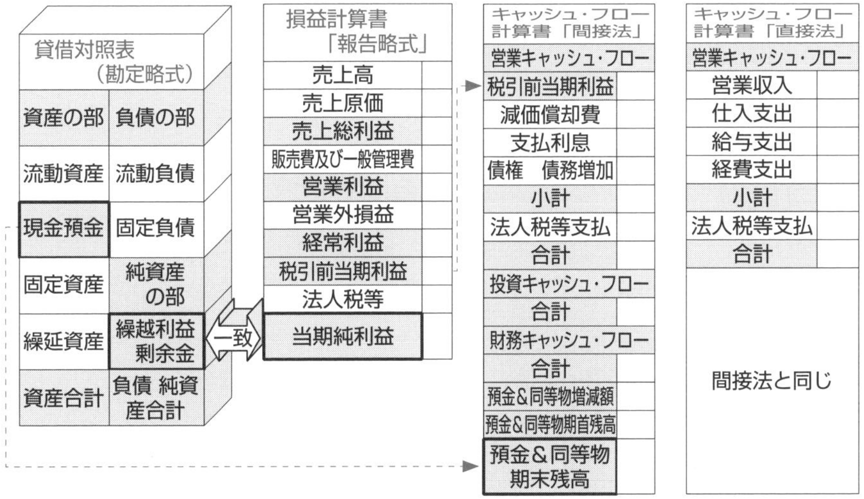

常に、３表連携図を頭に入れて決算書の逆読み・速読を行う。

1 貸借対照表の逆読み・速読

▩貸借対照表（バランスシート：Balance Sheet B/S）は、その会社の営みを、どこからお金を集めたかという面（資本調達）と、集めたお金を何に使ったかという面（資本運用）とに二分し、左右の対照表にして示したものです。会社に入ったお金を別々の観点で書き分けただけですから、左右の金額は必ず一致します。会社の財務諸表の１つとして、１年に１度以上、決められた時期に作成され、その表が作成された時点での企業の財政状態を表しています。

◎貸方の「純資産の部」には何が書かれるか

会社はお金を借りるだけではなく、株式会社であれば、投資家に株を引き受けてもらう方法でもお金を調達します。貸方の下の段に「純資産の部」があり、ここに株の引受けによって払いこまれたお金が「資本金」として計上されます（正確には払込金のうち資本金とされなかった残りが「資本準備金」となります)。また、会社が自分で稼ぎ出した利益の社内留保分で配当が可能なものを「利益剰余金」として、この「純資産の部」に書きこまれます。

◎借方には何が書かれるか

「借方」（左側）の項目は、会社が集めたお金を何に使ったか（あるいはお金のままで残っているか）を示すものです。現金・預金は「流動資産」としてここに入り、在庫商品（棚卸資産）も同様です。会社の生産設備や不動産は「固定資産」としてここに入ります。貸付金も「借方」の記入要素ですが、そういう「よそに貸しているお金」が「借方」に記入されるのは、「貸方」（右側）とは逆に、「借方」欄がお金を借りて（あるいは出資を受けて）いる会社の側に立って、その営業行為（調達したお金の振分け）の結果を記す欄だからです。売掛金も、代金を受け取るまで買主にお金を貸しているのと同じなので、ここに計上します。

▶速読のポイント

貸借対照表のチェックでは、過去の決算書（少なくとも前期は必要）も用意します。そして、まず、負債・純資産の部の利益剰余金（利益の社内留保分で配当可能なもの）の数字から見るとよいでしょう。この数字が前期に比べて増加していればまず問題ないでしょう。ただし、利益剰余金には前期からの分も含まれていますので、当期分の計算をする必要があります（この数字は、損益計算書の純利益として計上されています)。また、利益剰余金を出すために所有不動産の売却などの対応がなされる場合がありますので要注意です。その後、各科目がどのように変化したかを前期の貸借対照表と照らし合わせて見ていくとよいでしょう。

貸借対照表（参考事例）

資本運用形態

借方			貸方			
資産の部	金額		負債・純資産の部		金額	
預　　金	1,400,000	流動資産	流動負債	買掛金	1,500,000	他人資本
普通預金	1,000,000	流動資産	流動負債	借入金	2,000,000	他人資本
売掛金	2,500,000	流動資産	純資産			自己資本
貸倒引当金	△40,000	流動資産	（資本金）		3,000,000	自己資本
棚卸資産	1,200,000	流動資産	利益剰余金		180,000	自己資本
固定資産	800,000					
減価償却累計額	△180,000					
合計	6,680,000		合計		6,680,000	

資本調達源泉

貸借対照表の読み方

貸借対照表は企業のある時点の静止した財政状態を表しています。したがって、貸借対照表を読むことは、過年度の貸借対照表との比較分析になります。すなわち、過年度との数値の比較により、どの様に財政状態が変化したのか、それはどの様な要因によるのか、そして重要なポイントは現況から今後の会社の財政状態がどの様に変化を遂げるのかを経営予測をすることです。

チェック① ［資本運用形態］　貸借対照表を読む場合に最も留意することは、貸借対照表は企業のある時点の静止した状況の財政状態であることです。それを前提ににして借方側が資本の運用形態を表しています。会社は事業を展開するために、調達した資金を建物や設備の取得等、そして棚卸資産を仕入れ、販売します。つまり、調達した資金を事業運営上いろいろな形で運用します。その結果が、借方側にある財政状態を示しています。

チェック② ［資本調達源泉］　貸借対照表の貸方側は資本の調達源泉を表しています。そして、それを他人資本と自己資本に大きく区分します。他人資本は銀行等からの調達資金であり、金利負担を伴います。また、自己資本は設立当時の出資資本金と各事業年度の利益として計上した社内留保の資金です。これには金利が生じませんが、株主に対しての配当義務が発生します。

チェック③ ［正味運転資金］　現時点の貸借対照表で重要な読み取りは、正味運転資金を瞬時につかむことです。それは、流動資産（1年以内の現金化）と流動負債（1年以内の債務）を見ることによって会社の運転資金を把握することができます。すなわち、流動資産から流動負債を差し引いたものが正味運転資金です。結論としては、直近の流動負債を流動資産をもって弁済したら、今現在の会社の余裕資金はいくら残ることになるかがわかります。

チェック④ ［取得原価主義］　貸借対照表の読みの中で、絶対的に意識すべきことがあります。それが取得原価主義です。すなわち、貸借対照表に表示されている数値は、その財産を取得した時の数値であることです。つまり、原価であって時価ではないということです。したがって、有価証券や土地など、時価が変動する財産を読む時には、常に現在価値である時価評価を認識して貸借対照表を読むことが必須となります。

2 損益計算書の逆読み・速読

■損益計算書（Profit and Loss Statement：略称P/L）は、企業がある一定期間にどれだけ利益を上げたか（あるいは損を出したか）を示す書類です。財務諸表の１つとして貸借対照表とともに作成されますが、貸借対照表が創業以来のお金の出入りの蓄積を内容とし、それを作った時点での企業の財政状況を表わすのに対し、損益計算書は、通常１年の「期」内に会社が得た収入と支払った費用とをはかり、それらの差引きによって会社の事業がその「期」に生んだ損益（経営成績）の大きさを示します。

◎粗利から純利益まで５種類の利益が分かる

損益計算書では、５種類の利益（あるいは損失）が分かります。

①売上総利益（粗利）、②営業利益、③経常利益、④税引前当期純利益、⑤当期純利益です。

①は、商品の売上高からその原価（仕入れ代金）を単純に差し引いた額です。これにはまだ「販売費及び一般管理費」という費用が含まれていますので、それを①から引くことで②の営業利益を出します（販売費とは販売活動にともなう人件費や広告宣伝費、交通費や光熱費、事務所賃料などの諸経費です。一般管理費とは総務・経理・人事といった販売以外の管理仕事にかかる経費を指します）。

③の経常利益は、②の営業利益に営業外収益を加え、営業外費用を減じたものです。営業外収益とは、所有不動産を賃貸して賃料を得たり、余剰資金を運用して運用益を稼いだりしたもので、本業以外で得たお金ということです。営業外費用とは、借りたお金の利息の支払いや、買った株の売却損などをいいます。

この経常利益が、会社が特別の事情なくその期の事業をおえた場合の成績として投資家などに重視される数字です。なにか特別に生じた利益や損失があれば、それを足し引きしたうえで④の税引前当期純利益に至ります。会社の不動産を売却して臨時の収入を得たとか（特別利益）、取引先が倒産して未収金が生じたとか（特別損失）が、その場合の例です（なにもなければ③＝④となります）。④からさらに法人税など税金を引いて、最後にくるのが⑤の当期純利益です。

▶速読のポイント

損益計算書は、当期純利益から見るとよいでしょう。当期純利益が前期に比べて増加していればまず問題ありません。当期純利益の減少などで、利益の構造がどうなっているかを知りたいときは、それぞれの科目をチェックする必要があります（次ページ参照）。また、利益の増減を分析するには、前期の損益計算書と対比させてチェックが必要です。

損益計算書（参考例）

費用	金額	収益	金額
売上原価 給　　料 支払家賃 支払利息	6,500,000 800,000 700,000 100,000	売　　上 受取利息	8,200,000 8,0000
当期純利益	180,000		
合計	8,280,000	合計	8,280,000

利益の分解

損益計算書の読み方

損益計算書は企業の経営成績を表しています。言い換えれば、永続的に会社が継続することを前提にある期間を人為的に区分した事業年度の損益計算を意味しています。この損益計算を逆読み・速読することは、すなわち、利益の発生を分解し、その利益意味を理解することです。

チェック①　［売上総利益］　売上から売上原価を直接控除した利益です。この利益は会計上でいう費用と収益が対応している利益です。会社経営の本業の利益であり、この利益の追求が会社の力量の尺度となります。この利益に損失を生じることは経営そのものの欠陥を意味します。

チェック②　［営業利益］　売上総利益から販売費及び一般管理費を控除した利益です。この利益は会社を運営する間接部門等の費用のすべてを控除した結果の利益であることから、会社の正常な利益として認識する指標です。この利益に損失が生じることは費用の削減が急務であることを意味しています。

チェック③　［経常利益］　会社の正常な利益から会社の本業以外の収支を控除した利益です。しかし、重要なことがあります。それは借入金の支払利息がこの営業外費用に含まれていることです。他人資本である借入金は必ず支払利息が発生します。営業外費用の最大のチェックポイントは支払利息の増減です。

チェック④　［税引前当期純利益］　本業とは別の臨時的な利益や損失を控除した利益です。しかし、実務ではこの特別利益や特別損失に過大な金額が計上されることが散見されます。この利益の意味は決算対策調整項目控除後の利益としてとても重要です。すなわち、会社経営の特異な部分を露見した結果後を意味する利益です。

チェック⑤　［当期純利益］　法人税等の税金を控除した後の利益です。会社が事業年度に稼いだ最終の手取りの利益です。すなわち、会社に残る利益です。この利益を元に、さらに来期以降新たな事業展開の源泉になる利益です。

3 キャッシュフロー計算書の逆読み・速読

■キャッシュフロー計算書（cash flow statement：略称＝C/S）は、貸借対照表や損益計算書と共に決算書（財務諸表）の1つで、事業における現金（キャッシュ）の流れ（フロー）をつかむことが目的となっていることです。

◎キャッシュフロー計算書はなぜ必要なのか

現実の取引では、掛売り・掛買いという信用取引が頻繁に行なわれますので、貸借対照表や損益計算書では、まだ現金の動きがない発生主義による収入・支出や利益額を計上することになります。また、長く使う事業用設備を購入した場合など、代金の支払いは当初になされていても、決算書への費用計上はその後何年かに振り分けて行なう方法がとられます（減価償却の費用配分）。そのため現実のお金の動きと決算書への費用の記載にズレが生じ、決算書上では利益が上がっていても、それに相応する現金が会社にはない、ということも起こります。キャッシュフロー計算書は、そのように他の決算書類ではとらえきれない現金（とすぐ現金化できる資産）の流れについて記した、会社事業の収支報告書なのです。

◎キャッシュフロー計算書は3段構成になっている

キャッシュフロー計算書は、現金の流れを3種類に分けています。

① 営業キャッシュフロー…原料・商品の仕入れ費、人件費などの支出（マイナス要素）、商品の販売収入（プラス要素）など、会社の事業（営業）によって生じた現金の動きを示す部分です。仕入れも販売も「掛け」の額ではなく、あくまで現実の受取り・支払いの生じた額を現金主義で記載します。

② 投資キャッシュフロー…事業設備の建設・導入といった設備投資、あるいは有価証券への投資に要した支出（マイナス要素）、資産を売却した収入（プラス要素）などを、現金ベースで記載します。

③ 財務キャッシュフロー…お金の借入れ（プラス要素）・返済（マイナス要素）、株式発行による増資（プラス要素）など、会社の資金調達・返済に関する現金の動きを記載します。

▶速読のポイント

キャッシュフロー計算書は、最後尾に期末残高が記載されていますので、まず、ここをチェックするとよいでしょう。数値が高ければ、一般的には資金繰りに問題のない強い会社といえます。次に、本業に関する現金の流れを表す営業キャッシュフローの数字に注目してください。営業キャッシュフローが大きければ、本業が順調にいっている証拠です。

キャッシュフロー計算書の位置づけ「事例」

貸借対照表

「借方」		「貸方」	
現金預金	200	借入金	150
		資本金	50
固定資産	100	繰越利益	100
合計	300	合計	300

損益計算書

売上	500
売上原価	300
売上総利益	200
販管費及び一般管理費	100
営業利益	100
経常利益	100
税引前当期利益	100
当期利益	100

現金預金勘定

入金「借方」		出金「貸方」	
営業	500	仕入	300
		経費支出	100
		残高	100
借入金	150	固定資産	100
資本金	50	残高	200

キャッシュフロー計算書「略式」

区分	直接法		間接法
営業キャッシュフロー	営業	500	税引前当期純利益
	仕入	△300	
	経費支出	△100	
	合計	100	合計 100
投資キャッシュフロー	固定資産	△100	直接法と同じ
財務キャッシュフロー	借入金	150	
	資本金	50	
現金同等物期末残高		200	

キャッシュフロー計算書の読み方

キャッシュフロー計算書は、貸借対照表の現金預金勘定の発生源泉を表していることから、損益計算書を含めた財務諸表３表同時に連携を意識して読むことがポイントです。

チェック① ［営業キャッシュフロー］　会社の根幹である営業活動による現金の入出の状況を表しています。会社は主に材料を仕入れて製品を製造し、その製品を販売することによって売上を計上します。そして、その売上代金を回収し、また新たな材料を仕入れて、製品を製造販売するサイクルを継続します。したがって、この営業キャッシュフローが赤字であることは、会社経営に重大な欠陥が生じていることを意味しています。

チェック② ［投資キャッシュフロー］　会社の現金預金が、設備投資及び新たな事業への取り組み等のために、企業買収や不動産の取得や売却に使われてことを表しています。この投資キャッシュフローによって会社経営の意志決定の姿が見えます。

チェック③ ［財務キャッシュフロー］　会社経営によって現金預金の余裕が生じた場合、それをどの様に使ったのか、また逆に欠損により現金預金が不足になった場合、不足した資金をどの様に調達したかを表しています。つまり、現金預金の運用と調達を示しています。

4 重要な会計方針に係る注記の逆読み・速読

■注記表とは、貸借対照表や損益計算書などの財務諸表（会社法上の名は「計算書類」）に記された内容を正確に読み取るための「注意書」を書いた表ということです。2006年5月に施行された会社法によって、新たに計算書類の1つとして取り入れられました。会社法ができるまでの（旧）商法の規定では、貸借対照表や損益計算書の末尾に「注記」として記載することになっていたのを、会社法では独立した書類に格上げし、財務諸表に関する注意書を一覧表にしたのです。

個別財務諸表（単一企業について作る財務諸表）に対する注記表は個別注記表と呼ばれ、連結財務諸表（子会社を含む企業グループを単一の組織体とみなして親会社が作る財務諸表）に対する注記表は連結注記表と呼ばれます。個別注記表については、必ずしも独立した表として作成しなくてもよく、商法に規定のあった昔どおり、貸借対照表などそれぞれの財務諸表に「注記」として記載することも認められています。

◎注記表はどうして必要なのか

たとえば会計書類に記された財産の評価が時価によるのか原価によるのかといったことは、数字だけを見てもわかりません。減価償却の年数や貸倒引当金の額などをどうして決めるかについても、複数の基準があります。そのように会計処理の方法、基準については、いくつかある中から1つを選ぶこともあるので、どれを選んで数字を出したのかを注意書で書いておく必要があるのです。

◎注記表にはどういう項目を記載するか

注記表に載せる事項は、次の12項目と定められています（個別注記の場合）。ただし、会社組織の形態によっては、省略できる事項があります。
①継続企業の前提に関する注記、②重要な会計方針に係る注記、③貸借対照表に関する注記、④損益計算書に関する注記、⑤株主資本等変動計算書に関する注記、⑥税効果会計に関する注記、⑦リースにより使用する固定資産に関する注記、⑧関連当事者との取引に関する注記、⑨1株当たり情報に関する注記、⑩重要な後発事象に関する注記、⑪連結配当規制適用会社に関する注記、⑫その他の注記。

▶速読のポイント

注記表には、資産の評価の方法や引当金の計上基準などが書かれています。したがって、貸借対照表や損益計算書で評価方法等がわからない場合には、注記表でチェックすることになります。たとえば、多額の貸倒引当金が計上されている場合があります。こうした場合、純利益は減少していますのでチェックが必要です。

中小企業対象「中小企業の会計に関する指針」事例

重要な会計方針に関する注記

(1) 有価証券の評価基準及び評価方法
　①時価のあるもの…期末日の市場価格等に基づく時価法
　②時価のないもの…移動平均による原価法

(2) 棚卸資産の評価基準及び評価方法
　①製品及び商品…移動平均法による原価法
　②原材料…総平均法による原価法
　「会計方針の変更」従来は、事務量の簡素化を事由に最終仕入原価法による原価法を採用していましたが、当期より総平均法による原価法に変更しました。なお、この変更による影響額は軽微です。

(3) 固定資産の減価償却の方法
　①有形固定資産…建物は税法基準による定額法
　　ただし、建物以外は定率法を採用しております。
　②無形固定資産…税法基準による定額法

(4) 引当金の計上基準
　①貸倒引当金…一般債権については税法基準の規定による法定繰入率により計上しています。
　②賞与引当金…従業員の賞与支給日に備えるために、社内規定により支給見込額を予測見積もりし、当期分として計上しております。

(5) その他の重要となる計上基準
　①リース取引…ファイナンス・リース取引は、すべて売買取引とみなし会計処理をしています。
　②消費税等…消費税等の会計処理は、税抜方式によっております。

重要な後発事象に関する注記

2020年5月20日開催の取締役会において、営業部門の譲渡を決定しました。

チェック④

「その他事例」
＊重要な合併
＊重要な資産譲渡
＊希望退職募集
＊重要な得意先倒産

重要な後発事象は、注記の中で次期以降の会社業績に最も重要な影響を与える項目です。しかも、金額の影響度が大きく、会社経営の意志決定が示されています。

注記の読み方

財務諸表の3表の全てが計数によって企業の財政状態及び経営成績並びに資金の流れを表しているが、注記は、会計の計上基準等を文字によって具体的に示し、かつ、内容は会社経営や会社業績に重要な影響を及ぼす処理が表現されています。したがって、その文字の表現の意味を十分に理解することが注記を速読するポイントとなります。

チェック① ⑴有価証券、⑵棚卸資産の注記では、「評価基準」及び「評価方法」の意味の違いが重要になります。「評価基準」は、原価法、低価法、時価法をいいます。そして、「評価方法」は、総平均法、移動平均法、最終仕入原価法等をいいます。これらの「評価基準」や「評価方法」を変更する場合には、必ず「会計方針の変更」とその「影響額」を示すことが必須です。これは、その変更が全て会社利益に直接影響を及ぼすからです。

チェック② ⑶固定資産のポイントは、減価償却の方法を変更した場合です。それは固定資産の減価償却は会計独特の手法である費用配分によって、固定資産の取得価額を耐用年数に応じて各事業年度に費用計上するものです。したがって、減価償却の方法を変更することは、各事業年度に費用計上する額の変更を意味します。

チェック③ ⑷引当金は費用の予測見積もり額です。結論としては、全ての金額が確定していません。引当金は会社決算対策手続きのポイントです。どのように予測見積もりをして、金額を測定したかが極めて重要になります。

5 事業報告の逆読み・速読

■事業報告とは、会社が１つの「期」（事業年度）においてどのように事業を行なったかについて、株主や投資家に対して説明する「年次報告書」です。会社法の規定で、株式会社では必ず作成することが義務づけられていますが、会社法によれば事業報告書は財務諸表（会社法上は「計算書類」）には含まれず、企業の財産や損益以外の経営事情について説明するものという位置づけになります。

◎事業報告書はどういう役割を負っているのか

企業の業績や財務状況に関する報告は、基本的には貸借対照表や損益計算書など財務諸表によってなされますが、それらは項目別に数字を並べた表現です。

事業報告は、数字のみならず、言葉や図表を駆使し、その「期」における事業について解説を加えるものです。そこでは、ただ収支や資産内容といったことだけではなく、経営者の現状認識や将来ビジョン、理念や目標、コンプライアンス（法令遵守）や敵対的買収防止のための施策といったことまで含めて、その会社の経営実態が語られます。そのようなアナログな表現によって、投資家は財務諸表だけではつかみにくい、その会社の総合的な価値を判断できるというわけです。

◎事業報告書には具体的に何が書かれているのか

事業報告に記すべき具体的な内容は、会社法施行規則に定められています。

① すべての株式会社が記載を求められる基本事項として、「会社の状況に関する重要な事項」と「業務の適正性を確保するための体制の内容の概要」

② 公開会社である場合に、「現況に関する事項」、「会社役員に関する事項」、「株式に関する事項」、「新株予約権等に関する事項」

③ 社外役員が他社役員でもある場合は、その兼務状況と、自社での活動状況

④ 会計参与設置会社の場合は、契約内容の概要

⑤ 会計監査人設置会社の場合は、会計監査人の氏名または名称、解任・不再任の方針など

⑥ 会社の支配に関する基本方針を定めている場合は、基本方針の内容、その実現のための取組み、他者による支配防止の取組みなど

▶速読のポイント

事業報告書は当該会社が抱えている課題や今後の経営方針などを読み取るのに活用するとよいでしょう。過去の分までの読むことにより、会社の経営姿勢や経営の実績を読み解くことができます。問題意識を持ってチェックする必要がありますが、素人には難しいかも知れません。

事業報告の概観「事例」

区分	通則	特則
適用	全ての会社	公開会社（代表例）
記載事項	①会社の状況に関する重要な事項 ②業務の適正を確保するための体制（内部統制）の整備に関する決議をした場合はその内容の概要（大会社のみ）	①会社の現状に関する事項 ②会社役員に関する事項 ③株式に関する事項 ④新株予約権等に関する事項 ⑤社外役員に関する事項 ⑥買収防衛策に関する基本方針となる事項 ⑦会計参与の責任限定契約の概要

事業報告の読み方

事業報告の内容項目は、会社によってさまざまな計数や文字および図解等の表現がなされます。また、あくまでも事業報告も結果報告であるために、単年度の事業のみを対処に逆読み・速読をするのではなく、最低過去３年事業年度の事業報告を比較を検討することが、その会社経営を読み解くポイントです。

チェック① 過去３期の事業報告の項目毎の中味を比較検討し、その事業報告の項目の中味が会社経営にどの様な効果と影響を与えたかを分析する。

（事例…過去の吸収合併による効果は、どのように会社経営に影響したのか？ etc.）

チェック② 事業報告は、各項目単位で読まず、各項目を組み合わせて読む。

（事例…設備投資と資金調達の関連／事業の経過とその成果と直前３期の財産と損益の状況 etc.）

チェック③ 事業報告内容がどの財務諸表に関係するのかを読む。すなわち、事業報告の内容が貸借対照表に影響するのか、損益計算書に影響するのか、あるいはキャッシュ・フロー計算書に影響するのかを分析することになる。

（事例…貸借対照表関係／設備投資、損益計算書関係／事業譲渡、キャッシュ・フロー計算書／資金調達 etc.）

巻末

複式簿記による事務改善［事例］

1 複式簿記から見直す 業務伝票の削減
2 複式簿記から見直す 簡素化された会議体資料

会計をスムースに行うには、事務の改善も必要です。以下で２事例を解説します。

1 複式簿記から見直す業務伝票の削減

企業の経営活動により、数多くの業務伝票が発生し、事務管理が複雑化します。その発生する業務伝票のうち経営資源に直接影響させる伝票が複式簿記領域の会計です。会計伝票は、そのすべてを貨幣価値に評価されるために仕訳という一定の法則より、帳簿や書類等として記録され保存されます。

企業は一般の業務伝票と会計伝票に繋がる業務伝票を明確に区分し、できるだけ業務伝票の省略や削減を図り事務改善すべきです。

すなわち、企業で発生する多くの業務伝票には間接的業務のコスト発生があり、業務伝票削減こそが事務改善に繋がります。

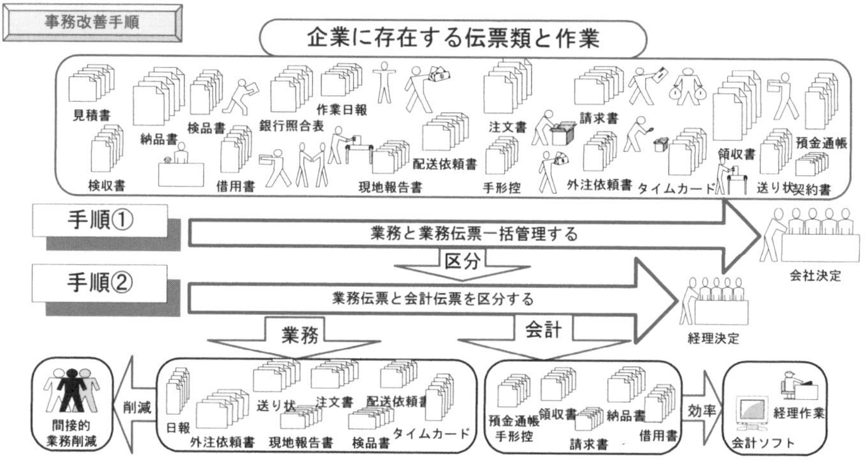

複式簿記より事務改善のヒント

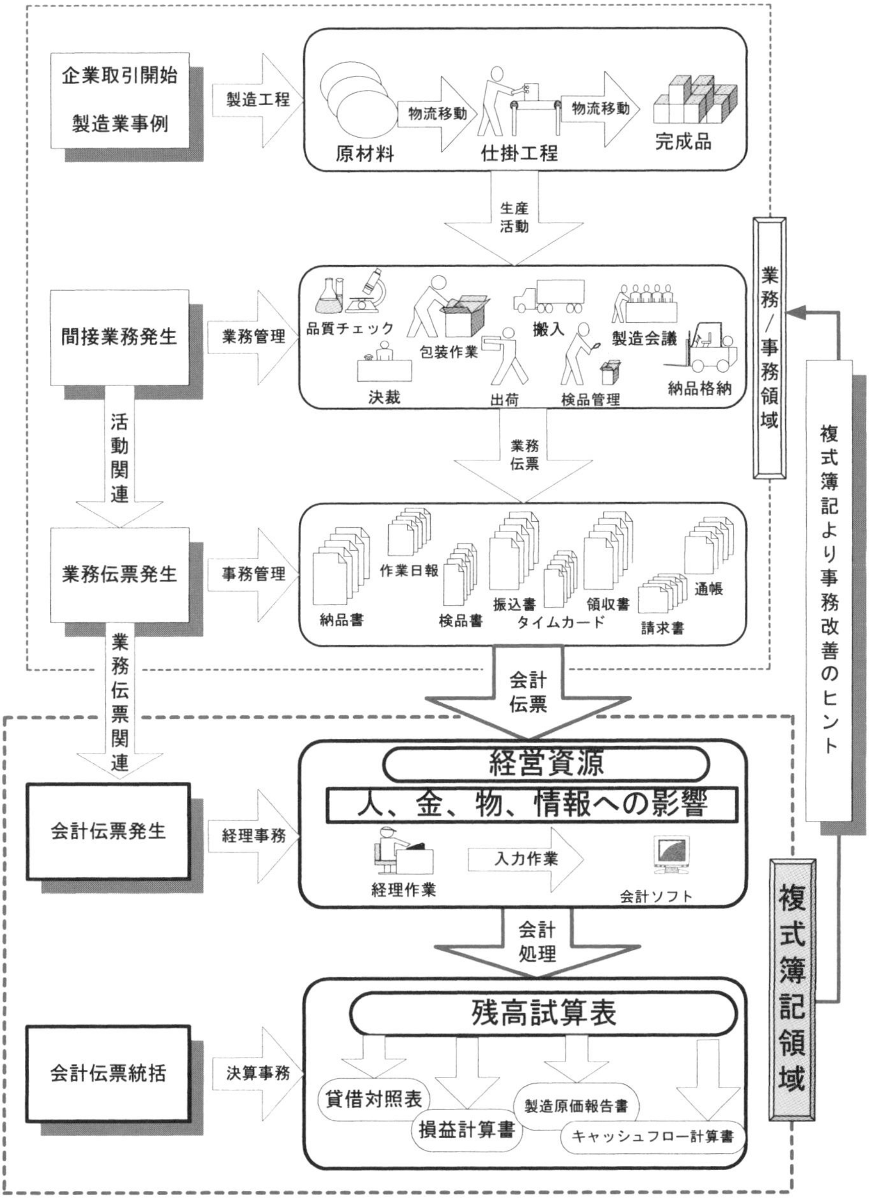

2 複式簿記から見直す会議体の資料の簡素化

通常の企業の組織機構は、社長を頂点に部長、課長の管理職そして一般社員の序列になっています。

それらの序列には例えば営業部では、損益報告として各序列毎の会議体が設けられ、適宜その損益報告会議が行われています。

そうした会議体に使用する損益報告資料は、必ず会計伝票を基にした複式簿記領域から作成されるべきです。

もしも、業務伝票ベースの会議資料優先した会議資料により各会議体が会議を開けば、複式簿記で作成する帳簿・書類、そして利害関係者等に報告する決算数値に乖離が生じ、実効性のないものとなります。

また、一般営業社員の個々の営業活動が直接会社業績に反映されないことになります。

企業の会議体の資料を簡素化し、見直すヒントが複式簿記領域には存在します。

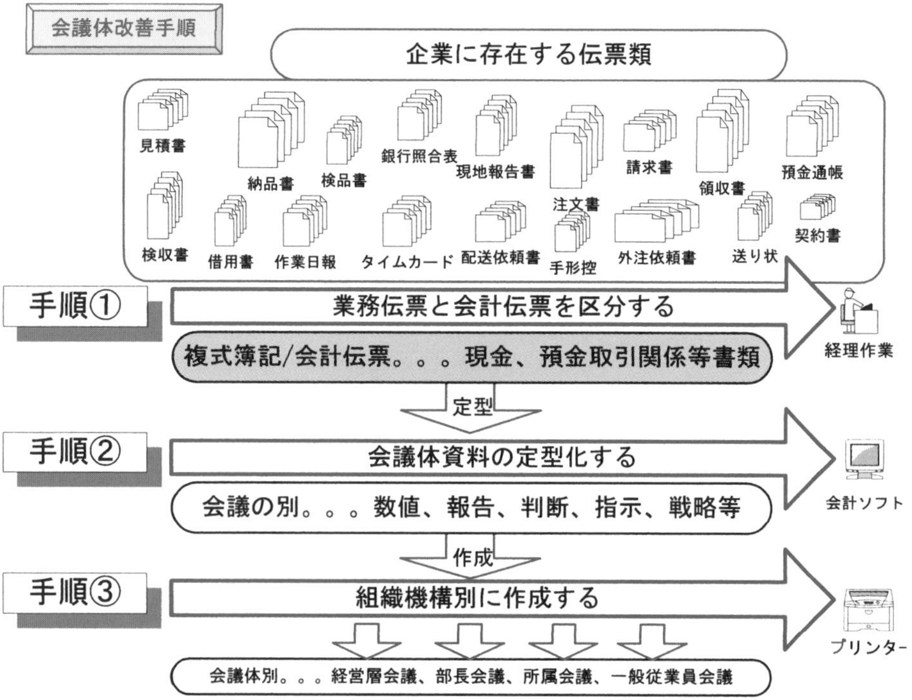

複式簿記から見直す簡素化された会議資料

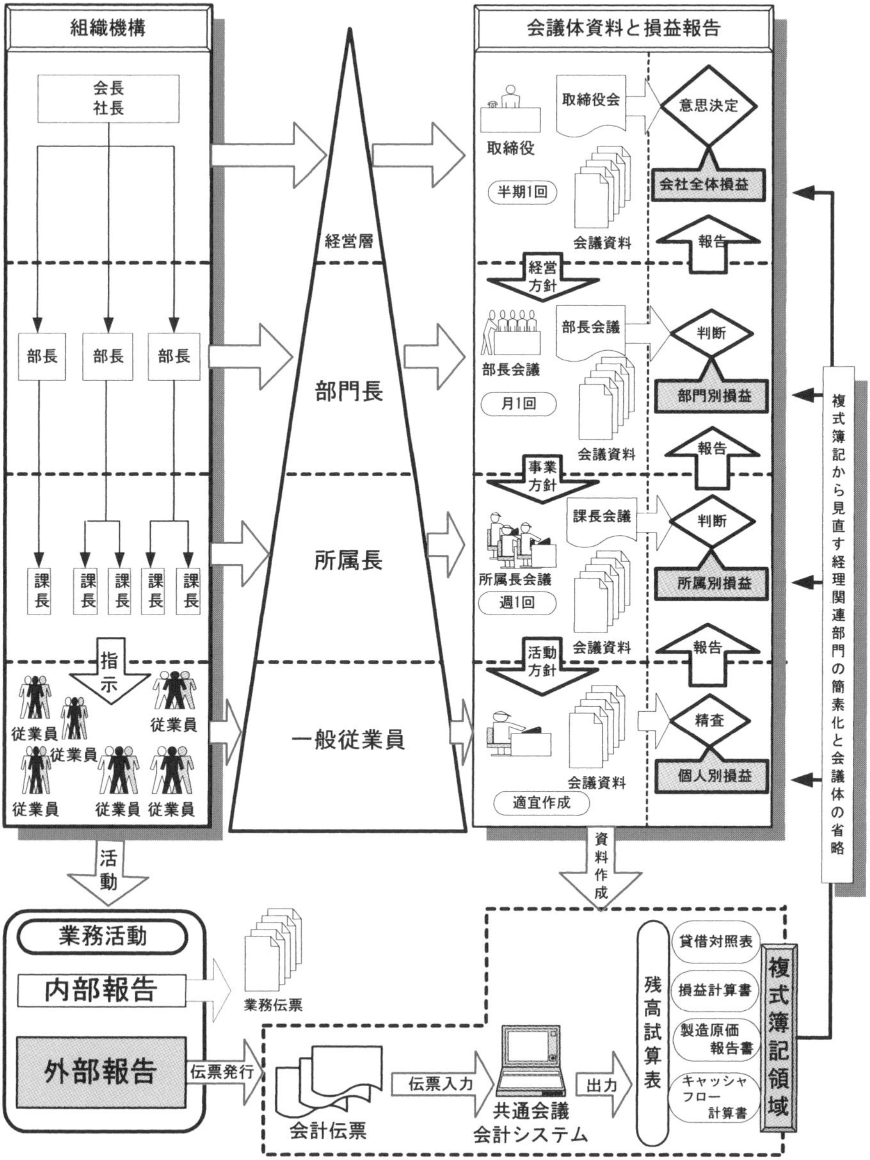